衢州文庫

儒城軍鎮

國家歷史文化名城

占劍 著

商務印書館
創于1897
The Commercial Press

图书在版编目（CIP）数据

儒城军镇：国家历史文化名城/占剑著.—北京：
商务印书馆,2021
（衢州文库）
ISBN　978-7-100-18995-8

Ⅰ.①儒...　Ⅱ.①占...　Ⅲ.①旅游资源—介绍—衢州
Ⅳ.①F592.755.3

中国版本图书馆CIP数据核字（2020）第163544号

儒　城　军　镇
——国家历史文化名城
占　剑　著

商　务　印　书　馆　出　版
（北京王府井大街36号　邮政编码100710）
商　务　印　书　馆　发　行
山东韵杰文化科技有限公司印刷
ISBN　978-7-100-18995-8

2021年1月第1版　　开本710×1000　1/16
2021年1月第1次印刷　印张18
定价：66.00元

《衢州文库》总序

陈　新

衢州地处钱塘江源头,浙闽赣皖四省交界之处,是一座生态环境一流、文化底蕴深厚的国家历史文化名城。生态和文化是衢州的两张"金名片",让250多万衢州人为之自豪,给众多外来游客留下了美好的印象。

文化是一个地方的独特标识,是一座城市的根和魂。衢州素有"东南阙里、南孔圣地"之美誉,来到孔氏南宗家庙,浩荡儒风迎面而来,向我们讲述着孔子第48代裔孙南迁至衢衍圣弘道的历史。衢州是中国围棋文化发源地,烂柯山上的天生石梁状若虹桥,向人们诉说着王质遇仙"山中方一日、世上已千年"的传说。衢州也是伟人毛泽东的祖居地,翻开清漾村那泛黄的族谱,一部源远流长的毛氏家族史渐渐清晰……这些在长期传承积淀中逐渐形成的文化因子,承载着衢州的历史,体现了衢州的品格,成为衢州人心中独有的那份乡愁。

丰富的历史文化遗产是衢州国家历史文化名城的根本,是以生态文明建设力促城市转型的基础。失去了这个根基,历史文化名城就会明珠蒙尘、魅力不再,城市转型也就无从谈起。我们要像爱惜自己的生命一样保护历史文化遗产,并把这些重要文脉融入城市建设管理之中,融入经济社会发展之中,赋予新的内涵,增添新的光彩。

尊重和延续历史文化脉络,就是对历史负责,对人民负责,对子孙后代负责。对此，我们义不容辞、责无旁贷。近年来，我们坚持在保护中发展、在发展中保护，对水亭门、北门街等历史文化街区进行保护利用，复建了天王塔、文昌阁，创建了国家级儒学文化产业试验园区，儒学文化、古城文化呈现出勃勃生机。我们还注重加强历史文化村落保护，建设了一批农村文化礼堂，挖掘整理了一批非物质文化遗产，留住了老百姓记忆中的乡愁。尤为可喜的是，在优秀传统文化的涤荡和影响下，衢州凡人善举层出不穷，助人为乐蔚然成风，"最美衢州、仁爱之城"已成品牌、渐渐打响。

《衢州文库》对衢州悠久的历史文化进行了收集和汇编，旨在让大家更加全面地了解衢州的历史，更好地认识衢州文化的独特魅力。翻开《衢州文库》，你可以查看到载有衢州经济、政治、文化、社会等沿革的珍贵史料文献，追溯衢州文化的本源。你可以了解到各具特色的区域文化，感悟衢州文化的开放、包容、多元、和谐。你可以与圣哲先贤、仁人志士进行跨越时空的对话，领略他们的崇高品质和人格魅力。它既为人们了解和传承衢州文化打开了一扇窗户，又能激发起衢州人民热爱家乡、建设家乡的无限热情。

传承历史文化，为的是以史鉴今、面向未来。我们要始终坚持继承和创新、传统与现代、文化与经济的有机融合，从优秀传统文化中汲取更多营养，更好地了解衢州的昨天，把握衢州的今天，创造衢州更加美好的明天。

目　录

第一章　城市出现以前衢州的人类活动

一达谓之道路,二达谓之歧旁,三达谓之剧旁,四达谓之衢。

——《尔雅》

第一节　衢州的环境基础

位于中国东南沿海的浙江省西部金衢盆地的西端,包括更西的丘陵、山地间蜿蜒着一条河流,这就是三衢大地的母亲河——衢江,古称瀫水。衢江两岸及其山间盆地不仅孕育了绵延不绝的钱塘江水,也孕育了三衢大地历史悠久而灿烂的文明。这块以衢江流域为主体的区域,古称姑蔑、大末、信安等,唐代设衢州,元代设衢州路,明清设衢州府。如今浙江省辖衢州市,包含柯城区、衢江区、龙游县、江山市、常山县、开化县在内二区三县一市,共8 800多平方公里的地域。

衢州境内地质条件复杂,从地形图上看,一条从江山至绍兴的深断裂带贯穿中部,将衢州分成西北、东南两块。在地质构造的划分上,这两大块分别属于"扬子准地台"和"华南褶皱系"两个一级大地构造单元。在此基础上,衢州的地形以衢江为轴心向南北对称展开,海拔逐级提升。衢江两侧为河谷平原,外延为丘陵低山,再扩展上升为低山与中山。东南缘是仙霞岭山脉,有境内最高峰大龙岗,海拔1 500.3米;仙霞岭向东北延伸为会稽山、四明山、天台山以及大海中的舟山群岛。西北及北部边缘有两条山脉,一条是白际山脉南段,向东一直可延伸至天目山;另一条是千里岗山脉的一部分。

　　"衢州之山,自闽中而来为仙霞岭,西达于饶(今江西鄱阳)、信(今江西上饶),东达于严(今浙江建德)、处(今浙江丽水)。其最远者,则自草萍(属常山县)达于金陵(南京)。明夏良心所谓'千里来龙,结于钟山'。又云'铜塘之水,东流入江,为建康龙脉者也'。"〔1〕"龙脉"之说虽不可尽信,但从地质上来说,南京的钟山的确可以说是衢州仙霞岭的延伸。从这一点而言,南京这一六朝故都的所谓"龙脉"与衢州关系匪浅。这也足以体现衢州山川形胜之特色。《读史方舆纪要》有云:"三衢踞东浙之上游,控鄱阳之肘腋,扼瓯闽之咽喉,连宣歙之声势。东南有事,此其必争之地也。"〔2〕这段话是对衢州特殊地理位置与地形条件的最佳总结。

　　整个衢州地区的地貌以丘陵、山地为主,其面积达7 560平方公里,占土地总面积的85.44%。东部属于金衢盆地,以河谷平原为主,地势平缓。境内最低处在龙游县下童村,海拔33米。金衢盆地是浙江省最大的盆地,是由燕山期构造变动中断裂凹陷形成的,内部沉积有侏罗系和白垩系的红砂岩和页岩,经流水的侵蚀,从而形成了盆地中的红砂岩低丘、低山和疏松的红土层。〔3〕

　　"衢州之水,亦自仙霞而来,曰濲江。其自处州来者,曰东溪,亦名信安溪(今称江山港〔4〕)。自开化来者,曰西溪,亦名定阳溪(今称常山港)。二溪合流以入于濲,东北达于浙江。"〔5〕整个衢江从开化县莲花尖发源至兰溪汇流处止,主河道流程达200多公里,全流域面积11 000多平方公里,比衢州市域面积还大。衢江支流众多,主要有乌溪江、灵山港、铜山源等,常山港和江山港则是其中最重要的两大支流。常山港是衢江的主流,源出浙皖赣边境莲花尖,海拔

---

〔1〕康熙《衢州府志》卷三《山川图》。

〔2〕顾祖禹:《读史方舆纪要》卷九十三《衢州府》,商务印书馆,1937年,第3912页。

〔3〕金普生、陈剩勇主编:《浙江通史·史前卷》,浙江人民出版社,2005年,第8页。

〔4〕衢州话"江"音"港"。

〔5〕康熙《衢州府志》卷三《山川图》。

1 145米。莲花尖下海拔900余米处有莲花塘,通过储水分流至莲花沟与船仓头,后汇聚成莲花溪,再经由马金溪注入常山港。南源为江山港,发源于仙霞岭北麓的苏州岭和龙门岗。两大支流在衢州市区双港口汇流后为衢江,并最终汇入钱塘江。衢江是钱塘江最大的支流,而常山港是衢江的主流,因此,钱塘江的源头就在开化境内的莲花尖。为了保护钱塘江上游的水资源,政府还在这里设立了总面积达45平方公里的钱江源国家森林公园。

衢江及其两大支流流经了衢州的三大盆地:金衢盆地(西端)、常山盆地、江山盆地。经过漫长的演变,河谷两侧形成了众多的冲积平原。亚热带季风型气候,带来了丰沛的降雨和充足的光照,使这些肥沃的土地,不仅集中了衢州最主要的耕地,也是衢州人口最集中的地方。在交通不便的古代,衢江水运的地位和作用也是不可替代的,它是衢州对外交流的最主要途径。可以说,衢江是衢州人的母亲河,更是古代衢州的"大动脉"。

大约在距今11万—1.2万年前的晚更新世,中国的东部沿海地区曾发生过三次大的海侵与海退,称为星轮虫(Asterorotalia)海侵、假轮虫(Pseudorotalia)海侵、卷转虫(Ammonia)海侵。星轮虫海侵大约始自11万年前,海水沿河谷而上,淹没近海大片平原,海面比现代海面高出约5—7米。到了距今7万年前,开始出现海退,这次海退一直持续了2.5万年。大致在距今4万年前,海岸退至东海大陆架上,据推测其深度至少在今海拔−70米以下。其后接踵而来的是假轮虫海侵,规模比星轮虫海侵更大。其间有一次海面下降,但幅度不大。到了距今2.5万年前,再次发生海退,一直退到东海大陆架前缘今海拔−155米的位置上,时间大致在距今1.5万年前。依王靖泰等人的说法,也就在距今1.5万年前,卷转虫海侵开始,其后的六七千年间海平面迅速上升,淹没近海平原,江南地区的海水直拍山麓。[1]现有

---

〔1〕 王靖泰、汪品先:《中国东部晚更新世以来海面升降与气候变化关系》,《地理学报》第35卷第4期,1980年,第299—311页。

考古资料证明，在距今8 500多年以前，卷转虫海侵已达到最高峰，海水侵至杭嘉湖平原西部和宁绍平原南部，长兴小浦、德清武康、诸暨城关、余姚河姆渡、奉化江口等地，皆濒临大海。此后，海面逐渐下降，约比现代海平面低1—2米。三次大的海侵与海退影响了浙江先民的迁徙，影响了包括衢州在内先民的生产和生活。

与此相对应，从距今12万年前开始，中国东部地区的气候变化也大致可以分为三个阶段。第一阶段为距今12万—7万年前，气候温暖，温度比现在高，但中间可能有一次寒冷波动；第二阶段为距今7万—1万年前，气候变冷，中间也有一次变暖的波动，依据孢子分析显示，这个波动时期温度比现代温度低。[1]第三阶段，从距今1万多年前至七八千年前，气候逐渐变暖，但平均温度仍比目前低1℃—2℃。[2]距今六七千年前的浙江气候与现在的华南气候相当，这个温暖期一直持续到公元前1000年左右，即西周初期。此后，开始了中国历史上第一个寒冷期，直到春秋时期。其后中国历史上又相继出现三个温暖期与三个寒冷期的交替变化，即春秋时期至公元初的第二个温暖期，公元初至公元600年的第二个寒冷期，公元600年至1000年的第三个温暖期，公元1000年至1200年的第三个寒冷期，公元1200年至1300年第四个温暖期，公元1300年至1900年第四个寒冷期。[3]气候的冷暖交替，影响粮食作物的生长和自然灾害的生成，间接影响一个地区人口的发展与迁移。

第二节　衢州石器时代的遗址

1974年冬，中国科学院古脊椎动物与古人类研究所和浙江博物馆的专家

---

[1]《浙江通史·史前卷》，第9—13页。

[2] 王开发、张玉兰：《根据孢子分析推论沪杭地区一万多年来的气候变迁》，《历史地理》创刊号，1981年，第126—131页。

[3] 李志庭、魏嵩山：《浙江地区开发探源》，江西教育出版社，1997年，第14页。

在建德市李家镇新桥村航头牌乌龟洞发现了一枚右上犬齿化石（编号PA536），属于男性智人，年龄30岁左右，定名为"建德人"，距今5万年左右。根据鉴定，"建德人"的形态比北京猿人已有明显进步，而与广西发现的"柳江人"和北京"山顶洞人"十分相像，明显属于智人类型的古人类。1986年，北京大学考古系年代测定实验室公布了采用铀系法对"建德人"牙齿化石伴生出土的牛牙化石的检测结果，把"建德人"生活的年代定为距今10万年左右。[1]

　　浙江西部山区一带是石灰岩分布的地区，溶洞很多，为"建德人"居住提供了天然的条件。在10万年前，这里的气候远比现在温和，而且雨量充沛，大致相当于今广东地区的气候环境。这里森林遍山，杂草蔽野，动物种类不仅有鹿、野猪、山羊等，而且还有大熊猫、剑齿象、中国犀等大型动物，出土的大量动物骨骼充分说明了这一点。处在母系社会的"建德人"就是在这样的环境中，使用简陋的打制石器，依靠集体的力量与自然界做着艰苦的斗争。长期的饥饿和营养不良，加上艰苦的劳动和险恶的自然环境，使"建德人"的寿命都不长，30岁就已经过早地步入了老年。然而在漫长的岁月里，他们用自己的双手和辛勤劳动，逐渐把这块地方开发了出来。

　　"建德人"犬齿是迄今为止浙江发现的唯一的旧石器时代古人类化石，因而具有重大的学术价值。"建德人"的发现地与衢州上方镇距离不足12公里，说明金衢盆地西部山区——古代属"姑蔑""太末"地域——的衢州市在距今10万年前也是人类活动的重要区域之一。也正因为如此，浙江的考古学界一直企盼在浙西山区再次找到其他旧石器时代的遗址。

　　2001年，在衢州上方镇境内发现了一个典型新石器时代人类居住遗址——葱洞、观音洞遗址，这也是人类活动在衢州的一个较早例证。浙江考古研究所对遗址进行了发掘，正是根据这一遗址的出土文物，将衢州市的人类活

_____

[1]《浙江通史·史前卷》，第19—20页。

动史提早到距今6 000年前。葱洞、观音洞位于溪流之上的一个二级台地上,当时前有河流,背靠大山,为原始人提供了很好的生活条件。这也是金衢盆地第一个经科学发掘、有明确堆积、文化内涵比较清楚的新石器时代文化遗址。[1]

考古人员在遗址中发现了大量的兽骨,属于野猪、犀牛、大熊猫等,可见当时气候条件适宜,人们有相当广泛的食物来源。从出土的情况看,人们使用直口圜底釜、平底罐等炊器,质地主要有夹砂红陶、泥质红陶、灰黑陶等。其中陶釜的形制原始,绳纹拍印到口沿;由于烧结温度高,因此火候较高;造型与浙江省河姆渡文化和马家浜文化陶釜明显不同,具有鲜明的地域特色。夹砂陶是一种耐火材料,适于人们在火上熬煮食物。其中一件夹砂陶釜设计得非常人性化,在近口沿部还带有两个錾,利于提取。不少陶片上饰有绳纹,既是结网捕鱼生活的一种体现,也反映了当时人们的审美观点。遗址中还出土了棕红色的环形石器、黑色的石锛等石器。特别是环形穿孔石器,推测可能是一种石制纺轮,是用于纺麻的工具,说明当时人们已经有"衣"可以蔽体。石锛则是原始农业开辟耕地时的重要农具,说明当时的衢州先民至少已处于刀耕火种阶段,原始的农耕文化已经产生。

2010年8月,浙江考古研究所与龙游县博物馆一起,对龙游县境内的衢江、灵山江流域进行新石器时代遗址的考古调查,发现了青碓新石器时代早期遗址。这个遗址位于龙游县龙洲街道寺后村西面500米处,灵山江西岸,海拔约50米。整个遗址分布范围南北长约170米、东西宽约160米,遗址核心面积约30 000平方米。同年8月23—31日,考古工作者采取试掘和探铲勘探的办法对遗址进行正式调查。

整个遗址包含两个阶段的文化层堆积,基本文化内涵为陶器和石器。下层陶器以夹炭红衣陶为主,复原或可辨器物有敞口平底盆(部分为多角沿)、乳丁

---

[1]《浙江省首次发现新石器时代洞穴遗址》,《浙江日报》,2002年1月25日。

足盆、镂孔圈足盆、平底贴耳盘、贴耳罐、折平沿（无耳）罐、小钵等，并见有折线刻划、戳印等装饰。石器丰富，主要有石磨棒、石磨盘、石锤、石片石器和少量的磨制石凿、石锛，还采集到穿孔石器等。这些遗物具有浓郁的上山文化晚期特征，年代约距今9 000年。上层陶器包括夹炭、夹砂两种陶系，陶色总体偏灰黑，主要器物有凹沿侈口釜、浅腹平底盘、双耳罐、圈足器，装饰以绳纹为主，还有弦纹、米粒纹、镂孔等，石器有石锛、磨石、石片等。从类型学的比较来看，青碓上层遗物与浦江上山遗址中层的文化面貌基本一致，具有明显的跨湖桥文化特征，年代距今约8 000多年。[1]跨湖桥文化位于萧山一带，多靠近浙江东部平原地区。这意味着，早期龙游人很可能是今天杭州人的祖先之一。从距今8 000多年开始，伴随着第三次海退，当时生活在浙西的古人类开始逐渐向东部迁徙。

浙江省文物考古研究所研究员蒋乐平先生认为，青碓遗址是浙中及附近地区继上山遗址后发现的第十处早期新石器时代遗址。青碓遗址的发现，"充分证明整个钱塘江上游地区不但是浙江新石器时代文明的发祥地，也是中国乃至东亚地区最重要的稻作农业文明的重要发祥地之一"[2]。

2011年，浙江省文物考古研究所又对龙游荷花山遗址进行了考古发掘，到2013年取得了阶段性成果。遗址中发现稻作、陶器、住房痕迹。这是至今见到的浙江省内年代最早的新石器时代遗址群，距今1万年至9 000年左右。更重要的是，这遗址里发现了稻作遗存，也就是说，龙游所在的钱塘江上游地区，是世界稻作农业文明的重要发祥地。但蒋乐平认为，虽然龙游人早在距今1万年前就开始吃稻米了，但"还不能说是主食，只是一部分"。那个时候，人们开始耕种水稻，而它在食物经济中占的比例不高。人们吃的东西，最多的还是采

〔1〕蒋乐平：《浙江省龙游县发现9 000年前新石器时代遗址》，见国家文物局网站：http://www.sach.gov.cn/tabid/300/InfoID/26025/Default.aspx。

〔2〕方均良：《寺后青碓发现早期新石器时代遗址》，见龙游县政府门户网站：http://www.longyou.gov.cn/zwgk/lydt/jrly/201009/t20100910_175436.html。

集狩猎而来的食物。[1]荷花山遗址是迄今发现的浙江省内保存最为完整的早期新石器时代遗址，而且遗址的原始地貌基本没有变化，古人生活场景得以保存，成为展示人类新石器时代早期文明历史的最佳场地之一。荷花山遗址的发现也把衢州的人类活动史向前推进到距今1万年前。

　　大约距今1万—3 000年前的浙江大地，气候逐渐趋暖，植被茂盛，动物繁多，十分适宜人类居住。衢州，与余姚河姆渡、余杭良渚等地区一样，也早已进入新石器时代，有先民在此繁衍生息。近年来文物普查中发现较多的早期印纹陶遗址，但真正属于史前时代的遗存并不多。除了前面所提及的以外，主要有江山王村乡山岩尾遗址、常山辉埠镇大埝遗址、开化中村乡双溪口遗址，等等。特别是山岩尾遗址下层文化层中曾出土泥质三袋足鬶、高圈足垂棱豆、圈足带把杯、圈足带把罐等各一件，很有地方特色，与杭嘉湖地区的崧泽文化、良渚文化以及环太湖流域的马家浜文化等都有着密切关系，其文化渊源可以追溯到山东、福建、江西等地。[2]此外在衢州市衢江区石梁镇柘川、河西园艺场、万田乡汪家村、龙游县寺底袁、城南鸡鸣山、江山市石门镇石门村等地都曾采集到新石器或早期印纹陶。龙游县博物馆藏的石钺、石凿、石匕首，开化县文保所藏的三孔石斧，衢州市博物馆藏的石镰刀、石镞等器物，制作精巧细致，打磨光滑细腻，表现出极高的石器制作水平，充分展现了古代衢州先民的聪明才智。石钺、石斧、石锛、石镰刀等都是当时的重要农具，说明当时衢属各地，包括开化这样的山区均有人类在此活动，均有原始农业存在，其耕作方式主要还是粗放型的刀耕火种。[3]

---

〔1〕《考古人在龙游荷花山遗址研究了两年多，上个周末终于晒出阶段性成果》，《钱江晚报》，2013年9月15日。

〔2〕占剑：《多种石器文化传播的一个交织点——对江山山岩尾遗址的再认识》，《长征职业技术学院报》，2009年第6期。

〔3〕《衢州文物普查资料》(内部资料)。

　　就目前的考古资料而言,衢州地区发现的石器文化主要是新石器时代的,体现了衢州地区早期的聚落状况和发展程度。虽然在一些遗址表面采集到一些打制石器,但还缺乏必要的地层佐证。毕竟石器制作费时费工,只要没有彻底损坏,许多石器都会长期使用。就整个浙江而言,旧石器时代的遗址、遗存都是不多见的。旧石器时代考古发现依然是浙江考古界一个重大的课题。应该说,在衢州再次发现新石器时代早期遗址乃至旧石器时代遗址的可能性还是很大的。一旦发现,必将大大改写衢州,乃至浙江的早期历史。[1]而衢州地区(特别是龙游一带)作为浙江乃至全国稻作文明的一个发源地是毋庸置疑的。经济的发展必然也推动衢州地区聚落的进一步发展,为衢州地区文明的出现奠定了坚实的基础。

---

〔1〕牟永抗:《浙江衢州市衢江北区古遗址调查简报》,《考古》,1987年第1期。

第二章　从姑蔑城到大末(太末)县

劲越既成土,强吴亦为墟。皇风一已被,兹邑信平居。抚俗观旧迹,
行春布新书。兴亡意何在?绵叹空踟蹰。

——唐孟郊《姑蔑城》

第一节　姑蔑族与姑蔑国

姑蔑,又称"姑妹""姑末"等,属于古东夷部族的一个分支。姑蔑一词,可
简称为"姑",也可简称为"蔑",以后一种为常见,其本意应为稻名。[1]据甲骨文
等相关文献记载,历代商王均尊崇"蔑"。徐云峰先生认为商人所崇拜的"蔑"
与传说中的蚩尤是同一人,因此,姑蔑族是蚩尤的后代,是善战的民族。

姑蔑族曾长期世居山东。据《左传》记载,姑蔑属鲁国旧地,在鲁国下县
有故城。商灭亡后,一贯与商王朝保持良好关系的姑蔑族不服周王朝的统治,
联合东夷各族不断地与周王朝发生战争,战败后举族南迁,自山东泗水,分迁至
今微山湖西,后又南下合肥,东渐吴境,终与越人同盟,最后来到浙西衢州,成为
古越族的一支。这一南迁过程,从西周初年周公东征开始,一直持续了几百年,
直到春秋晚期。由于文献记载奇缺,加上仅有记载的相互矛盾,关于姑蔑的南
迁问题史学界也有不同的观点。甚至有一些学者认为"姑蔑南迁"是一个伪命

---

[1] 徐云峰:《三言两语话姑蔑》《论姑蔑之南迁》,《衢州探古》,中国戏剧出版社,2001年,第167—184页。

题,根本不存在。但无论如何,姑蔑族都是衢州族源确切可考的最早一支先民。

如何看待姑蔑南迁? 上古时期,因为战争等原因,中华大地上各个族群间的迁徙、重组、融合十分频繁。华夏族就是黄帝与炎帝部落的融合。而姑蔑南迁也是这种变革中一个典型个案。姑蔑族本是黄河流域的一个源于华夏族的古老国族,后来由中原地区迁到位于东方的山东境内。在商周交替的动乱年代,姑蔑族从服从中央政权统治的华夏人演变为反对中央政权的"夷人"。周初东征夷人,姑蔑作为被征服国族,一部分留居鲁地逐渐融入华夏;其主体部分则与其他夷人族群辗转南下越境。由于姑蔑人骁勇善战,在越国称霸等一系列军事政治活动中发挥过重要作用。楚灭越后,越地经战国纳入统一的秦汉王朝版图,其境内的姑蔑族在汉晋以后也从"夷人"逐渐融入汉民族。从周初至汉晋的一千多年,姑蔑经历了"由夏而夷""由夷而夏",并最终融入汉民族统一体的曲折历程。如今,姑蔑族的荣光早已湮没在沧海桑田之间,我们已很难区分衢州境内究竟有哪些遗址、遗存真正是属于姑蔑族的。唯有姑蔑人在长期迁徙过程中所形成的坚忍不拔、骁勇善战的个性,被后人不断继承和发扬。[1]

关于姑蔑的最早记载,见于《逸周书·王会解》:

> 东越海蛤。瓯人蝉蛇,蝉蛇顺,食之美。姑於越纳,曰姑妹珍。且瓯文蜃,共人玄贝。海阳大蟹。自深桂。会稽以鼃。皆西向。[2]

《王会解》记载了西周成王大会各方部落、诸侯的场景。其中东越、瓯人、於越、

---

[1] 彭邦本:《姑蔑国源流考述——上古族群迁徙、重组、融合的个案之一》,《云南民族大学学报(哲社版)》,2005年第1期。

[2] 黄怀信等撰,李学勤审定:《逸周书会校集释》卷七《王会解第五十九》,上海古籍出版社,1994年,第890—903页。

姑妹、且瓯、共人、海阳、自深、会稽都代表着向周王室纳贡的东南沿海一带的方国和部族。《逸周书》记载周代历史的史料价值，近代以来随着早期文明研究的发达而越来越受到重视。有学者考证，《逸周书》全书的编定在春秋晚期周景王（公元前544—前520年）之末季[1]，这也就证明了《逸周书》编纂的是当朝史事，所以它的内容大体上应该相当可靠。至于《王会解》这一篇，虽然有不少学者认为是依据描绘成周之会的图画记录下来的，如同《山海经》依据描绘山海的图画而作成一样，但文中所存国名、地名，上缀《禹贡》，旁稽《职方》，或与后来书志、铭器相合，或为后世所罕见，都足以证明这些记录是西周早期的历史事实，对于这一点，后来的学者很少有疑问。[2]

《王会解》中对于各方诸侯与部族的记载描绘并不是杂乱无章的，而是按照一定的地理位置以及与周王室的远近亲疏关系排列的。从上述文字的记载顺序来看，"姑妹"必然处在江南的东越、瓯人等诸侯、部族近旁。因此，这里的姑妹（姑蔑）就不可能是远在山东的那个部族，而是指地处浙江腹地龙游境内的。关于《王会解》中"姑妹"的地望，晋代孔晁的注释也持同样观点："姑妹，国，后属越。"对于孔注的简略和某些谬误，史家向来批评较多。但孔晁在晋代，所作注释不乏可靠的部分，必须分别对待。在孔注中，特别像"路人大竹""姑妹珍"这一类古奥的方国名物，断难擅自增益，当必有所据。[3]而以孔晁的解释与《王会解》篇的文章体例两相印证，《逸周书》所载"姑妹"在如今江南越地应该是明确的。[4]

成周之际，东南诸侯（或部族）的贡品中确实已有"姑妹"的特产了。这种

〔1〕 黄怀信：《逸周书时代考略》，《西北大学学报》，1990年第1期。

〔2〕 参见杨宽：《论〈逸周书〉——读唐大沛〈逸周书〉分编句释手稿本》，《中华文史论丛》，1989年第1期。

〔3〕 参见刘重来：《〈逸周书〉孔晁注刍议》，《中国历史文献研究（二）》，华中师范大学出版社，1988年。

〔4〕 杭州师范大学学术期刊社编：《吴越文明与文物》，复旦大学出版社，2012年，第148—150页。

名为"姑妹珍"的东西到底是什么？清代学者何秋涛从文字学上的解释，认为它可能是一种玉的名称，并由此推测姑蔑国以玉为贡。[1]至于这次纳贡的时间，《竹书纪年》记载在周成王二十五年，"王大会诸侯于东都，四夷来宾"[2]。近年来的研究确定周成王元年为公元前1042年，周成王二十五年是公元前1018年[3]，可以说，姑蔑国的历史记载距今已有3 000多年了。综上所述，至少在西周早期，姑蔑国已经建立了，并与越、瓯等地理位置相近的诸侯（或部族）地位相当，而其形成的历史则应该更为久远。

到了春秋晚期，姑蔑已经发展成吴越争霸中的一支重要力量。将姑蔑与衢州相联系，目前最确切的记载见于《左传》鲁哀公十三年中的一段，这也是古史中关于衢州地区最早的有明确纪年的记载：

> （哀公十三年）六月丙子，越子伐吴，为二队。畴无余、讴阳自南方，先及郊。吴大子友、王子地、王孙弥庸、寿于姚自泓上观之。弥庸见姑蔑之旗，曰："吾父之旗也。不可以见仇而弗杀也。"大子曰："战而不克，将亡国。请待之。"弥庸不可，属徒五千，王子地助之，乙酉，战，弥庸获畴无余，地获讴阳。越子至，王子地守。丙戌，复战，大败吴师，获大子友、王孙弥庸、寿于姚。

春秋末年，同处江南地区的吴越两国为争夺太湖流域的霸权而不断发生战争。鲁哀公十三年（公元前482年）六月，越国与吴国在泓上地方发生激战。

---

〔1〕何秋涛《王会篇笺释》云："今按珍与瑱通，《广韵》：'瑱，玉名也。'……凡从参之字，古多与从真之字相通。盖姑妹国以玉为贡也。"引自《逸周书会校集释》，第896页。
〔2〕今本《竹书纪年》"成王二十五年"条，四部丛刊本。
〔3〕据夏商周断代工程专家组所编《夏商周年表》，《夏商周断代工程1996—2000年阶段成果报告：简本》，世界图书出版公司北京公司，2000年，第86—88页。

越国军队分为两路,其中以畴无余、讴阳为首的南路军率先到达战场。吴国大子友、王孙弥庸、寿于姚等率军在一侧观察。弥庸看到了姑蔑一族战旗,并说:"这是我父亲的战旗,我不可以看到仇人却不杀他。"吴军的统帅大子友却说,打仗却不能克敌制胜,吴国将会有亡国之灾,请弥庸耐心等待有利战机。当时习惯将获胜后缴获的敌人战旗作为自己的战旗,而且战旗越多越能体现军队的勇武。姑蔑作为越国的属国,早就参与了吴越争霸之战,因此姑蔑族才会缴获弥庸父亲的战旗作为自己的战旗。吴军的统帅大子友也正是因为姑蔑族的参战,吓得不敢应战。这也从侧面印证了这支崇拜战神蚩尤的姑蔑军队的勇武。这一战,吴军利用越军分兵的劣势发动进攻,一举成功;后来越军援军至,双方再战,吴军大败。

据《国语·越语上》记载:"句践之地,南至于句无,北至于御儿,东至于鄞,西至于姑蔑。"可见越王勾践的管辖范围,最西到达姑蔑边境。春秋时期定都于今浙江省龙游县的姑蔑国,是在荆楚和百越双重影响下的小国。姑蔑国的管辖范围包括如今整个衢州地区及遂昌、汤溪、江西玉山等地。姑蔑先属于楚,后属于吴,被吴分封给越,再后为楚吞并,最后为秦统一。钱宗范先生认为荆楚文化和吴越文化对姑蔑文化具有重大影响,姑蔑文化是华夏先进文化与当地土著文化融合的产物,而龙游石窟似为姑蔑文化的宗教性建筑。[1]

第二节　姑蔑城——衢州最早的城池

有国就有城,春秋时期的城市建设往往与方国的建立相对应。龙游县古有姑蔑城遗迹,这是衢州最早的城池。

据宋《元丰九域志》载,姑蔑旧城在瀫水(今衢江)南三里,其东门正对灵山江。又据万历《龙游县志》记载,整座城池"东西二百二十步,南北

---

[1] 钱宗范:《试论姑蔑文化与楚、吴、越文化的关系》,《广西师范大学学报(哲社版)》,2005年第3期。

一百六十八步。高一丈七尺，厚四尺，周围四百七十步"[1]。宋代的营造尺1尺合今30.9厘米，1步合5尺，即1.545米，由此可推算姑蔑城东西轴长约340米，南北轴长260米，城墙高度约为5.25米，厚度在1.24米左右，周长约726米。这是一座不规则的城池，总占地面积有40 000多平方米，相当于6个标准足球场大小。应该说姑蔑城遗址并不是很大，与其说是城，不如说是一座城堡。这种大小也是与当时相对较低的生产力和人口基数相适应的。

　　城市的前身是"市"，最初是固定居民点的劳动者交换产品的地方。随着人们对交换需求的不断扩大，"市"逐渐成为手工业者和商人集中的场所。后来的城市就是由最初的"市"逐渐发展而来的，而所谓"城"就是提供交换产品的地方。[2]在中国古代，"城"与"乡"的作用从城市起源开始就是不同的。"乡"是从事农业劳动者居住的地方，是乡村。从这一点而言，姑蔑城的出现是有很大积极意义的。

　　周王朝实行"分封制"，各诸侯国根据公、侯、伯、子、男五等爵位，相对应建立不同等级的城邑体制。可惜历史上对姑蔑的记载稀少，我们无从判断姑蔑城的等级。但是从仅有的现存资料来看，姑蔑城的确是春秋时期浙江的一座重要城池，其历史甚至可以追溯到西周时期。根据史书的记载，姑蔑城东门面对灵山港，这充分证明了姑蔑城"以西为贵"的文化礼制。考古调查证明，鲁国都城曲阜故城是西周时代建筑的。整座城市从城门和道路以及宫殿的布局来看，都是"坐西朝东"的，以东门、北门为正门，尤以东门为重要。[3]姑蔑城东西长度大于南北，宫殿区也应该坐落于城市西部，东门正对灵山港，既远离水灾的侵扰，又可以更好地利用灵山港的水资源。可惜我们没有更多的资料来佐证，但是仅凭现在这些，也可以说明姑蔑城与曲阜城的相似。

---

〔1〕 余绍宋：《龙游县志》卷二十四《丛载·古迹》，第1073—1074页。
〔2〕 傅崇兰等：《中国城市发展史》，社会科学文献出版社，2009年，第35—36页
〔3〕 傅崇兰等：《中国城市发展史》，第200—202页。

《龙游县志》中还有"姑蔑故宫"与"故蔑子墓"的记载。姑蔑故宫在旧龙游县治"西北百余步,即今灵耀寺"。东晋义熙年间(405—418年),以姑蔑宫旧址建灵光寺。庙中伽蓝神像相传就是姑蔑子的遗像,头戴"进贤冠"。宋代绍圣年间(1094—1098年)灵光寺改称灵耀寺。姑蔑子墓在"东华山下偃王别庙后,宋庆元间,为人所发,古物充轫,随即灰散"。墓北五里,有百余座坟丘"累累如贯珠",名"百墩坂",可能是姑蔑子墓的疑冢。[1]

无论姑蔑城还是姑蔑故宫、姑蔑子墓,如今均已荡然无存,只能在地方文献中找到只言片语。作为衢州地区确切族源可靠的重要人群,姑蔑人所建的姑蔑城在衢州古代建城史上是一个创举,是古代衢州人的骄傲。

第三节　金衢盆地西部中心城市——大末(太末)

公元前221年,秦始皇统一全国,推行郡县制,于姑蔑旧地设大末县,隶属于会稽郡,故城在今龙游县城西,正式开始了衢州建县的历史。《水经注》载:"浙江又东北流至钱塘县,穀(毂)水入焉,水源西出太末县,县是越之西鄙,姑蔑之地也。秦以为县,王莽之末理也。"[2]这条记录的重要之处在于它明确了大末县在秦代即已存在,由此将先秦的姑蔑与后世的大末(太末)联系起来。当时整个金衢盆地就设了两个县,除大末县外,另一个为乌伤县,故城在今义乌境内。大末县的管辖范围与姑蔑国的管辖范围基本一致,包括今整个衢州地区及遂昌、汤溪、江西玉山等地。

为什么"姑蔑"改称"大末"?有学者认为"末"(maad)与"蔑"(meed)古音相近,而泰文"终了"(hmod)与汉语"末"的音义都相近。"大"(daaih)则与泰文"末尾"(daaix)音合,"大末"应为末尾义,指边境。故"姑蔑""大末"都

---

[1]《龙游县志·丛载·古迹》,第1083页。
[2] 郦道元:《水经注》卷四十《浙江水》,陈桥驿:《水经注校释》,杭州大学出版社,1999年,第694页。

是"末尾的地块"之意。[1]秦汉时期，大末县和乌伤县构成了金衢盆地的两大中心。大末县的设立标志着衢州从蛮夷百越之地成为中原王朝统治的属县，开始了融入汉民族的进程，从此揭开了衢州历史新的一页。

公元前206年，刘邦获封汉王。四年后，即公元前202年，刘邦军队彻底打败项羽，实现了对全国的统治。衢州地区仍设大末县，隶属于会稽郡，后归扬州刺史部统管。当时大末县的管辖范围与秦朝时没有多大变化。为巩固刘家的天下，刘邦大封同姓亲属。这些刘姓王在各地纷纷建立属国，衢州就先后隶属于刘贾建立的荆国、刘濞建立的吴国以及刘非建立的江都国。汉武帝元狩二年（公元前121年），废江都国，衢州地区重归中央政府统治，仍属会稽郡。[2]

西汉时，整个会稽郡设26个县，有223 038户，1 032 604口，平均每县8 578户，39 716口。[3]西汉王朝的中心在中原地区，会稽郡属于边远地区，而衢州又属于会稽郡的西部边远地区。应该说，当时衢州的平均户数、人口数当远远小于这组数字，相对于整个衢州地区而言，可谓地广人稀。而当时衢州的更详细情况，因缺乏文献记载，现已无从考证。

王莽时期，大末县一度改名为"末治"。公元25年，东汉王朝建立，改末治县为太末县，仍属会稽郡。这样，包括今衢州地区以及遂昌、浦江、金华、江西玉山等地区在内的广大区域，只设太末一县来管辖，而且这一管就是160多年，直到东汉末年。

值得注意的是，郡县制并非全是秦代新创的。近年来的考古调查和发掘，以及对于先秦古玺、兵器、货币的铭文的相关研究表明，郡县制在春秋时已有萌芽，尤其是"县"这一行政区划，其原始形态甚至可以上溯到西周。到了战

---

〔1〕李永鑫主编：《绍兴通史》第一卷，浙江人民出版社，2012年，第473页。

〔2〕徐宇宁：《衢州简史》，浙江人民出版社，2008年。

〔3〕《汉书》卷二十八上《地理志第八》，《二十四史》标点本，中华书局，1997年，第1590—1591页。

国时期，郡县制已在各国得到推行。实际上秦和汉初的县，有很多在战国时已经存在。在秦之前，越国在金衢地区至少已有250年以上的经营，而秦王朝对这一地区的有效统治，仅仅只有十几年的时间（公元前221—前209年）。因此从行政管理来说，秦汉时期会稽郡大末（太末）县的县域，最大可能就是原来从属于越国的姑蔑部族小国的继承和延续，至少可以说，秦汉大末（太末）县是在周代以来姑蔑旧地数百年开发的基础上设置的。[1]

汉代文献中，对于衢州地区的记载相当稀少，我们唯有通过考古发掘的成果管窥当时的经济文化情况，而龙游东华山汉墓群就是其中一个典型的例证。该墓群墓葬分布十分密集，在浙江省内实属罕见，也从一个侧面反映了当时人口集聚的状况。东华山汉墓群位于龙游县龙游镇桥下、鸡鸣村，为县级重点文物保护单位。1979年以来，经过多次发掘，出土了大量西汉中晚期至东汉早期的原始瓷器、陪葬用的陶质明器、礼器以及铁器、铜镜等，最多的一个墓葬出土各类器物60余件。

1982年，又在石塔头段发掘了一批木椁墓，其中位于中心位置的48号墓规模最大。该墓的形制较复杂，平面似两个"凸"字形坑穴相接，总长16.4米，最宽处达4.8米。分前后两室，两室系不同时期所葬，并皆为夫妻合葬。48、52、55号墓各出土铜印章1方，皆姓鲁。其中48号中的印章为龟纽铜套印，通高1.8厘米，边长1.6厘米，印文为篆书，分别是"鲁尊"和"鲁伯之印"，由此可知这里是鲁氏家族墓地。[2]这与鲁姓为龙游四大古姓氏之一的文献记载是相一致的。据《姓氏考略》记载，周公姬旦的儿子伯禽被封为鲁侯，建立鲁国。公元前256年，鲁被楚所灭，子孙以国为姓，是为鲁氏。龙游鲁氏可能也是从山东辗转迁徙而来的。汉代，特别是东汉时期，是以豪强地主为其统治基础的，他们建立坞

---

〔1〕 杭州师范大学学术期刊社编：《吴越文明与文物》，第157—159页。

〔2〕 《衢州市东华山汉墓发掘简报》，《浙江文物考古所学刊》，文物出版社，1981年。

堡,拥有私人武装,在地方上的实权很大,鲁氏就是衢州豪强地主的一个典型。

汉代葬俗"视死如生",富贵人家为死后仍然能够"享受"生前的生活,往往在墓中葬有大量的明器,有牛、马、羊、狗等动物造型,还有猪舍、鸡舍、井、灶、盆、勺等,充分体现了当时的工艺水平和审美情趣,也反映了汉代衢州百姓的生活水平。马匹的养殖是汉代重要的国策,墓葬中泥马陶塑的发现,说明当时衢州已有富户在养殖马匹。东华山汉墓还出土了一批铜器,如铜鼎、铜钫、铜矛等,最多的是铜镜,有星云镜、日光镜、昭明镜(带铭文)等。汉代的铜镜是衢州地区,特别是龙游县的一大特色,其中汉连弧纹镜、东汉建安二十四年神兽镜(柯城区万田乡出土)、东汉车马人物镜(龙游县溪口镇出土)等,纹饰清晰、造型生动,都是不可多得的佳品。此外,铁器也在多数墓中出现,种类有铁釜、铁削、铁矛、铁剑、铁棍以及铁刀等。铁刀大多为环首,刀身细长,最长的达94厘米。这种环首铁刀,因刀柄末端有一个圆环而得名,属于双手用大刀。众多铜器、铁器,特别是铁制兵器的出土,说明当时龙游可能已经拥有了自己的铜铁器冶炼作坊,同时也反映了当时自然环境的艰苦。

第三章　从新安县到信安郡

——浙西中心城市的变迁

> 郡城周围平旷,中有山独峙穹然。如龟形,府治据其上。山环水绕,
> 实佳郡也。
>
> ——弘治《衢州府志》卷一《形胜》

第一节　对山越族的战争与早期峥嵘岭的开发

衢州人常常自豪地称道衢州军事地位的重要。一个地区的军事地位是和地区周边经济发展水平和相应地理位置密切相关的。衢州扼守着通往江西、福建、两广的要道,秦朝对岭南用兵,衢州军事地位初显。汉武帝时期,因为平定闽越的需要,衢州的军事地位初步得到重视。西汉末年以后,因为对山越人战争的需要,峥嵘山的军事地位大增,也揭开了衢州驻军的历史。

据《读史方舆纪要》卷九十三载,柴宏屯兵峥嵘山。这是关于衢州地区最早的屯兵记载。民国《衢县志》也记载了汉成帝(公元前32—前7年在位)年间柴宏驻兵峥嵘山平定叛乱一事。关于这次叛乱的详细情况,史载不详。但根据相关史料的推测,应该是浙西山区不服汉化的山越人作乱。可见在西汉末年,虽然30多公里外的龙游境内已经属于中央政府管辖,但是峥嵘山却依然是对抗山越族的前线。

山越是对古代居住于今日江苏、皖南、浙江、江西、福建,乃至湖湘、两广等

广大山区的越人的一种通称。他们依靠险要的山势,不服朝廷统治,因此称为"山越"。三国史书中出现的"山越",并不是一个单一的民族,由于民族融合和史书编撰等原因,已经超出了单纯的民族概念,只是强调其地域性特征。山越族常年生活在自然条件艰苦的山区,主要以渔猎为生,他们在山间如履平地,是天生的山地兵。山越人好武习战,自己铸造盔甲兵器,战斗时常蜂拥而至,败退时则如鸟窜般逃至山林间。因此,山越之地号称难治之地。由于不服从孙氏政权的统治,孙权称他们为"山贼""山寇",以别于一般越人。东汉末年,为荡平地方割据势力,建立稳定的后方地域,以利其控制江东局面,孙策、孙权屡次派兵围剿山越,将其驱赶下山。

《三国志·贺齐传》记载了太末县令贺齐平定山越的事迹。贺齐,字公苗,绍兴人。年轻的时候曾历任会稽郡的小官,后来出任剡县(今嵊州)县令。境内山越族纠众作乱,贺齐率兵大破之,威震山越。后来太末、丰浦(当时丹阳郡歙县的一个乡)地区山越民作乱,贺齐临危受命,转任太末长(即太末县令)。他诛杀为恶的豪强地主,抚慰百姓,仅仅一个月就平定了乱局。[1]史书对这次平乱并没有确切记载其时间。据考证,建安元年(196年)贺齐被孙策任命为永宁长(即永嘉令),故其平定太末、丰浦山越作乱当在兴平二年(195年)左右。其后,贺齐又参与了平定侯官(今福建福州)地区的山越叛乱。建安八年,建安(今福建建瓯)、汉兴(今福建浦城)、南平(今福建南平)再次爆发山越叛乱。贺齐进兵建安,建立南部都尉府,连续平定各地之乱。建安十年,孙权又派贺齐讨伐上饶(今属江西)山越民众。建安十三年,贺齐升任威武中郎将,又率兵讨伐黟县、歙县(今属安徽)山越民。贺齐平定建安、汉兴、南平、上饶、黟县、歙县等地之乱,均系兵出太末。衢地近接福建、江西、安徽三地,兵乱之际,不免同时被灾。然而,战争并没有完全结束。据《三国志·陈表传》记载,吴嘉禾三年(234年),诸葛亮的

---

[1]《三国志》卷六十《吴书·贺齐传》,《二十四史》标点本,第1377—1381页。

侄子诸葛恪出任丹阳郡（今皖南、浙北一带）太守，讨平山越。[1]孙权这样做的目的，还在于加强对浙、闽、赣、皖地区的军事控制。

汉民族与山越人的战争是东汉末到三国时期中国政治、军事史的主要内容之一。一方面，山越人要求固守自己的生存方式，不想下山；另一方面，官府想要扩大自己的人口源、赋税源、兵源，要求山越下山。态度和想法的不同，导致双方战事不断。这其中也不乏山越望族欲维护自己的利益乘机作乱。在强大的国家机器面前，弱小的山越人的反抗最终归于失败，只有极少数仍然生活在山区。山越人的下山使汉民族增添了新的成员，衢州的经济文化也得以大发展。

> 龟峰其形如龟，昂首垂足，府治其背。其西北则缀峥嵘山，故有岭，孟郊、罗隐皆有诗。……郑氏谱云：孙吴遣征虏将军郑平以千人守峥嵘镇。有土人治地得古墓，云峥嵘戍主某人墓，则其名亦故，晋咸宁间犹在。土人有郑姓者谓其后，今郡城实其地。[2]

郑平（207—300年），字元先，号自强，原籍河南郑州，是戍守衢州地区的吴国将领，在地方史中被誉为"开衢首宦"。吴黄龙元年（229年），孙权正式称帝，三国中最后一个吴国建立。同年，郑平因功被授予赞护将军、南郡都尉使，继而任平南大将军。据《峥嵘郑氏宗谱》记载，郑平后又升为光禄大夫，开府仪同三司，督闽、浙地区诸军事，成为吴国的高级将领。吴嘉禾五年（236年），加封郑平为征虏大将军、亭长侯，孙权令其率领千人镇守峥嵘山。

峥嵘山是扼守衢州要道的重要关卡，在冷兵器时代具有相当重要的军事地位。郑平在峥嵘山上，依地理山势构筑城垣营寨，沿流水挖掘壕沟，筑成军事

---

[1]《三国志》卷五十五《吴书·陈武传（附子陈表）》，《二十四史》标点本，第1289页。

[2] 弘治《衢州府志》卷二《山川》。

要塞。一方面,要塞保护了东部城镇免受山越族的侵犯;另一方面,其山丘高地也可免受衢江洪水的侵害。此后,峥嵘山以其特殊的山势地貌,开始了1 700多年的屯兵历史,这在全国驻军屯兵历史上是罕见的。

到了西晋时期,武帝又派遣陈弘镇守峥嵘岭。陈弘,字伯猷,原籍阆中(在今四川省)。他爱好读书,性格勇敢,且有谋略,最初追随益州(辖今川陕甘云贵等省交界地带)刺史王濬,擢升为参谋后,屡建奇功。晋太康元年(280年),他又协助王濬接连攻克西陵、荆门、彝道诸州(今湖北宜昌、荆门等地),自武昌直下建业(今南京),所向披靡,吴国最后一个皇帝孙皓投降。当时鲜卑族首领赵峻率众侵犯晋国边境,陈弘奉命以精悍之骑兵奔袭讨伐,将其擒获,从此边境安宁。晋武帝嘉奖其功绩,特授为峥嵘镇总管,封信安侯,食邑三百户。[1]同年,因弘农郡(今在河南)有新安县,遂改新安县(今衢州市区)为信安县,属东阳郡。自此,陈弘就在信安安了家,终年九十。[2]

自郑平守戍峥嵘镇以来,浙江的局势已基本安定,晋武帝为什么重设峥嵘镇呢?吴国末年,虽然浙江境内山越族逐渐平定,但周边地区依然不平静。六朝时期,江西地区曾不断发生叛乱,山越人就是其中一支重要力量。扼守通往江西、福建要道的峥嵘山,其军事位置也由此日益凸显。[3]在吴国灭亡后,晋武帝重设峥嵘镇,有其基于军事和政治的需要的考虑。伴随着峥嵘镇军事地位的日益凸显,加上该地区经济文化发展和人口增长,预示着一座新城的建立。

第二节 从新安县到信安郡的设立

东汉末年,随着经济的发展,金衢盆地的人口有了很大的增长。特别是与

---

[1]《陈弘传》,《衢州市志·人物·人物录》,第1314页。
[2] 明朝初年,又加封陈弘为宁邦侯,设祠祭典。其墓在今衢州市区皂木巷,现为市级文物保护单位,1992年重加修缮,供人凭吊。
[3] 涂瑞霞:《六朝时期江西地区叛乱史研究概述》,《江西社会科学》,2002年第4期。

山越族的战争,使大量山越人下山成为朝廷的编户齐民。人口的增长必然带来管理的难度加大,到了汉献帝初平三年(192年),中央政府下令析太末西域设立新安县,属会稽郡,其境含今柯城、衢江、江山、常山、开化及江西玉山县的一部分。同年,由乌伤县(今义乌)分立长山县(今金华市区)。

据《中国地名语源词典》等书记载,新安县旧治在今衢州古城南6里。今城南6里为千塘畈,未见有任何古城遗迹,可见这一记载是有疑问的。汪筱联先生认为,新安古县治遗址、遗迹在今烂柯山石室村一带,当时县治与峥嵘山构成政治和军事上的二元中心。但也有学者提出,在今花园岗一带,即城南16里,有六朝时期墓葬群。古城确切位置目前尚不明朗,有待今后考古发掘进一步明确。

东汉末年,由于孙权重用人才,江东地方,文臣武将,人才济济,出现了一片兴旺景象。兴平二年(195年),孙策分诸暨县地设立丰安县(今浦江)、吴宁县(今东阳)。建安四年(199年),孙权分太末县北域归丰安县管理,以利于加强浦阳江上游的防卫力量。[1]为扩大耕地面积,大约在建安七年至八年间,孙权开始推行屯田。当时的屯田分为军屯、民屯两种,采用军中编制,设置屯田都尉等官职管理屯田事务。屯田兵且耕且战,屯田户只种田,免除役事。建安八年、十年,孙权先后两次出兵山越,稳定了江东六郡的局势。战后大量的山越百姓下山,成为国家编户齐民,融入汉民族大家庭。也正是在这一背景下,太末县、新安县的人口剧增。为维护统治,建安二十三年,孙权分太末县南域为遂昌县[2],分新安县西南域设立定阳县。遂昌县位于乌溪江、灵山江、松阴溪上游,松阳县(建安元年设立)占据松阴溪中下游,乌溪江中下游属于新安县,灵山江中下游属于太末县。这样,遂昌县的建立加强了衢江南侧地区到仙霞

---

[1]《后汉书·地理志》第二十二"乌伤"条下引刘昭补注:"建安四年,孙氏分立丰安县。"丰安县此前已经建立,因此这里把太末县东北部今梅江盆地一带土地划归丰安县。

[2]《后汉书·地理志》第二十二"太末"条下引刘昭注:建安"二十三年,立遂昌县"。

岭区域的政治军事控制;而定阳县的设立则加强了对衢江北侧、千里岗山脉以南地区的掌控。[1]定阳县的中心地带在铜山源——上方源下游,县治在铜山源下游今衢江区云溪乡章戴、西垄一带。[2]

在汉代,一地能否设县是以当地的人口为基本参考量的。因此,新安县、长山县、丰安县、遂昌县、定阳县的先后设立,表明当时金衢盆地及其周边地区经济文化发展到了一定水平,已聚集起相当数量的人口。据《后汉书》载,会稽郡领县14,有123 090户,481 196口,平均每县8 792户,34 371口。[3]这组数据是各县未分设之前的数据,自然也不包括大批下山的山越人口,衢州地区的实际人口也因此被大大低估了。

包括金衢盆地、浦阳江流域在内的整个金衢地区,从东汉兴平二年(195年)至吴宝鼎元年(266年)设立东阳郡前这段时期,是衢州历史上县级行政机构增设最迅速、最多的一个时期。吴赤乌八年(245年),析乌伤县置永康县。至此,整个金衢地区从秦汉时期的乌伤、太末二县,演变为乌伤、太末、长山、新安四县,再增丰安、吴宁演变为六县,再增遂昌(平昌[4])、定阳演变为八县,最终到三国末年增设永康县演变成九县。吴宝鼎元年,分会稽郡置东阳郡,郡治在长山县,下辖长山、乌伤、丰安、吴宁、永康、太末、新安、定阳、平昌(遂昌)等九县,其中隶属今金华地区的五县,隶属今衢州地区的三县,隶属今丽水地区的

---

[1]《浙江通史·秦汉六朝卷》第六章"六朝世局大变与地方统治新秩序的建立",第195—197页。

[2] 定阳县地理位置详见陈兴构、王志邦《东阳郡》(团结出版社,1991年)相关考证部分。这里特别值得注意的是,《东阳郡》第21页第一行认为:"定阳县与常山县两者没有地域上的继承关系。"按《旧唐书·地理志》"常山"条目记载:"咸亨五年分信安置";《新唐书·地理志》"常山"条载:"上,咸亨五年析信安置,隶婺州。"因此汉献帝建安二十三年所建定阳县、唐武德四年重建定阳县不在唐咸亨五年所建常山县地域。

[3]《后汉书》志第二十二《郡国志四》,《二十四史》标点本,第3488—3489页。

[4]《宋书》卷三十五:"孙权赤乌二年(239年),分太末立,曰平昌。"有误,应该是此年,遂昌改名平昌。

一县。到了三国中后期，金衢盆地从会稽郡分出，形成一个独立的行政区域。

2010年，在龙游方家山下的小土坡间发现并排列的四座三国大墓。保存最为完整的一座墓是券顶砖室墓，墓总长14.1米，最宽处7.7米。为使墓室密封干燥，砖室外围用白膏泥夯筑成斗形围墙保护。墓分为前室和后室，用拱顶的甬道连通。在墓中后室出土了一枚方桥形纽铜印。这是一枚汉代的官印，印上用篆书刻着"新安长印"四字。从这枚官印推断，墓主人应该是当时的新安县长。由于墓曾被盗过，究竟有多少随葬品已经不得而知，但仍有29件文物出土，如1件青釉瓷罐，3颗穿孔纺锤状黄金珠，一些五铢钱和罍、罐、灯等。同时出土的还有2枚削，长约15厘米，外形有点像现在的小刀，这是古代文化人随身携带的文具，用来削刮修改竹简上的错字。还有1件青瓷的堆塑魂瓶，做工相当精致，在瓶口上面有一排小塑像，除了人物，还有鸡、狗和房子。

西晋末年，大批匈奴、鲜卑以及氐、羌等族民众移居内地，在华北等地区先后建立了许多小国。随后而来的晋皇室内乱和皇室南迁带来的南北分裂使大批汉族居民从黄河流域迁移到了长江以南。当时的政府更把北方原有州郡地方政府迁到南方，称为侨置州郡，例如所谓南徐州、南兖州、南豫州等。这是中国历史上第一次大规模的人口迁移。当时北方士人南迁的首选之地是绍兴、杭嘉湖一带，衢州属于第二梯队。

东晋时期，名臣殷浩因北伐失败贬居衢州，建有殷浩宅。"殷浩宅，在（衢州府）西安县南六里，信安[1]故城中。晋建元间，浩以山桑之败贬居于此，其址犹存，土人号曰殷墙。"[2]可见东晋时期信安县城的位置并无大的变动。

南朝陈永定三年（559年），于衢州地区置信安郡，领信安、定阳两县，郡治在信安。当时太末县属金华郡（东阳郡）。陈天嘉三年（562年），信安郡撤

---

[1] 晋太康元年（281年），改新安县为信安县。
[2] 乾隆《清一统志》卷二百三十三。

销。[1]信安郡前后仅存在了四年。信安郡的设立是衢州设置州郡级行政区划之始，虽然前后只有短短的四年，但在衢州历史上留下了值得纪念的一页。留异、陈宝应割据势力，不得人心，在朝廷的强大攻势之下，自然难以为继。

从新安（信安）县到信安郡的设立，不仅是行政级别提高，也不仅仅是信安县域经济文化发展的结果，更是信安地区政治经济军事地位以及人口增长等因素综合的考量的结果，也预示着衢州地区的中心从龙游县域向衢县县域的转移。这个过程是比较长的，一直持续到唐初。

第三节 关于姑蔑地域的探讨

根据谭其骧的研究，作为历代地方行政区划基本单位的县，其设置大致与时俱增，设置后少有罢并，是相对比较稳定的；而其设置的标准，历代也大致相似，虚置滥设的较少。一个地方能够创建县治，大致可以表示该地域开发已臻成熟；其设县以前所隶属的县，又大致即为开发此县的动力。因此研究各县的设治时代及其从哪个县析置出来，针对某一区域内各县做一综合的观察，则不啻为一部简要的地方开发史。[2]历代以大末（太末）县为母体的各县的分离设置，正反映了这一地域渐次开发的过程。因此，进一步考察大末（太末）县的沿革地理，即秦汉以来本地区地方分权化的过程，有助于更好地探讨姑蔑地区演变和人文开发的历程。

后世衢州、处州两府诸县的设立，可以说大抵肇基于秦大末（太末）县。东汉至三国吴时期，姑蔑地区始有新安、定阳、松阳、遂昌四县析自大末（太末）县。晋至唐初武德四年（266—621年），又以先期析出的新安、松阳县为母体，分设了须江、括仓两县。唐代，江南的开发进入一个活跃的时期，在唐初，即有分须江、

---

[1]《陈书》卷三十五《留异传》，《二十四史》标点本，第483—486页。

[2]谭其骧：《浙江历代行政区域——兼论浙江各地区的开发过程》，《长水集》，人民出版社，1987年，第404页。

定阳、弋阳三县置玉山县,分括苍(即隋之括仓)、永康两县置缙云县之举。[1]

特别是松阳县,谭其骧先生认为,虽文献记载松阳县分自今沿海之台州,但其人文开化其实渊源于衢江流域:

> 自龙游溯灵溪而上,逾仙霞岭脉下瓯江流域者为支线。人文开化之途径,间有不能以山河自然形势测定者……开辟处州者不来自瓯江下游之温州而来自衢州,又其一例。瓯江上游之支流松溪,与衢港支流之灵溪,略成南北一直线,两源相去极远[2],先民盖循此线自龙游南向移殖(今筑有公路,仍为衢、处间往来要道)。至汉末孙氏,遂启遂昌、松阳二县。惟遂昌析自龙游,六朝时犹北隶于东阳郡,线索甚明;松阳,《元和志》以为析自"回浦"。六朝隶于永嘉郡,似与衢港无涉。斯盖政区之划分,有不尽与移民来源相符者;而《元和志》之说,又未必无可置疑。椒、瓯两江流域汉世已立之县惟有"章安"、永嘉,若谓"章安"、永嘉之人已西向繁殖于数百里之遥之松阳,则何以中间临海、仙居、丽水、缙云、青田诸县,反迟至吴、晋、隋、唐始立县耶?自遂昌、松阳渐展而东而南,隋始分松阳为丽水,唐始分丽水为缙云、青田,分遂昌、松阳为龙泉,宋始分龙泉为庆元,明始分丽水为宣平、云和,分青田为景宁,与温、台二府绝不相涉,线索亦至为分明。[3]

最近数十年间,随着汉语方言调查和研究的推进,方言地理学的资料不断丰富,中国全域现代汉语方言的分布状况已经趋于明朗。其中主要分布在江南东部的吴语,因具有区别于其他汉语方言的显著的地方特色,并拥有近 7 000 万人口,而成为汉语的一大方言。在吴语内部,又存在数个带有地方色彩的次

---

〔1〕 杭州师范大学学术期刊社编:《吴越文明与文物》,第159—162页。

〔2〕 笔者按,即今遂昌县妙高镇与新路湾镇之间,当为"相去极近"方妥。

〔3〕 谭其骧:《浙江历代行政区域——兼论浙江各地区的开发过程》,《长水集》,第412页。

方言区,即所谓的"方言片"。多次方言调查揭示,浙西南原处、衢两府地方的方言,既具吴语的共同特征,又有自身的特点,且受到相邻的闽语的影响,可以列为现代吴语中的一大次方言区,即所谓"吴语处衢片"。

郑张尚芳的研究表明,"古吴越两国的主体疆域在今上海、江苏、浙江三省市以及皖南赣东北地区。现代在这一区域内的主体方言为吴语,分布正大略相似。……吴语所以形成自成一系的汉语方言,显然与古越语的历史背景有关。古汉语与这一地域内古越语的结合才形成了一支自有特色的方言,所以两者分布才这么吻合"[1]。

同样,吴语处衢片的语言分布与姑蔑历史地域的高度重合,强烈显示出处衢地方的方言与姑蔑部族在文化上的渊源,以及现代吴语处衢片的分布与姑蔑部族领域之间的联系。类似于现代吴语与古越语的对应、现代吴语地理分布与古代越人地理分布的重合,现代吴语的下位单位吴语处衢片,从地理分布上说,应该与古代越国的下属姑蔑的地理分布也有一定程度的重合,从语言上说,应该与姑蔑人所操言语之间也有某种程度的对应。由此来看,姑蔑部族当然应该属于古越人,乃至于是古越人的一支,并且应该是具有地域文化性格的部族。

特别引人注目的是,分布于金衢盆地西半部的现代吴语处衢片,至今仍然在龙游县与金华、兰溪两地的行政境界线附近,同分布在金衢盆地东半部旧婺州府所属各县的现代"吴语婺州片"相对峙。显而易见,吴语处衢片并未扩散到相对来说比较容易进入的金衢盆地东半部。钟翀先生认为,一个主要的理由是,金衢盆地东西两部分自古以来存在着明显的基层的差异,各自的文化性格都很顽强。至于产生这种基层差异背景,则应该考虑到这样的一个史实:至迟在2 200年前的秦代,金衢盆地的东、西两部就已经有了乌伤、大末两县的分置,而后世金衢盆地的东、西两部各县的分离设置,一直受这种分设格局的强烈影

---

[1] 郑张尚芳:《古越语》,《吴越文化志》,第310—311、253页。

响。类似乌伤、大末的情况，亦可见于瓯江流域（上游处州与下游温州相对）、信江流域（上游吴语区与下游赣语区相对）的河谷平原。可以说，现代吴语处衢片的分布区域形成，地形的影响相对较弱，而通过语言所表现的姑蔑的地域文化的影响则显得相当顽强。从这一意义上说，吴语处衢片是在克服地形条件制约中发育形成的。[1]

---

[1] 杭州师范大学学术期刊社编：《吴越文明与文物》，第163—167页。

第四章　浙西重镇
——隋、唐、五代的衢州州城

> 三衢山在三衢乡，按隋志，昔有洪水暴出，派兹山为三道，因谓之三衢，州名以此。

——弘治《衢州府志》卷二《山川》

第一节　衢州设立的反复

隋开皇九年（589年），隋朝派遣大军南下，一举灭亡陈朝，统一全国。同年，中央政府废建德县、太末县、丰安县（今浦江）入吴宁县（开皇十八年改称金华县），隶属婺州，信安县、定阳县仍归婺州管辖。大业三年（607年），隋炀帝改婺州为东阳郡，并废定阳县入信安县，属东阳郡。至此，衢州境内仅余信安一县，辖今衢、江、常、开各县及今江西玉山部分地区，龙游一带仍属金华管辖。当时的婺州统县四，除金华、信安外，还有永康、乌伤（今义乌），四县共有19 805户，平均每县4 951户。[1]按每户5人计算，每县约2.5万人。

隋末天下大乱，群雄并起。大业七年[2]，面对隋末的动乱局面，时任歙州（今安徽歙县）地方武装"郡兵"首领的汪华审时度势，策划了一场兵变，高举

---

〔1〕《隋书》卷三十一《地理志下》，《二十四史》标点本，第878页。

〔2〕《旧唐书》卷五十六《王雄诞传》云："首领汪华，隋末据本郡称王十余年。"汪华归唐在武德四年（621年），上推十年，即隋大业七年，则汪华起兵的年代也不会晚于此年。

义旗，推翻了歙州旧政，占领了全州。随后又连续攻克宣州（今属安徽）、杭州、睦州（今建德等地）、婺州（今金衢地区）、饶州（今上饶）等州，所向披靡，大得民心。不久，汪华以六州之地自号吴王，建立政权，成为隋末浙皖赣边界地区的实际统治者，前后称王十年。唐武德四年（621年），汪华有感于唐朝的强盛和德政，上表请求归附。[1]

衢州归附唐王朝以后，最初的几年并不平静，农民起义军首领李子通所部曾占据衢州地区。武德四年，唐王朝平定李子通后，于信安县设立衢州，使这里再次成为州级行政区划。之所以称为"衢州"，据《元和郡县图志》记载，州境内有三衢山，因而取之为名。同时，又分信安县置须江（今江山）、定阳（今常山）两县，属衢州。须江县，以城南有须江得名，此为江山设县之始。衢州依峥嵘山建州城，州治设于峥嵘山，领信安、须江、定阳三县，属越州总管府（平定李子通后设立）。

然而，局势并未平息。由于另一位农民起义领袖杜伏威的部将辅公祏叛唐，武德七年衢州再次陷入危局。武德七年，尽管辅公祏的叛乱被平定，但州城被辅公祏所部攻克，衢州一片凋零。[2]同年，恢复设置太末县（今龙游），又从太末县分置白石县，并于太末县设立縠州，领太末、白石二县，隶属越州总管府。次年（625年），唐王朝废衢州、縠州，须江、定阳、太末、白石四县并入信安县，改属婺州，隶属越州都督府（武德七年由总管府改）。至此，衢州地区再次仅余信安一县。究其原因，与李子通、辅公祏所部叛军在衢州两次的大破坏不无关系。[3]

这次衢州的设立再次与地方割据势力相始终，割据势力平定后，中央再次集权，废州撤县的做法与陈文帝时一致。州级政权在衢州地区的确立可谓多灾

---

〔1〕汪福琪、胡成业：《汪华及其家族断略》，《徽州社会科学》，2000年第1期。

〔2〕郑永禧：《衢县志》卷九《防卫志·历代兵事记》。

〔3〕《旧唐书》卷四十《地理志三》，《二十四史》标点本，第1592—1594页。

多难。唐高祖以信安一县治理整个衢州地区,应该只是权宜之计。到了唐太宗在位期间,衢州经济得到了恢复发展,人口剧增,以信安一县之力实在难以管理如此庞大的区域和人口,分设县治已成为朝廷必然的选择。贞观八年(634年),析金华、信安两县置龙丘县(今龙游)。唐高宗咸亨五年(674年),又分信安县置常山县。两县均属婺州,隶江南东道。武则天当政时期,衢州经济进一步得到发展,建立州级行政区域的条件已基本成熟。武则天垂拱二年(686年),重新设置衢州,州治衙署驻峥嵘山,辖信安、龙丘、常山三县,仍属江南东道。永昌元年(689年),再析信安县置须江县(今江山),衢州辖信安、须江、常山、龙丘四县。

天宝元年(742年),衢州更名为信安郡,辖信安、须江、常山、龙丘、盈川、玉山六县,属江南东道;乾元元年(758年)复改称衢州,玉山、常山改隶信州(今江西上饶),仍属浙江东道。不久,常山又重归衢州管辖。

据《通典》记载,唐代按户籍多少,把州分为三等。根据开元十八年(730年)三月的敕令,因为天下太平日久,人口日益增加,因此以4万户以上为上州,2.5万户为中州,不满2万户为下州。[1]天宝年间,整个衢州六县"户68 472,口440 411",是当然的上州。当时,全国有上州109个,中州29个,下州189个,总共327州,可见当时衢州应处于全国中上水平。

唐代的县分赤、畿、望、紧、上、中、下七等,其中京都所辖的为赤县,京都近旁的为畿县,其余依户口、赋税多少划分等级。因此一般的县分为望、紧、上、中、下五等。其中6 000户以上为上县,3 000户以上为中县,不满2 000户为下县。衢州所属西安县为"望县",龙丘县为"紧县",须江县、常山县均为"上县",后归入信州(今上饶)的玉山县也是"上县"。衢州所属六县除盈川县因后来撤销,未见分等记录以外,其余均为上县。[2]

---

〔1〕杜佑:《通典》卷三十三《职官十五》。

〔2〕《新唐书》卷四十一《地理志五》,《二十四史》标点本,第1062、1070页。

咸通年间(860—874年),信安县改称西安县。此后,直至1929年复改为衢县之外,其间"西安县"一名用了1 000多年,而且信安县一直是衢州州府一级行政区划的治所。另据《太平寰宇记》记载,当时信安县设有三十个乡。

第二节　唐、五代时期的衢州州城

> 衢郡故城凡三。按旧志,一在马驿桥南,一在开元寺北,一在章戴之白石。三城废置莫考,今龟峰之城亦不知其初建。州人相传,先止土墙而已。[1]

按《舆地纪胜》载,马驿桥南,唐末黄巢乱,设寨于此;开元寺北,疑似定阳故城;章戴之白石,疑是縠州[2]故城。对于第三个判断,衢州史志是反对的。康熙《衢州府志》转引旧志载,"定阳城去西安城(即今衢州城)二十五里,今为古城院。……开元寺在今沙埠市,去东溪(乌溪江)甚近"。这符合《水经注》"定阳溪径定阳县"的相关记载。而对于縠州,按照新旧唐书的记载,"縠州设于太末(今龙游)"。《龙游县志》云"白石山有唐白石县址",位于龙衢交界处,才是縠州故城的旧址。

今衢州城最初是建于峥嵘山上的,其始建年代不详。据弘治《衢州府志》记载,州人相传,峥嵘山上的城池最初只是土墙而已。又据嘉靖《衢州府志》记载,唐武德四年置衢州,建郡治,而且还有"尉迟敬德"铭文城砖的传说。但当时衢州的设置前后仅存在四年,还两度陷于战乱,是否修筑砖石城墙很难说。《唐书·五行志》记载:"元和十一年(816年),衢州山水毁州郭。"[3]可见当时衢州已有州城,而其始建年代,可能最早就始于武则天复置衢州时。武则天当政时期正值唐代处于强盛时期,有经济条件筑城;而且经历了贞观之治以后的衢

---

〔1〕天启《衢州府志》第五《建置志·城池》。
〔2〕縠州,唐初设立,《唐书》作"縠"。因縠与瀫通,部分文献作瀫州,指同一地名。而作"瀫",为误。
〔3〕《新唐书》卷四十一《地理志五》,《二十四史》标点本,第1062页。

州，人口大量集聚，也为州城建设提供了人力支持。唐代州城主要依峥嵘山势筑子城，外疏城壕，远比不上如今人们所见的古城范围。[1]因此2001年衢州在市区黄金台发现唐代古墓，说明此地在唐代应处于城郊。这也从侧面印证了唐代沿峥嵘山建州城的观点。

衢州州城地位的最终确立，标志着衢州的政治经济文化水平已发展到一个新的高度，也开始了衢州历史的一个新的起点。由于无明确文献记载，又缺乏必要的考古资料佐证，最早的衢州城始于武则天时期还只能是一个假说，但峥嵘山的子城是确实存在的，是衢州地区最早的州城。

衢州自唐武德四年（621年）建郡治，民间流传着唐初大将尉迟敬德筑衢州城的传说。民国《衢县志》也有"尉迟敬德监造"铭文城砖的记载。其实这是两码事。这里提到的尉迟敬德（585—658年），即尉迟恭，是隋末唐初的名将，唐太宗凌烟阁二十四功臣之一。考察历史文献，尉迟敬德戎马一生，从未来过衢州，且唐武德四年尉迟敬德归附李世民尚不足一年，也根本不可能来衢州。因此，所谓的尉迟敬德修筑衢州城，只能是一个传说。清代衢州方志学家郑永禧先生推测，大概是尉迟敬德的部下"假借其名号"而筑城，这个理由也有些牵强。

刘国庆先生认为，所谓尉迟敬德铭文砖并不一定是唐初的遗物。它的出现，与我国的"门神"风俗有关。所谓"门神"，是指人们贴于门前的神人画像，其目的是为了辟邪除祟，抵御鬼魅，其中浸润着浓郁的宗教祭祀色彩。而流传最广、影响最大的门神，除钟馗外，无疑就是尉迟敬德（恭）和秦叔宝（琼）了。据咸淳《临安志》记载，古代衢州人迷信鬼神，好祭祀。古人在建筑衢州城池之时，将尉迟敬德的名字镌刻于城砖之上，正是古人崇拜神灵，祈求城池安泰、祛除凶灾的文化心理的反映。[2]

---

〔1〕王学莉：《众说纷纭衢州城》，《衢州掌故》，第1—2页。
〔2〕刘国庆：《三衢钩沉》，《衢州探古》，第28—29页。

第三节　峥嵘山的进一步开发与衢州子城建设

安史之乱是唐代于755—763年发生的一场叛乱，是唐朝由盛而衰的转折点。战乱导致中原地区大量的百姓流离失所，为了生存，从那个时候开始，大量的北方民众纷纷南迁。安史之乱时衢州的人口有了较多的增长，乾元元年（758年），玉山县自衢州改隶新成立的信州（今江西上饶），但在三年后的上元二年（761年），官员李华所撰《衢州刺史厅壁记》中却说衢州人口未见减少，甚至"增万余室"[1]。衢州位于江南进入江西和福建的交通要道，难免有一些北方人民在流徙的过程中定居于此。虽然我们还不能完全排除南方户籍人口的迁入，但大量北方移民的迁入是事实。据史书记载，当时江南平原和皖南山区以南的各州，均有数量不等的北方移民迁入，衢州就有一户主名叫"李涛"的移民家庭在安史之乱时迁入。宋人柴望的祖先，也在唐末迁居衢州的江山等县。[2]

在使用简单生产工具的状况下，劳动人口数量的多寡往往是影响地区开发进展的决定性力量。唐代手工业技术仍以北方最发达，北方工匠的南迁必然有利于南方生产技术的进步。随着人口的增加，衢州的农业生产开始向广度和深度发展。一方面通过开发围田（圩田）、山田等方式，扩大耕地面积；另一方面通过兴修水利等方式提高粮食亩产量。就此意义而言，移民的迁入不仅促进衢州人口密度的提高，也促进农业、手工业生产的进一步发展。如果说西晋末年一直延续到南朝时期的北方移民的迁入是衢州历史上第一次人口大迁移，那么这一次可称为衢州历史上第二次人口大迁移，时间从安史之乱一直延续到唐末。

唐代衢州城就在峥嵘山上，刺史府也在其中。中唐以后，随着朝廷的权威

---

〔1〕李华：《衢州刺史厅壁记》，《全唐文》卷三百一十六。

〔2〕吴松弟：《唐后期五代江南地区的北方移民》，《中国历史地理论丛》，1996年第3期。

日益旁落,北方不少州郡陷入藩镇割据的泥潭。南方虽然还属于朝廷管辖,但许多官吏荒于朝事,乐于安逸生活。正是在这样的背景下,官府衙署所在地自然要好好装点一下。据史书记载,这一时期最著名的建筑数征梦亭和东武楼。

据钟辂《前定录》记载,贞元十六年(800年),郑式瞻任衢州刺史,刚刚考进士落第的豆庐辅真带着文章来拜访。唐代有这样的惯例,年轻士子往往带着自己的诗文拜访高官,以期被看重后能够替自己宣传,如果能够获得他们向朝廷的推荐就更好了。郑式瞻对其十分礼遇,在公费接待(馆给)了数日之后,双方相互亲近了。郑式瞻对豆庐辅真说:"你是复姓,不宜用两个字做名字。我为你改一改如何?"豆庐辅真连忙表示感谢。郑式瞻写了"助""署"等字给豆庐辅真,并说:"我考虑你同宗之中可能有同名者,所以多写了几个字,你自己选择吧。"当天晚上,豆庐辅真梦见一老人对他说:"听说使君(当时对刺史的尊称)替你改名字,你应该考四次才能成名,'四者'非常好。后二十年你会到此任郡守。"然后老人指着刺史衙门内的一块空地说:"在此可以建亭台。"豆庐辅真醒后,认为所谓"四者"乃是"署"字,就以"署"字为名。这样,豆庐辅真就改名为豆庐署了。过了两年又再次落第,豆庐署以为梦终归是梦而已,有知道其改名原委的人也讥讽他。又过了两年,豆庐署果然登第,原来"四者"是改名之后四次。元和十五年(820年),豆庐署出任衢州刺史。到任以后,豆庐署寻遍郡署,找到了梦中老人所指的那块空地建造亭台,并取名叫"征梦亭"。可惜如今此亭已毁,不然也可在那里做个好梦。

东武楼,又名女楼,衢州古城的九楼之一。据嘉靖《衢州府志》记载,东武楼在龟峰、峥嵘岭之间,会昌年间(841—846年)郡守崔耿所建。该楼因"婺女"星宿而得名。又民国《衢县志》载,衢州地处婺女座,就星相而言,处于"斗十一至婺女七度",又名"须女"。会昌元年,山东清河人崔耿出任衢州刺史。次年,在峥嵘山筑女楼,并作《女楼记》传世。东武楼位于州治西北角,因年久失修,故崔耿予以重建,上楼下室,两侧有楼梯可登楼观景。楼前有山,楼下有护城河水流过,眺望全城,"一邑风景,万井人烟"。崔刺史在此春日观花,夏日纳凉,秋气澄明,冬景远望,喜庆之时在这里大开筵宴,闲暇之时还可以在此博览群书,好一份闲情雅致。清同治甲戌(1874年),时任江西知府衢州人叶如圭曾作《婺女楼赋》,文中对东武楼再次做了详尽的描绘:"百雉红墙""千麟碧瓦""丹楹翠桷""珠帘画栋",可见在100多年前东武楼仍然耸立在龟峰西南。百余年战乱,加之抗战时日寇狂轰滥炸,处在衢城制高点上的名楼今已荡然无存。[1]

由于人口的增长和经济的发展,唐中后期衢州城人口增长很快,新的居住区突破原有城池,在城外蔓延开来。最初,没有城墙的城市更利于城市经济的发展。但是唐朝后期,时局动荡严重威胁着城池周围居民的生命财产安全。为了加强城防,保护新兴的居民区,城池扩建也迫在眉睫。[2]

第四节 黄巢起义及其对衢州城的影响

唐朝末期,经过藩镇混战、宦官专权和朋党之争,朝政越来越混乱。由于税收越来越重,加上连年不断的天灾,农民纷纷破产,到处逃亡。僖宗乾符元年(874年)、二年,濮州(治所在今河南范县)王仙芝、曹州(今山东菏泽市)黄巢先后起兵。乾符三年,因反对招安,黄巢与王仙芝分兵,独立作战。两年后,王仙芝战死,黄巢被推为领袖,自称"冲天大将军",年号"王霸"。同年三月,黄巢率义军直趋江南,几十万人马在安徽横渡长江,突入江西。五月,义军连破赣州、吉安、鄱阳、上饶等重镇。唐王朝急调节度使高骈率部围追堵截。九月,为避免消耗实力,黄巢突入浙东,陷杭州,克越州(今绍兴),但不久又弃守。黄巢原想从浙东出海到福建,因无舟船,又遇高骈部抵抗,故回师攻取衢州。双方

---

〔1〕郑永禧:《衢县志》卷七《古迹志·宅第园亭》。
〔2〕张蓉:《先秦至五代成都古城形态变迁研究》,中国建筑工业出版社,2010年,第230—231页。

在江山仙霞岭激战数月，其间义军辟仙霞天险，直趋建州（今福建建瓯）。这是黄巢首次入衢境。

乾符六年（879年），黄巢率军从福建攻入岭南，克广州、桂林等地，义军扩张至百万。这年十月黄巢率师北伐，渡长江、淮河，进军淮北，称"率土大将军"，旋改称"天补大将军"。在进军襄阳的途中，义军在湖北荆门遭唐军伏击，损失惨重。广明元年（880年）三月，黄巢由湘、鄂入赣，在玉山大仓桥围歼唐军，全歼张璘部七万余人，张璘战死。四月，黄巢义军再次入浙作战，一举攻克衢州、金华、杭州等城。这是黄巢二次入衢境。[1]黄巢义军在三年内两次攻破衢州，还留有军队在境域活动。在主力转战后，黄巢余部曾长期在金衢盆地边缘武装盘踞，在衢州及相邻境域内留下了多处遗迹。

自浙江衢州至福建建州（今建瓯），有两条路，一是经常山、玉山、信州（今江西上饶）、铅山（今属上饶）等境，翻越武夷山至建州；一是经江西广丰过二渡关至福建浦城，再达建州。两者路程均较远，特别是前者，长约700里。唐乾符五年黄巢义军从须江（今江山）仙霞岭"刊山开道七百里"，直趋建州。这条黄巢开辟的盘亘在仙霞山脉的"岭路"，即为后世著称的"仙霞古道"。

据《旧唐书》记载，乾符五年三月，黄巢之众再攻江西，先后攻陷赣州、吉安、鄱阳、上饶等地，又自安徽宣城渡江，想从浙东转战福建，因为没有舟船，于是改道衢州，"开山洞五百里"，由陆路到建瓯，占领闽中。这里提到的"开山洞五百里"，就指古江山县城经仙霞岭至建州的路程。又《新唐书》记载，黄巢转战浙东，攻陷杭州，抓了当时浙东最高长官观察使崔璆。节度使高骈派遣将张璘、梁缵去进攻，却被义军大败。黄巢率军进入江西，大破赣州、吉安、潘阳、上饶等地，于是"刊山开道七百里"，直达建瓯。该文所谓"刊山开道七百里"，乃是自衢州西至常山，续经玉山、上饶，向南至铅山，东越武夷山之分水关，经崇

---

〔1〕郑永禧：《衢县志》卷九《防卫志·历代兵事记》。

安、建阳而南达建州的路程。

仙霞古道实际上自秦汉以来就是透迤于仙霞岭山脉中,供浙、赣、闽三地先民相互沟通的民间山道。黄巢义军在征战浙西时,得知有古道可通福建,便命军士将古道修拓成可供军队、战马辎重行军的道路,顺利地将数十万主力大军引入福建,并在沿途隘口险段修筑关隘营塞,迫使唐军无法尾随,达到摆脱唐军尾随,进军福建的战略军事目的。[1]仙霞古道的开辟大大缩短了闽浙之间的距离,对于两地的经济文化的交往也是大有助益的。这条山道,经后世镌削修辟,成为浙闽交通要道和京福官马南路主干道。此后,随着全国经济重心南移江浙,这里作为南方通往江浙地区的主干道,其军事价值也得以大大提升。

在唐末战乱的年代里,群雄竞起。光启三年(887年)十二月,黄巢部将陈儒率部队突然发兵进入衢州境域,以损毁唐玄宗御像为由,斩杀衢州刺史玄泰,占领了衢州城。陈儒割据衢州八年,持政颇有节度,而且注重桑粮农事,办了一些对老百姓有益的事。相传,陈儒每年秋天一定要到城南绿野亭察看收获情况,从始至终,一直到看见粮食入仓才安心。据《吴越备史》记载,当时南海节度使刘宗龟看见衢州民丰粮足,曾十分宽慰而又感慨地说:"此贼有士人之风。"

陈儒病死前,依靠血腥屠杀帮其弟陈岌继任衢州刺史。陈岌接任衢州刺史之时,正值唐末各地武装为地盘征战之时,衢州也在新兴的吴王杨行密和吴越王钱镠间摇摆。光化元年(898年)十一月,陈岌叛附吴王杨行密,吴越王钱镠派遣顾全武率军讨伐。光化三年九月,吴越军攻陷婺州,婺州刺史王澶投奔安徽宣城。同年,陈岌自知不敌,随即归降于钱镠。钱镠任命陈岌为浙东安抚副使,令手下顾全武为衢州刺史,辖西安、须江、常山、龙丘四县。钱镠以明升暗降的方式,剥夺了陈岌的兵权,衢州平稳地过渡到钱镠的武装割据政权中。陈儒、陈

---

[1] 徐江都:《仙霞古道考据三题》,《历史文化研究》第6辑,第56—64页。

岌武装割据衢州十四年,而唐末政府无力镇压。正因为陈儒的武装割据和陈岌依附吴越王钱镠,使在廿八都集聚的黄巢义军余部和伤残病弱者避免了唐朝政府的镇压,得以平稳过渡到下一个朝代。

据《新唐书·田頵传》记载,当时占据江苏、安徽一带的吴王杨行密派遣部下田頵率军进攻钱镠。天复二年(902年),时任衢州制置使的陈璋亲率三百名死士,卸下盔胄,轻装飞驰攻击,大败田頵所部。钱镠非常赏识陈璋的勇武,不久就让其主政衢州,出任衢州刺史。

陈璋任衢州刺史后,随着实力的增强,野心也大涨,逐渐不服钱镠的统治。据《资治通鉴·唐纪八十一》记载,天祐元年(904年)八月,钱镠暗地里派遣衢州罗城使叶让密谋诛杀衢州刺史陈璋,但事泄败露,陈璋斩叶让,叛附吴王杨行密。相传,当年越王钱镠曾命陈璋修建衢州城。工程完毕,陈璋绘图献给钱镠。钱镠从图上看到西门外画有樟树,便暗中对左右说:"此树不入城,樟(璋)当非我畜也。"原意是樟树没有入城,这棵樟树就不是为我种的,陈璋日后必叛。后来,他的话果然应验。次年,陈璋出兵攻占金华城,自称衢、婺二州刺史,武装割据衢、婺两地。天祐三年正月,钱镠发兵征讨陈璋,陈璋退守衢州。八月,钱镠令方永珍、杨习等再次进攻衢州。陈璋率众归降吴王麾下将领周本,投奔淮南,钱镠顺利夺取衢州。钱镠以指挥使余姚人鲍君福为衢州刺史,方永珍为武职,恢复了对衢州的统治。

唐末五代时期,衢州也建造了"罗城",因此有了"罗城使"这一官职的设置。郭湖生先生曾总结唐代地方城市建设中的"子城制度"。[1] 子城制度,又称为"子城—罗城"制度,即统治机构的衙署、邸宅、仓储与甲仗、监狱等部门均集中在城垣围绕的子城(内城)内,其外部环建范围更为广阔的罗城(外城)以容纳坊市以及庙宇、学校等公共机构。控制全城作息生活节奏的报时中心——

---

[1] 郭湖生:《子城制度——中国城市史专题研究之一》,(京都)《东方学报》五十七册,1985年,第665页。

鼓楼，即为子城门楼。这种方式及其变体曾是自两晋以后起至20世纪初中国州府城市形制的基本模式。尽管目前还不清楚在汉代及其以前是否有子城和罗城这样的城市形制，但这两个名称至迟在晋、南北朝史料中就已经出现了。至唐代，州军治所设子城，已为常规。[1]

随着商品经济的发展，南方的一些城市在中晚唐获得比较大的发展，如扬州、广州等。以扬州为例，据考古勘察和文献记载，唐代扬州城分为子城和罗城。子城在北面，是衙署集中地区，亦称为"衙城"；罗城在南面，是居住区和商业、手工业区，亦称为"大城"。此类城市分区布局，为唐代重要州城的通制。唐扬州子城是依前代故城而建的，周长达7 000多米。子城南墙与罗城北墙相接，构成了罗城西北角上的凸出部分。城墙为土筑，城门及城墙转角处用砖包砌，四周设有城壕。罗城位于子城南面，城墙今仅存残迹。唐代城市普遍采取在大城内另建子城的制度，这种制度化在中晚唐继续盛行，并对五代及宋代城市制度产生了很大影响。[2]

衢州，作为南方远离王朝控制中心的具有割据性质的藩镇，本身经济发展迅猛，地方政府有实力自主修建、扩建中心城市，其中多有偏安自居的企图。建设罗城是唐末政治形势下的产物。由于罗城的出现，衢州城市形态也具有了新的特征和改变。可惜，由于史料缺乏，我们对衢州子城和罗城都知之甚少。但正如郭湖生先生指出的："唐宋州军子城虽已不存，因其重要性而为治史者所必知：子城聚一州之精华，军资、甲仗、钱帛、粮食、图书文献档案，皆蓄于此。子城为一州政治核心，政府、廨舍、监狱皆设其间，子城鼓角楼司城市生活行止之节；建筑壮丽，为全城观瞻所系。往昔学者未尝措意及此，深用为憾。"

---

〔1〕杨永生、王莉慧编：《建筑百家谈古论今：图书编》，中国建筑工业出版社，2008年，第175页。
〔2〕沈爱凤主编：《中外设计史》，中国纺织出版社，2014年，第69页。

第五章　繁华的都市

——两宋至元代的衢州城

宣圣之灵珍重此地,而子孙居焉。衢者,护道脉者也。……护道脉,则斯文之统亦应在衢矣。

——天启《衢州府志》之"常山草萍过脉图"

第一节　宋元时期繁华的衢州城

北宋乾德四年(966年),吴越王钱俶分常山县西境的开源、崇化、金水、玉田、石门、龙山、云台七乡置开化场,相当于现代一个大集镇。宋太平兴国三年(978年),吴越国全境归属宋王朝。太平兴国六年,常山县郑安之上疏请求升开化场为开化县,属衢州。据说"开化"一名由开源、崇化二乡名各取一字而得。衢州最后一个属县开化县设立,标志着衢州西部区域经济文化的长足发展和山区人口聚集达到新的高度。至此,衢州旧属各县全部设立。

按政治、经济情况和户籍人口数量,宋代将全国的县分为赤县(京城区)、畿县(京城外)、次畿县(京城周边)、望县(四千户以上)、紧县(三千户以上)、上县(二千户以上)、中县(千户以上)、下县(千户以下)。《宋史·地理四》记宋代衢州的建置,从中可见衢州各县情况:衢州,属上等州,南宋时又称信安郡,属军事重地,有驻军。崇宁年间(1102—1106年)有107 903户,288 858口。[1]以

---

[1]《宋史》卷八十八《地理志四》,《二十四史》标点本,第2177页。

《元丰九域志》所载全国 16 569 874 户为基准,设北方、南方户均 7 人,而衢州户均仅 2.68 人,显然衢州的数据存在误差,要么衢州实际人口数被大大低估了,要么衢州户数被大大高估了。每年向朝廷进贡绵纸、藤纸,说明衢州依然是当时浙江的造纸基地之一。衢州属县五:西安县为望县,礼贤县(即江山县,南宋时改)为紧县,龙游县(宣和三年改称盈川县,南宋绍兴初年又改回来)为上县,信安县(即常山县,咸淳三年改)为中县,开化县为中县。

两宋时期,伴随着全国经济重心的南移,衢州的政治、经济、文化空前繁荣。特别是在北宋,衢州继续保持中唐以来快速发展的势头,经济文化的发展水平达到了顶峰,为两浙(今浙江及江苏南部地区)翘楚,全面赶超江南其他地区。

据《宋会要·食货》记载,北宋熙宁十年(1077 年),衢州州城商税税收列浙江各州第二,达 39 383.872 贯,虽低于第一名杭州州城,与第三名湖州接近,但远高于越州(今绍兴)、婺州(今金华)、温州、台州,是处州(今丽水)的四倍多,睦州(今建德一带)的五倍多。[1]

宋朝打破了唐朝城市的政治区域与平民区域划分严格的格局,彻底打破了里坊制,将平民的工商业的经营扩大到全城各个角落。当时京城资产达百万贯的人很多,十万贯以上的比比皆是。作为一种政府行为,商税的征收直接反映了被征收地贸易活动的规模和市场发展水平,商税的多寡直接反映出一个城市的经济水平,特别是城市的发达程度,因而在很大程度上也是判断一个城市的社会影响及其在城市体系中所处地位的重要标志。当时整个衢州的商税总额(包括州城、各县及市镇)为 44 763.388 贯,而州城的商税额占总额的87.98%,可见衢州城在整个衢州地区的中心地位,同时也从侧面体现了衢州当时的城市化程度。有专家统计,宋代城市人口在总人口中的比例高达 22%,衢州作为上等州县,而且是工商业相当发达的州级城市,自然也不差。也正是在

---

[1]《宋会要》卷七至九《食货一六》。

这一时期,中国社会市民阶级正式产生,大批手工业者、商人、小业主构成了宋朝的中产阶级。由于市民阶级的发展壮大,宋朝的世俗文化各方面都突飞猛进地长足发展。[1]

衢州当时已实行稻麦两熟制,而且有成熟的蚕桑业。[2]衢州近城郊有大面积果园,种植柑、橘、柿等果树。[3]在储藏和运输条件相对落后的古代,近城果园的唯一消费者只能是周边地区,而衢州城内来往客商以及达官显贵是最为稳定的消费者。近城大面积果园的种植说明了当时近郊农村多种经营的发达程度,也是当时衢州城经贸发达的一个体现。

第二节 府山与菱湖的再次开发

宣和二年(1120年)秋,睦州方腊利用摩尼教组织起义。十二月义军攻破衢州,攻占峥嵘山子城,衢州州学和衙署建筑全部毁于战火。据《东都事略》记载,衢州地处睦州、歙州(今安徽歙县)、杭州三郡之间的战略要地,时任衢州知州彭汝方与手下段处等人以极少的兵力力抗方腊义军的优势兵力,死守孤城。城陷后,彭汝方被杀,时年七十一岁,后赠龙图阁直学士的荣

---

〔1〕陈国灿、奚建华:《浙江古代城镇史》,安徽大学出版社,2000年,第106、337页。

〔2〕杨万里:《诚斋集》卷十三《西归集·江山道中蚕麦大熟》。淳熙六年(1179年),诗人杨万里路过两浙东路衢州江山县,见路边麦熟,遂写下此诗:"黄云割露几肩归,紫玉炊香一饭肥。却破麦田秧晚稻,未教水牯卧斜晖。新晴户户有欢颜,晒茧摊丝立地干,却遣缫车声独怨,今年不及去年闲。"从第三句诗文可以看出,当时江山县收割麦子后再种上晚稻。江山地处衢州西部,就自然环境而言比龙游、衢州等盆地地区要差一些,比起杭嘉湖平原则差得更多。江山已实行稻麦两熟制,那么金衢盆地、杭嘉湖平原,乃至整个江南地区,稻麦两熟制应该已经相当普及。因此,此诗对于研究江南地区稻麦两熟制的普及具有重要价值。后四句描写的则是江山的蚕桑业,这是关于衢州蚕桑业的最早记录。当时江山县的蚕业已有相当规模,家家户户忙于"晒茧摊丝",利用缫车缫丝纺线。

〔3〕杨万里《诚斋集》卷二十六《衢州近城果园》诗云:"未到衢州五里时,果林一望蔽江湄。黄柑绿橘深红柿,树树无风缒脱枝。"

誉职衔。

宣和三年(1121年)方腊起义被镇压后,高至临出任衢州知州,为衢州战后重建做了大量的工作,为衢州经济文化的迅速恢复做出了贡献。当时整座衢州城被大火焚烧,损失惨重,许多地方"尺椽片瓦"荡然无存。高至临到任后迅速召集人力,投入恢复重建工作。他命人挖开瓦砾堆,重新辨别各家各户房屋的界线。他还搭建了许多茅舍,给无家可归者暂时居住,以躲避风雨。百姓在高至临的带领下互相扶持,团结一心,经过几个月的努力,整座城市才逐渐恢复生气。高至临又组织人力,调集木料、砖瓦等物资,重建家园屋舍,百姓们出钱的出钱,出力的出力,高高兴兴地投入复建工作。同时,高至临还重建州衙于峥嵘山子城旧址内。又经过几个月的时间,衢州城得以再次"翕然可观"。

当时,位于峥嵘山的州学也被焚毁。高至临认为教化百姓,培育人才,是一个国家和地区最要紧、最不能耽搁的事情,于是他与州学教授钟燮,地方名绅卢定、叶公弼、徐惇礼、柴邦宪等共同谋划,重建州学。先造大成殿,接着再造经堂、斋房、门厅、楼阁,厨房、宿舍等建筑,总共建屋一百余间,用钱一万余贯。高至临还亲撰《重建衢州府学记》以为纪念。[1]

南宋时期,随着衢州经济的发展,作为州治所在地府山的建设日益加快,涌现出许多建筑,如府城隍庙、超览堂、景高堂等,都成为当时衢州的盛景。

衢州府城隍庙,建于绍兴年间(1131—1162年),亦称郡庙,位于府山龟峰山麓,坐东朝西。淳祐十年(1250年)府城隍加封为康济侯,庙在宋、元、明、清历朝均有修葺。

乾道七年(1171年),吴兴(今属江苏)人施元之到衢州任知州。某日,他在

---

〔1〕高至临:《重建衢州府学记》,浙江省地方志编纂委员会编:《雍正浙江通志》,中华书局,2001年,第868页。

州治外发现一数丈高的土丘,上面可容百人。于是,他令人斩草平坑,走上去四望,觉得整个衢州的胜境尽在眼底。远远望去,远处群峰出没于林木之梢,再近些一府千里;近看龟山上合抱粗的大木高耸,垂荫掩映着左右。施元之看后,很是兴奋,就在上面建筑一堂,并以"超览"命名。著名词人毛开撰有《超览堂记》,详细记载了此事。

绍熙二年(1191年),永嘉(今属温州)人萧忱以大理寺丞外放衢州任知州,在峥嵘山州治内始建景高堂,堂中供清献公赵抃、太史公范冲、文正公司马光三贤的画像。闻人阜民撰有《景高堂记》。此建筑后来又称为景高台、景高阁,元明之际屡有修复。

当时,峥嵘山四周地势低洼,北临菱湖,东有环城壕湖泊,西绕东河,南抵南湖城壕和千塘畈洼地沼泽。每临雨季,四周白水茫茫,峥嵘山成水泊孤岛,古代文人好雅,以"小蓬莱"称记之。理宗淳祐六年(1246年),年方十五的词人周密侍父周晋于衢州。当时他的外舅杨伯嵒知衢州,常集诸名胜为小蓬莱之会。后来周密作《长亭怨慢(记千竹万荷深处)》词序记载了这段经历:

> 岁丙午、丁未,先君子监州太末。时刺史杨泳斋员外、别驾牟存斋、西安令翁浩堂、郡博士洪恕斋,一时名流星聚,见为奇事。倅居据龟阜,下瞰万室,外环四山。先子作堂曰"啸咏"。撮登览要,蜿蜒入后圃。梅清竹臞,亏蔽风月,后俯官河,相望一水,则小蓬莱在焉。老柳高荷,吹凉竟日。诸公载酒论文,清弹豪吹,笔研琴尊之乐,盖无虚日也。余时甚少,执杖屦,供洒扫,诸老绪论殷殷,金石声犹在耳。后十年过之,则径草池萍,怅然葵麦之感,一时交从,水逝云飞,无人识令威矣。徘徊水竹间,怅然久之,因谱白石自制调,以寄前度刘郎之怀云。
>
> 记千竹、万荷深处,绿净池台,翠凉亭宇。醉墨题香,闲箫横玉尽吟趣。胜流星聚,知几诵、燕台句。零落碧云空,叹转眼、岁华如许。

凝伫，望涓涓一水，梦到隔花窗户。十年旧事，尽消得、庚郎愁赋。燕楼鹤表半飘零，算惟有、盟鸥堪语。谩倚遍河桥，一片凉云吹雨。[1]

在词序中，周密详述人事兴亡，风雅往事历历在目，是一篇情志宛然的小品文，与姜夔诸词序一脉相承。[2]对此我们不费过多笔墨，特别值得一提的是词序中所记载的府山"小蓬莱"胜景。作者于龟峰之巅，俯瞰衢城"万室"，远处是"外环四山"。登"啸咏堂"揽胜，一面是山景，"蜿蜒入后圃"，有红梅翠竹；一面是水景，"老柳高荷"，柳绿荷红。在山景区向水景区过渡和不同景区风格的对比上，各种花木的搭配显然起着至关重要的作用。这里的梅花、翠竹、老柳、荷花除了增加自然气息，丰富景观效果之外，也参与组织整个府山园林的空间序列。[3]在府山、内河水、州衙建筑之外，这些花草树木给整个景致增添了别样的灵气；山、水、建筑、花木彼此交互，彼此相融，"千竹万荷，深处绿，净池台翠凉亭宇""凝伫望，涓涓一水"等语，生动地描绘了当年好比蓬莱仙境的奇景，宛如一幅"中和"的古典园林画卷。

特别值得一提的是南宋时期，衢州城最富庶的地区就在子城外菱塘（菱湖）的周边，这里集中了衢州城中的显贵。

菱塘阔近百亩，中有长堤亘数十步，环池岛屿萦纤，竹树茂密。东有邵祭酒之野航，赵别驾之雪斋，刘二卿之壶中天宇，余郇公之东湖道院，赵安庆之更碧楼，刘南安之退庵。西有留江阴之别墅，毛紫微之水国秋，陆衡阳之环胜。其景物皆郡城佳处，士大夫多乐居焉。乾道初，守何俌尝浚

---

[1] 吕树坤等编纂：《分类新编全宋词》第一册，作家出版社，2013年，第321页。

[2] 陶然等：《宋金遗民文学研究》，浙江大学出版社，2014年，第254页。

[3] 王毅：《中国园林文化史》，上海人民出版社，2014年，第413页。

内外濠,自为记,岁久亦湮塞。[1]

据考证,"野航"是名臣邵知柔的宅名;宗室后裔赵令衿子赵子觉拥有"雪斋",孙赵伯禽有"更碧楼";衢州籍宰相刘正夫有"壶中天宇";龙游籍宰相余端礼有"东湖道院";等等。著名的孔氏南宗家庙(菱湖家庙)也在这一带。

第三节　宋元时期衢州城的修复

两宋时期,衢州城见于史册最早的一次修复是在宣和三年(1121年)平定方腊起义之后。天启《衢州府志》记载,在衢州任上,知州高至临不仅重建了衢州州衙、州学,还率领当地百姓重筑了衢州城墙。[2]

　　宋宣和三年辛丑,守高至临城龟峰。时睦寇方腊陷衢,高公始筑城。高一丈六尺五寸,广一丈一尺,周回四千五十步。为六门:东曰迎和。北曰永清,俗谓浮石,今名拱辰。大西门曰航远,俗谓水亭,今名朝京。小西门曰和丰,俗谓埭堰,今名通广。大南门曰礼贤,俗谓通道,今名光远。小南门曰清辉,俗谓前湖,又谓魁星,今名通仙。以路通柯山,故云。门之上,各建楼。城之外,三面浚濠,西阻溪。后虽有叛将,如苗如傅、芝溪之盗、如项如余,皆不得薄城,民赖以安。[3]

当时的城墙三面浚壕,西临大溪,"高一丈六尺五寸,广一丈一尺,周回四千五十步,为六门"。宋元时期的1尺合今31.68厘米,则宋代衢州城墙高5.23米,宽3.48米。宋代1步合今1.536米,折算当时城墙的周长约为6 221米。

---

〔1〕弘治《衢州府志》卷一《城池》。
〔2〕天启《衢州府志》卷四《职官志·名宦列传·高至临传》。
〔3〕天启《衢州府志》卷七《建置志·城池西安附郭》"宣和三年"条。

如此坚固高大的城墙,确保了衢州百姓的安全。其后,叛军数次攻至衢州城下,如南宋初年禁军将领苗傅、芝溪余寇、开化摩尼教余五婆等,但都没有攻破衢州城。因为政绩卓著,高至临被授予"龙图阁直学士"的荣誉头衔。高至临筑城是目前关于宋代衢州筑城最早,也是最明确的记载。衢州城的基本规模和格局也在这一时期开始逐渐确立下来,此后历代虽屡有修复,但基本格局不变。

到了南宋绍兴十四年(1144年),衢州大水,"城圮",时任知州林待聘修筑。"时林公修筑,百姓乐于助役。"林待聘待人忠诚,处事稳重,博学多才,善于从政,深得宋高宗、抗金宰相赵鼎等人的信任。这次修筑距离高至临的修筑仅20余年,应该规模不大。

到了南宋末年,嘉定三年(1210年)五月,衢州大水,城毁近五分之一,百姓溺死很多,粮食颗粒无收。同年九月,衢州再次被淹。一年两次受灾,这在历史上也是不多见的。为尽快修复城墙,当时的知州孙子直利用朝廷赈济的余款以及出售僧侣度牒所得,并向枢密院请求,派遣当地驻军义务劳役,"密院遣殿同将官部壕寨兵来莅役"。其后,继任知州綦奎又平整了城面。此次修复是南宋时期有记录的修城工程中规模最大的一次。此次修复,衢州人毛宪作《重修城记》:

> 嘉定三年夏五月,天作淫雨,民食孔艰。疆梗乘饥相挺,敧攘震我田里,州人恃城壁以安。顾为积潦所啮,周遭以圮。告藩拔级,夷几五之一。人情始大汹汹,惧无以严限,域折奸萌。知州事孙侯子直,本以儒雅平易治衢。至不得已,略用严峻。夷耨其尤,曾不旋踵。……今将从事版筑,规复旧观,敢以岁俭用乏,不即不图,乃度役费上省府申,密院下殿司遣濠寨官若兵几人,略基趾,□土物,指授申画惟伤。以通判州事胡君元卿、总凡日司会计州斡辖郝君俱、录事参军尚君允迪,赞经□课勤惰,因饥用民俾,食其力壮城子弟。时与收刺,以示激劝。一丁不什咸自乐于……广袤相□,几五千三十有二尺。靡缗钱总二万二千五百八十有奇。楮币半之采

大南门步道（摄于21世纪初）

衢州三怪之蛟池塘（摄于21世纪初）

以石计，实一千三百有二十。悉以□役者，先是乞济贷于朝，得金粟若干。既幸食新不尽用，则愿以其余备城筑之役，并四僧牒，以补不足。上皆可其请。是役也，朝不斩予，郡不横取。故事集而人不反，知功敏而人不告劳。城之门凡六，往往将厌礼贤特甚，因撤广之。楼堞相辉，眠昔增壮，至城面陁陊，方议更为以图可久。会孙侯奉祠，去事弗及竟。明年春，綦侯奎鑗班行推差出分左半符。既至，咨耆访耋，愈病析醒，登陴周览，检□□役，趣使就绪。靡罅弗补，靡漏弗葺，功始克备。噫！莫为于前孰支厥倾，莫继于后孰底厥成。二侯之相后，可谓亡愧专城也已。……至是，通守胡君为申前说，余既睹斯城之载新，喜吾邦之有时，是不可不书，因为记其颠末云。[1]

这次修筑，修复了损毁近五分之一城墙，为"五千三十有二尺"[2]，按照宋元时期的1尺合今31.68厘米折算为1 594米。按照损毁1/5的比例计算，当时衢州城墙的总长度应该达到7 970米，将近8 000米，比明清时期的格局要长一些，比北宋末年6 221米要多出约1 750米。此次修筑还扩大了礼贤门，即大南门。2001年，大南门修复的时候，考古工作者在现存城墙基址下面还发现宋元时期的遗址，还出土了不少带有"嘉定三年"字样的铭文砖。

据天启《衢州府志》记载，整个工程"经始于六月甲申，至冬十一月戊子毕务"，工期为125天。[3]按照1 594米的修复长度，平均每天修复12.752米。工

---

〔1〕 毛宪：《重新城墙记》，弘治《衢州府志》卷十四。

〔2〕 毛宪原文作"五千三十有二尺"。这个长度作为修复长度是足够了，但作为总长度是远远不够的。如按"五千三十（步）有二尺"折算5 030步加2尺的总长度，大致为7 789米，也近8 000米。笔者今做修复长度计算。

〔3〕《资治通鉴》记载"嘉定三年六月丁巳朔"，则六月甲申当为六月二十八。按阴历每月29—30日不等，但十年无闰月记载，因此不影响日期的推算。从六月甲申日到十一戊子日往复为125天，推算甲申日当天。

程总经费是钱22 580缗（贯），其中近半用于石材的购买，实际支出为"（一万）一千三百有二十缗"[1]。

又据天启《衢州府志》记载，嘉定十一年（1218年），知州魏豹文新修六门城楼。此外在大南门，还出土过开庆元年（1259年）由常山县、江山县以及衢州特设的"修城砖使"负责烧制的城墙砖，可见当年也有过修复。

宋代衢州富庶，对城墙屡有修复，但宋代衢州文献散佚，类似记载不多。有些散记于各类文献中。据《宋史·孙子秀传》记载："衢州寇作，水冒城郭，朝廷则守，属子秀行。……水潦所及，则为治桥梁，修堰闸，补城壁，浚水原，助葺民庐，振以钱米，招通邻籴。"淳祐十二年（1252年）六月，衢州有寇作乱，而且被大水淹了城郭。面对天灾人祸，朝廷挑选能臣来守衢州，最后派孙子秀出任衢州知州。孙子秀设立保甲民团，选当地土豪和富户充任保甲长，镇压盗贼。盗贼被迅速平息。对于衢州的水灾，孙子秀则带领百姓修桥梁、围堰，修补被水冲毁的城墙，疏浚护城河。同时帮助百姓修复被水冲毁的住宅，对受灾百姓给予钱粮，征购附近州县的粮食以平抑粮价。

弘治《衢州府志》卷一《城池》留下了宋代子城和衢州内河、护城河的记载：

> 子城在城之东南，东西为两夹门，皆有楼。南设门焉，与丽谯相直。环城内有马路，近为居民，筑为园圃。后金宪曹黄开辟，横阔一丈二尺。外亦有濠，毁于元至正间。……按宋志云，濠水自外濠分流，入魁星闸，过朝真桥，护子城而北，由西桥出浮石闸，入外濠，溉民田。又白长街头西入乌桥，至石狮桥南，转泥姑桥，汇为大池，北流至白莲池。今填为灵顺别庙，其存

---

[1] 毛宪原文："一千三百有二十。"工程总支出为缗钱"二万二千五百八十有奇"，近半用于采石，实际支出应该为"一万一千三百有二十"。

无几。又自芙蓉台下东流,缭子城,后出彭家桥,稍南而东,过宝坊寺。又北入于菱塘,出普圆寺东闸。

子城萌芽于汉代,在地方城市中广泛兴筑于魏晋南北朝时期,普及于唐,衰落于宋,最终消失于元,在中国古代城市发展中有漫长的历史。而且子城是衙署所在,在中国古代城市中占有重要的地位。[1]上面这段文献体现了宋代衢州子城的格局。衢州子城是围绕府山而建的,因此总体上位于衢州的东南,"东西为两夹门,皆有楼"。子城东西城门设有城楼,这个规格是比较高的。南面有门,与谯楼相通。这座谯楼估计是罗城(外城)南门的城楼。文献没有提到北面子城门,未知当时是否仅有三座门。城内有环城的马路。后来官员曹英把马路扩为宽一丈二尺,即十二尺,按照1尺合今31.68厘米折算,大约是3.8米。子城外有城壕,即护城河。衢州子城的护城河可能是依托原有内河挖掘修建的。这里按照宋志描绘的内外护城河,与后来明清时期的格局大同小异,留后详叙。

元代衢州城的修复我们所知不多,历史文献记载也很少。2001年在衢州府城大南门的考古发掘中,曾发现宋元时期的城墙建筑基址,出土了不少带有年代的铭文砖,其中有两种就是元代的。其中一种上有"弟陈嗣宗……至大辛亥"等字,另一种有"至正十三年三月十一日念了然题"等字。[2]结合考古发掘以及文献记载来看,元代对衢州城墙的大规模修复主要有两次,一次是在至大四年(1311年),一次是在至正十三年(1353年)。

由于缺乏文献记载,关于至大四年这次大规模的修城,我们还没有具体的了解,但认为其一定与陈嗣宗这个人有关。据民国《衢县志》记载,至大二年,释兰

---

〔1〕成一农:《古代城市形态研究方法新探》,社会科学文献出版社,2009年,第94页。

〔2〕柴福有:《衢州府城大南门遗址清理简报》,《衢州探古》,第135—141页。

都出任衢州路达鲁花赤。两年后,柴奎、买住先后出任衢州路总管。可能就是这三人主持了这次衢州城墙修复,其中也离不开元代衢州巨富陈庆甫(字嗣宗)的巨额捐助。陈庆甫是一个做进出口生意的大商人。据《万川陈氏家谱》记载,陈庆甫,字嗣宗,生于南宋咸淳六年(1270年),卒于元至元四年(1338年)。陈氏始祖陈康诚偕子随宋室南迁,后定居浙西衢州信安县万川村(今柯城区航埠镇万川村)。至四世孙陈庆甫,万川陈氏已成衢州巨富,城内商店货栈连缠。据说,陈庆甫还曾率船队出泉州通商海外。至元年间,陈庆甫还曾助修福建泉州洛阳桥。可见,早在元代衢州就有这么一批人具有强烈的开放意识和商业意识,同时也蓄积了大量的财富。陈庆甫捐银5万余两修衢州城垣,据说当时有一半城墙的修复靠其财力的支持,故号称"陈半州"。[1]

元末,由于天完红巾军徐寿辉部攻城的破坏,衢州城已破败不堪。至正十三年(1353年),伯颜忽都与高存诚先后出任衢州路达鲁花赤、衢州路总管。为尽快恢复元朝对衢州的统治,防止反元起义军的再次进攻,两人协力重建衢州城。据明代弘治《衢州府志》记载:

> (元至正间)监郡伯颜忽都因(子城)旧址筑为新城,周回九里三十步。归附后又增筑益高,加以女墙。又于迎和、通仙、光远、拱辰四门之外包以月城,复建层楼于各门之上。[2]

至正末年(1353—1355年),伯颜忽都在旧子城址上筑新城墙,周九里三十步。同时,加高城墙高度,增设女墙,强化作战需要。在大南门、小南门、东门以及北门等四座城门外再建月城,又叫瓮城,就是在原有城门外再加一道

---

〔1〕季志耀:《试谈浙西宋元窑址及其产品的外销》,《中国古代陶瓷外销学术研讨会——一九八七年福建晋江年会论文集》,紫禁城出版社,1988年,第69页。

〔2〕衢州市地方志办公室编,韩章训标点:《衢州府志集成》,西泠印社,2009年,第451页。

城墙和城门，并在护城河上设置吊桥，目的是强化对原有城门的保护，而大西门和小西门因为直面宽阔的衢江，安全系数相对较高，没有设月城；又在六座城门上重建城楼，以加强军事抵御能力。元代衢州城，因为战乱损毁严重，故在唐宋子城的基础上修筑新的衢州城。按照1里合今500米，1步合今1.536米折算，九里三十步相当于4 546米，元代衢州州城规模体量远小于宋代衢州州城。

元至正十九年（1359年），朱元璋充分意识到衢州的战略地位，派遣手下大将常遇春进攻衢州城。《资治通鉴续纪·元纪三十一》是这样记载的：

> 常遇春将兵攻衢州，建奉天旗，树栅，围其六门，造吕公车、仙人桥、长木梯、懒龙爪，拥至城下，高与城齐，欲阶之以登；又于大西门、大南门城下穴地道攻之。守臣廉访使宋伯颜不花等悉力备御，以束苇灌油烧吕公车，架千斤秤钩懒龙爪，用长斧以砍木梯，筑夹城以防穴道。遇春攻之弗克，乃以奇兵出其不意，突入南门瓮城，毁其所架炮，督将士攻围益急。围城两月余，攻击无虚日。枢密院判张斌度不能守，密遣其属约降。（九月）丁未夕，斌潜出小西门，迎遇春军入城。伯颜不花不知其降，犹督兵拒战。俄而城中火起，遇春等入城，众遂溃。总管冯浩赴水死，伯颜不花等被执。朱元璋改衢州路为龙游府，进遇春金枢密院，以王恺为总制军民事。[1]

当时，衢州城城高壕深，易守难攻。常遇春建造与城等高的临冲吕公车、仙人桥、长木梯、懒龙爪等大型攻城器械用于攻城；又于大西门城下掘地道想通入城内。元军守将宋伯颜不花率部用油脂灌入苇草束中，焚烧吕公车，架千斤钩毁懒龙爪，用长斧砍断木梯，筑夹城防止常遇春部挖掘地道。整个攻守城战进行得非常

---

〔1〕吴海京编著：《资治通鉴续纪》卷第一百四十八，中国文史出版社，2014年，第1932页。

激烈,常遇春最后还是用降将做内应,从小西门攻入城内,取得了胜利。[1]

文中所提到的临冲吕公车,又称"临冲",也叫"吕公车",是古代世界上最大的攻城战车之一。著名的汉学家李约瑟认为"临车"是指攻城塔,其起源最早可追溯至周初。《诗经·皇矣》在描写周文王进攻崇城使用的攻城器械时首次提到了它。所谓吕公车,即假借周武王的辅政大臣吕尚(即姜太公)的名义所造的攻城车。[2]《武备志》卷一百零九载有临冲吕公车的图形。该车高可与城齐,外蒙生牛皮,中分5层,每层有上下梯,车底安有8轮。攻城时底层士兵推车而行;二三层士兵进行攀城作业,利用撞木等工具破坏城墙;四五层士兵则手持各种兵器通过天桥冲至城上与敌搏战。因此,吕公车是一种各种兵器与凿城工具配合使用的立体型攻城战车。[3]据推测,这种五层的战车高至少超过10米,其第四层底部要超过衢州城墙的女墙才能充分发挥战车的作用。从这个角度测算,以平均每层高2米计算,元代衢州城墙的高度至少也有7—8米。

第四节　宋元时期衢州军事地位的凸显

据《宋史·地理四》记载,衢州,属上等州,南宋时又称信安郡,属军事重地,有驻军。宋制采用文臣治武事,军队有禁军和厢军之分。从北宋初年开始,在诸州招募的兵员中,挑选"壮勇者"大部送到京师,加入禁卫,充当中央禁军;其余作为各地州兵,正式组建地方厢军武装。整个宋代都执行这种全面的募兵制度,实现了军队的职业化,历朝历代仅此一朝。这种制度,使地方军事权力向中央高度集中,但地方军事力量的不足,也为地方军事防卫带来隐患。

据《宋史·兵志》载,庆历年间(1041—1048年),衢州设禁军一个营,叫宣

[1] 王兆春:《中国的兵器》,中国国际广播出版社,2010年,第106页。
[2] 参见李约瑟:《中国科学技术史》第五卷《化学及相关技术》第六分册《军事技术:抛射武器和攻守城技术科学》,上海古籍出版社,2002年,第349页。
[3] 陈力恒等主编:《军事知识词典》,国防大学出版社,1988年,第620页。

毅军,设指挥使一职来统领,南宋时改称威果军、雄略军。当时禁军编制为厢、军、指挥(营)、都4级,厢辖10军,军辖5营,营辖5都,每都100人。厢兵是各州的镇兵,一般分指挥和都两级。衢州作为州府,厢兵为指挥一级,每指挥设指挥使、副指挥使,领军不超过500人;每指挥下设若干都,每都设军使、副兵马使、都头、副都头、十将、将、虞候、承局、押官等武官。厢军作为各州的地方军队,平日一般不进行训练,主要从事一些军事或行政方面的劳务杂役,因而战斗力都不太强,到了后来甚至成了专供官府役使的"役兵"。

厢军兵种与禁军大致相同,也分步军、马军和水军三种。衢州设水陆两种厢兵,其中步军(陆军)叫崇节军,水军称采矴军——采是摘取,矴是用刀斧劈砍。当时内河水军作战远距离用箭、火器,近战主要用两船靠帮登船作战的方式。以"采矴"命名,说明衢州水军作风顽强,能打近战。[1]

徽宗时期,政治趋于腐败,皇帝贪图享受,统治阶层挥霍无度,社会矛盾尖锐。宣和二年(1120年),浙江爆发了以摩尼教徒方腊为首的起义。方腊义军攻克衢州城,焚毁州衙、州学和部分衢州城墙,起义失败后,余部以及新兴的农民起义军,在处州、越州、婺州乃至严州、衢州、徽州等地继续战斗20余年。为了衢州及周边富庶地区的安全稳定,继任知州高至临重修衢州城。也正是这次修复,奠定了衢州在南宋初年的安全。

建炎三年(1129年)三月,宋御营统制苗傅与威州(今四川汶川)刺史刘正彦因不满高宗赵构的政策,拥兵在杭州发动叛乱。当时驻扎在秀州(今嘉兴)的韩世忠以及礼部侍郎张浚(驻平江)、江东制置使吕颐浩等人一起兴兵勤王,支持赵构复辟。四月,苗傅、刘正彦率叛军退出杭州,沿钱塘江先后进犯富阳、桐庐、建德、寿昌,直逼衢州,被衢州守臣胡唐老击退。

---

〔1〕《宋史》卷一百六十三《职官志三·兵部》,第3854—3857页;《宋史》卷一百八十九《兵志三·厢兵》,第4639—4696页。

南宋绍兴年间,衢州及周边地区先后又爆发了四次农民起义。第一次是绍兴三年(1133年)开化摩尼教余五婆起义。战事波及衢州,知州李大有率众依城固守,城未被攻克。[1]时隔二年,绍兴五年,西安县北芝溪余某反官府揭竿起事。据嘉靖《衢州府志》"芝溪余寇"条记载,余某等人从芝溪发动起义,夜晚攻至城下,衢州知州王癸委派柴叔夏[2]率兵捍御,很快就把起义扼杀在萌芽阶段。第三次是绍兴二十四年,衢州发生佃户俞七、俞八起义。义军一度围困衢州城。因城垣坚固,义军攻城不下,转攻严州时被宋军剿灭。最后一次是绍兴二十八年,严州遂安县江大明起义攻衢,后败亡。这四次起义的共同特点是起义军规模都不大,力量比较薄弱,因为极力攻打衢州这样的坚城,久攻不下,延误了时机,很快就被朝廷调集重兵镇压了。南宋建立后,衢州作为都城杭州的近畿之地,军事地位大幅提高,终南宋朝,衢州城修复不断,特别是在南宋末年。

到了元代,至元十三年(1276年)设衢州路总管府,隶属江浙等行中书省。元制规定十万户以上者为上路,据《元史》记载,衢州路有108 567户,543 660口,属于上路。[3]当时,衢州总官府仍驻峥嵘山(府山),置达鲁花赤一员,由蒙古人充任,掌握实权;总管一员,负责行政事务。总管以下属官有同知、治中、判官、推官、经历、知事、照磨、译史、通事,等等。又据雍正《浙江通志》载,元代衢州府还设镇守保甲万户府,万户府设达鲁花赤一员,万户一员,副万户一员,由蒙古人或色目人为长官,对辖地进行严密的武装统治。驻守衢州的是镇戍军,以蒙古军、汉军(金朝降军和蒙古政权、元廷在华北的军队)和新附军(南宋降军)相参驻戍。当时,各县设有千户所,每个千户所有千户、百户等若干。

〔1〕 黄心耕:《余五婆聚众起义》,《衢州掌故》,第200—201页。
〔2〕 后周世宗柴荣的后裔崇义公柴叔夏受袭封,安置定居于衢州景福院。
〔3〕 "衢州路"条,《元史·地理志五》卷六十二,《二十四史》标点本,第1496—1497页。

第六章　四省边际军事重镇
——明清至民国的衢州城

　　《书》曰：司空掌邦土执度，度地量地远近，盖定邑井城郭庐舍之区域，以兴事任力焉。衢之郡邑，在城郭则有坊以表宅里，有市以聚交易，有街巷以通往来。乡野则有都、有里、有镇、有墟……

——弘治《衢州府志》卷五《坊市》

第一节　明代衢州城的修复

　　韩林儿龙凤六年，元至正二十年（1360年），朱元璋在占领衢州城以后，以左司郎中、总判衢州军事王恺率兵6 000戍守。为加强衢城的防卫，王恺率军民对衢城进行了修复，增高城垣，掘浚城壕，同时进行屯兵垦田。[1]

　　我们对明初衢州城的修复了解不多。据永乐年间衢州人郑辰所撰《清节祠碑记》记载，洪武四年（1371年），衢州知府黄奭曾修复月城城楼。[2]民国学者郑永禧认为，当时距离元末不久，黄奭是在元末伯颜忽都修城的基础上修缮了一下。其后，由于明政府对城墙不重视，加上南方政局相对稳定，因此方志中长时间未见修缮的记载。

---

[1]《明史·地理志五下》卷四十八"衢州府"条。

[2] 郑辰：《清节祠碑记》，浙江省地方志编纂委员会编：《雍正浙江通志》标点本，中华书局，2001年，第6282页。

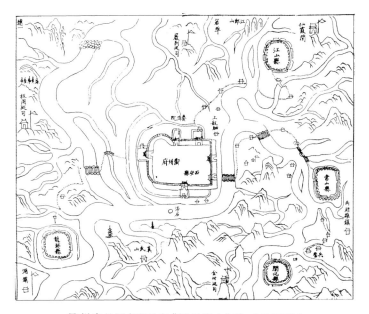

衢州府总图（明天启《衢州府志》载，上南下北）

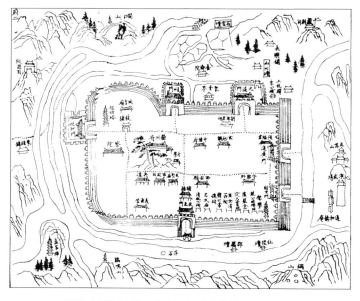

衢州府城图（明天启《衢州府志》载，上南下北）

明代中晚期以后,衢州的军事地位日益提高,对衢州城的修复与建设力度不断加强。到了弘治十二年(1499年),知府沈杰修葺城垣,"增坚雉堞,重建窝铺箭楼";自城南引石室堰水入护城河,"环城潴水,虽干旱不涸"。[1]此前一年,衢州地区大旱,故有此说法。当时小南门(通明门)外设有水闸,"旧名清辉,俗名前湖"。宋开禧乙丑(1205年),衢州人毛自知高中进士状元,知州孙昭先把水闸更名为"魁星闸"。到了明代,城中权贵占据水闸设立水碓,并以此牟利,"内河因而淤积,水道不通"。沈杰到任后,见到这种现状,于是"重置闸立表,又于拱辰门内置闸一所,旱则蓄水,涨则泄之"。市政工程的建设,在开始时并不一定能获得百姓的理解,"经营之始,民有病之者"。等到"水道疏通,舟楫往来,民甚便焉"[2],百姓自然欢迎。据弘治《衢州府志》记载,当时的衢州城仍设有六座城门,具体如下:

> 城门:迎和,俗名东门。拱辰,旧名永清,俗名浮石,即北门。朝京,旧名航远,俗名水亭,即大西门。通广,旧名和丰,俗名埭堰,即小西门。光远,旧名礼贤,俗名通道,即大南门。通仙,以路通柯山故名,旧名清辉,俗名前湖,易名魁星,即小南门。

嘉靖十八年(1539年),知府李遂疏浚尼姑桥一带,委派推官李文进具体负责。工程未完工,两人"相继迁擢去"[3]。

嘉靖三十八年江苏宜兴人杨准(字妆度,癸丑进士)出任衢州知府。次年,他考旧志,再次疏浚衢州城壕和内河水系。衢州人、进士王玑撰有《杨公河

---

[1] 嘉靖《衢州府志》卷四《建置纪·城池》。
[2] 弘治《衢州志》卷一《城池》。
[3] 郑永禧:《衢县志》卷三《建置上·城池》。

记》[1]记载了详细的过程：

> 吾衢当浙上游，号多佳山水，与闽、婺、括苍相望，山水之间，龟峰特起，而郡治据其冈，儒学依焉。南迎石室之水，其水发源括苍，经流至烂柯山下，昔贤堰其水入沟曰石室堰，分道灌注民田。至城南，逾魁星闸入濠，回绕城东南北为池，与西溪之水，四面交抱，共成城郭沟池之固。溪纳江、常、开诸邑之水，北汇于浮石为潭，此衢水道之在郊外者。然也濠水南来，由水门入城凡二道：一自西南入，折而东过华丰、仙履诸桥；一入通仙门右，绕郡学与乌桥之水合。而东入治垣，北绕龟峰之麓，折而东南出，经宝坊刹北折过菱湖。北由水门出，亦二道：一由云山阁北，一绕县学西北，出与北濠之水汇溢，而逾定水闸以灌注北郊民田。末流入石鼓潭，抵鸡鸣山，与石室堰水合而东下，以入于海。此衢郡内外之水合流之故道也。……历岁既久，东北之水道日就淤塞，西面虽存，仅足潴水，而民物贤才亦不复往时之盛。弘治间，常有疏浚者，罔知寻东北故道，乃凿新桥渠，直达于定水，至今识者为憾。……于是以己之精意独见肇举疏凿，始自新桥渠浚入龟峰之麓，自北徂东，复折而北，举数百年之淤塞，一旦开通，而与衢之故道不谋暗合，向之榷木坝椿种种露见。……自八月经始至十月竣事。为渠者数百丈，为桥者若干所，父老子弟莫不扶携往观，自幸复睹数百年之故迹，而民物阜安，贤才挺出之望且断断焉。郡学之多师多士则以学之。西向既从新改，外溪水碓之当其前者，甫白于公，为之罢去，而新渠之水复自前而绕出于后，则是举也利于民者固博，其益于学也尤切，公之功不少也。……

---

[1] 王玑：《杨公河记》，天启《衢州府志》卷十二《艺文志·记传》；又见郑永禧：《衢县志》卷十六《碑碣志一·城池》。

在文中,我们清晰地看到明代衢州城内外相连,但又各自相对独立的两大水系。一条是南迎石室堰之水,经魁星闸入护城河,绕城南、城东、城北,与西溪之水四面合抱,构成城外的护城河水系。一条是城内的内河水系:由水门入城,分为二道。一路从西南入,折向往东,过华丰桥、仙履桥等;一路入小南门右,绕过府学与乌桥之水汇合。再向东绕过府治,向北绕龟峰,再折向东南,经宝坊刹北过菱湖,向北由水门出,又分为二道。一路由云山阁向北;一路绕县学西北,与北护城河汇合。杨准的疏浚主要是疏通新桥渠,使水流注入龟峰之麓,自北而东,再折而北,将数百年淤塞的弊病一举解决,而且与衢州内河故道走向不谋而合,过去数百年渠道沿线残留的"榷木坝桩种种"显露出来。整个工程前后历时两个多月,修筑渠道数百丈,筑桥若干。杨公河工程尽管规模不是很大,事后的记事碑却给后人留下了关于衢州内河最早、最明确的文献记载。

其后,大约在万历三十八年至四十四年间(1610—1616年)[1],知府洪纤若重修因为失火受损的朝京门(大西门)城楼。天启二年至五年(1622—1625年),知府林应翔重建拱辰门(北门)城楼。

崇祯十三年(1640年),知府张文达修城、浚壕。"竖谯楼五,建窝铺四十三,造女墙二千四百二十五,重建官厅一处、亭一于古风亭之址,共费二千三百九十金有奇。"[2]张文达的修城奠定了明代衢州雄城的最后基础。

第二节　清代至民国时期衢州城的修复

清代以后,由于江南赋税之地重要性的凸显,衢州军事重镇地位进一步得以强化。各种地方史、碑记以及铭文城砖,先后记录了18次修城,加上民国时期的1次,具体列表如下:

---

[1] 考衢州知府年表,万历三十八年洪纤若到任,四十四年董元勋到任。
[2] 郑永禧:《衢县志》卷三《建置上·城池》。

时　间	修城记录	记载依据
顺治五年（1648年）	知府韩养醇修	雍正《浙江通志》
顺治十六年（1659年）	总督李率泰又修	雍正《浙江通志》
康熙二年（1663年）	朝京楼毁，知县李忱重建	雍正《浙江通志》
康熙十八年（1679年）	总督李之芳修西南城楼女墙	雍正《浙江通志》
康熙四十八年（1709年）	知府杨廷望修筑	雍正《浙江通志》
雍正七年（1729年）	总督李卫檄县重修	雍正《浙江通志》
乾隆二年（1737年）	西安县令任之俊修城及浚壕	嘉庆《西安县志》
乾隆二十九年（1764年）	西安县令汪增谦修	嘉庆《西安县志》
乾隆五十三年（1788年）	重修	"王文标"铭文城砖，见民国郑永禧《衢县志》
嘉庆八年（1803年）	知府朱理、西安县令刘炳率绅劝输修造六门城楼及子城。西安县民郑安邦捐修	嘉庆《西安县志》"郑安邦"铭文城砖出土
道光三年（1823年）	重修	纪年城砖
道光二十七年（1847年）	知府刘仲梅、西安县令荣第修	民国郑永禧《衢县志》
咸丰间（1850—1861年）	衢属五县分修	有各县县名铭文砖，见民国郑永禧《衢县志》
光绪五年（1879年）	西安县令欧阳烜修	有铭文砖
光绪十年（1884年）	知府刘国光修	有铭文砖
光绪十七年（1891年）	西安县令徐懋简修城并建西门城楼	有碑，见民国郑永禧《衢县志》
光绪二十五年（1899年）	修造东门城楼	
光绪二十八年（1902年）	修造大南门城楼	见民国郑永禧《衢县志》
民国五年（1916年）	西安县知事桂铸西修	有铭文砖

衢州府区位图（清康熙《衢州府志》载，上北下南）

衢州府山川水系图（清康熙《衢州府志》载）

从清军入关（1644年）到民国五年（1916年）总计272年间，衢州府城经历了大大小小的修复19次，平均不足15年就有一次。大致以乾隆末年至嘉庆初年为界限，前150年修复了9次，对于早期的这些修复我们了解不多。后一个阶段120多年也修复了9次，特别是嘉庆、咸丰、道光年间的修复规模都是比较大的，我们现在看到的大量的铭文砖多数都是这个时期的遗物。

清代至民国记录下来对内外河体系的修缮达到了10次，列表如下：

时　间	疏　浚　记　录	记　载　依　据
康熙三十七年（1698年）	西安县令陈鹏年疏浚内外河	嘉庆《西安县志》
乾隆二年（1737年）	西安县令任之俊修城及浚壕	嘉庆《西安县志》
乾隆二十八年（1763年）	知府明禄、西安县令刘甫冈开浚	有碑记，见嘉庆《西安县志》
嘉庆十五年（1810年）	西安县令姚宝烺疏浚城河	嘉庆《西安县志》，道光知府谭瑞东碑记作"十七年"
道光五年（1825年）	西安县民妇程陈氏独资重浚内外城河	知府谭瑞东有碑记
同治二年（1863年）	西安县令高世清重浚内河	叶如圭为记，未勒碑
光绪十一年（1885年）	知府刘国光委绅张铭德、何绍晏、郑锷、詹熙等重浚，县绅濮阳增母捐千金修砌河礀	民国郑永禧《衢县志》
光绪二十八年（1902年）	衢镇方友升督兵士浚河并得西水门故道	郑永禧为记立碑
民国九年（1920年）	西安县知事刘荫榕率绅募资重浚内河，项槐监督斯役	立碑记，禁蓄茭菱，见民国郑永禧《衢县志》
民国十三年（1924年）	项槐及叶蔚人等又募建东、中、西三河及天官桥一带沿河石阑，悉用茶园青石，行人德之	民国郑永禧《衢县志》

对于清代的内河水系，民国学者郑永禧转引康熙《西安县志》是这样描述的：

内河水皆从南濠注城。一自光远门(即大南门)西水门而入,一自光远门东通仙门(即小南门)魁星闸水门而入。西河,自甘蔗桥折而东,历华丰、仙履(即莫家桥)诸桥,与乌桥之水合。东河,则自水门从狮桥北出,至乌桥,与西河合,又折而东,入郡治龟峰之麓,东南出,经宝刹坊北折,过菱湖北,由水门出。此内河古道也。其自乌桥凿新桥渠,直注北门者,此弘治间疏浚新河也。虽于水道较便,而昔人以不能迂曲环绕非议之,然既成勿能改也。此河名杨公河,现仍废弃。至北门一带出水,旧有一闸二水门。闸,在今药师庵后东首。水门,在师贞庙(庙旧址在马王庙侧)后北门旁。西首水门,在西城铁塔下,水皆汇于北濠。濠水既溢,而逾定水闸,可以溉北郊民田,末流石鼓潭。此内河出入之原委也。

郑永禧还记录了环城的七处内外水闸[1]:

魁星闸,即魁星坪,在通仙门(小南门)外吊桥下。上承石室堰,五坪蓄水,灌入城内,环绕护城河。

洪桥闸,一名清坪闸,这是下洪桥,位于城南一里。距洪桥东二十余丈旧有通仙闸。原本可以通舟筏,后来逐渐淤塞,仅存故道。康熙年间,知县陈鹏年捐俸建闸,乡人称之为陈公闸。

三凤闸,即宝坊闸,在城内鼓楼底宝坊寺前。内河绕府山而东行,由此转北。

新桥闸,在先义坊新桥下。原为杨公旧河,既废而设,令水东折绕出府山下。今河道窒口,此闸久废。

金紫闸,即紫金闸,在城东北药师庵后。其水由芙蓉堤来,蓄之,使水西行出新河。

---

[1] 郑永禧:《衢县志》卷三《建置上·城池·环城内外水闸》。

水亭门（朝京门，摄于21世纪初）

小西门（摄于21世纪初）

南湖（南护城河，摄于21世纪初）

斗潭湖（北护城河，摄于21世纪初）

银锭闸,在拱辰门(北门)内通济桥边。明代弘治年间知府沈杰建。

定水闸,拱辰门外壕边。

浮石闸,拱辰门外一里。

2006年,衢州府城被国务院公布为国家重点文物保护单位。现存衢州府城平面呈长方形,东西长,南北稍短,东南角城墙依峥嵘岭东南麓而走。衢州府城墙现存城门六座,分别为大西门(朝京门)、大南门(光远门)、小西门(通广门)、小南门(通仙门)、东门(迎和门)和西安门。大西门段城台、城墙长63米;大南门段城墙(含瓮城遗址)平面呈"J"形,总长为231.5米。瓮城墙长50.2米,城台西侧设"之"字形马道;小西门段城台、城墙长53.1米;小南门城台高7.1米,瓮城已毁;东门城台高6.7米,瓮城已毁;西安门,城台平面呈"工"字形,城台残高4.2米。总计现存城墙总长度1 500米,城墙遗址1 000米,城市地面以下80—100厘米仍保留的城墙基址约2 000米(根据考古调查),共4 500余米。

府城护城河基本完整。南湖,是南面的护城河,这是衢州人最熟悉的一条护城河,河上原有大南门、小南门两座吊桥,现已经都改成钢筋水泥桥了。现在的南湖大致可以分成三段,全长1 265米,最宽40多米,最窄8米。斗潭,是北面的护城河,保存较好。所谓"斗潭",就是说潭大如斗,是指斗潭小,其实斗潭不小,全长有750米,平均宽度也在25米以上。西溪衢江,是衢州西面天然的屏障,故名西溪、瀫水、信安江等,也衢州水运的主要商业航道,宽二三百米。东壕,壕为护城河,衢城东面的护城河尚未有名,原先的水运河流青龙码头已经不存在了,剩下的被分割成一块块鱼塘,还有待疏浚。

第三节 明代至民国时期的衢州军镇

"争两浙而不争衢州,是以浙与敌也;守两浙而不守衢州,是以命与敌也。"这两句话意思是说,与敌人争夺两浙地区却没有攻下衢州,这是把整个两浙地区交给了敌人;守卫两浙地区却没有能够守住衢州,这是把自己的性命交给了敌人。这两句话是对衢州军事地位的最好诠释。这一共识,至少在明代已为时人所接受,后来清初三藩之乱时平定闽藩的战事发展就以事实证明了这一点。

元末,朱元璋以战略家的眼光,将浙闽赣皖四省边际作为一个军事重点布置。元至正十九年(1359年)秋九月,常遇春进兵攻克衢州后,朱元璋设金斗翼元帅府于峥嵘山北麓,元帅唐君用,副元帅夏义,枢密分院判官朱亮祖,总制军民事王恺,作为浙闽赣皖四省边际战区的指挥中心。据嘉靖《衢州府志》载,洪武(1368—1398年)初年,废金斗翼元帅府,置仁和卫都指挥使司,后又改立御千户所,设有正千户、副千户、百户、镇抚等,皆为世袭之职。守御所千户所在府治西二百步。明守备府在仁德坊,嘉靖四十五年(1566年)建,清代废。

明代中晚期后,随着江南经济实力的大幅增长,以龙游商帮为代表的衢州商人也推动了衢州地区的经济发展。为了保证江南富庶地区安全,同时也为了镇压此起彼伏的矿工起义,嘉靖四十五年,明政府在衢州设立"兵巡道都司兵营",设常规兵员千人,常年驻防。同年,又颁布《钦差总督军门告示碑》,严厉禁绝采矿,并诏令衢州设置"防矿总捕都司",领兵1 623名。[1]直至采矿基本禁绝后,兵员才有所减少。

万历九年(1581年),添设威远营,官兵计500名,由守备负责训练。万历二十年七月,调出二哨(明代军制中营以下的一种编制,哨下设队)兵丁出征宁夏。衢州仍存三哨,与防矿兵合并为二营,每营辖五哨,计1 090名。四年后,再次削减,每营并为四哨,与中军员役合计882人。

整个明代,中央政府都鼓励建立地方民间武装。事实上,明朝的武装力量是由两部分构成的,即正规军队和民兵。正规军队指卫所之兵,民兵指卫所之外的地方武装,各郡县有民壮,边境郡县有土兵。明代中叶以后由于卫所制渐

―――――――――

〔1〕天启《衢州府志》卷六"消攘"条。

废弛空虚,京军经"土木堡之变"后便趋衰败,民壮乃应运而生。担当民壮的百姓出于自愿而投效,并领受口粮,遇国家有事,得调遣从征或入卫,事平复就恢复原职业。正统十四年(1449年)九月,朝廷下令全国各地招募民壮,地方官率领操练,遇警调用。弘治七年(1494年)立《佥民壮法》,民壮组织以法律形式被肯定下来。明代衢州民壮实役660名,其中西安县168名,龙游县、常山县各152名,江山县、开化县各94名,每名工年食银7两2钱。

弘治《衢州府志》记载,衢州府城内设有东、南、西、北四营。东营自东门沿城右转接于南营,又左循菱角塘与北营接;南营自大南门沿城右接于西营,又循城左过小南门与东营接;西营自大西门沿城左绕过小西门与南营接,又沿城右转接于北营;北营自北门左循城左与东营接,又自沿城接于西营。至今大小西门城内一侧留下了上营街、下营街的地名。嘉靖四十五年(1566年),在大南门内设左右地营官厅并哨队什兵,安插房计134间。弘治年间,衢州城外设有大小教场,大教场在城南5里上航桥西嘉庆乡五十五都。小教场在西安县五十九都。嘉靖年间,衢城又新增演武教场,设在城北拱辰门内;万历年间,迁迎和门外七里街;天启二年(1622年),移建至朝京门外浮桥两岸。

到了清代,中央政府不仅沿袭明代在衢州推行里甲制,还在各县城乡实行以调查流动人口、维持治安秩序、防止人民反抗为目的的保甲制。到乾隆初年,里甲制彻底瓦解,保甲制成为集治安和赋役于一身的地方基层组织。

为了镇压反清势力,特别是出于对郑成功所部作战的需要,顺治二年(1645年)清王朝设福建总督,驻福州府,兼辖浙江。顺治五年,浙江巡抚萧元起平定衢州赵之超反清起义。鉴于浙西局势严峻,同年五月清廷将福建总督更名为浙闽总督,移驻衢州府,兼辖福建,总理两省军政要事,下辖督标三营。由于名将郑成功在福建势力大增,其水师可北上舟山,南下广东。为应对危局,顺治十五年朝廷分置福建、浙江总督,分驻漳州府与温州府。浙闽总督前后在衢驻守十年。

　　康熙十一年(1672年)移福建总督驻福州府,次年三藩之乱爆发,浙江总督李之芳驻衢平叛。康熙二十三年(1684年)裁浙江总督,以福建总督兼辖;二十六年更名为福建浙江总督,俗称闽浙总督。雍正、乾隆年间虽有短暂的反复,又分置福建、浙江两总督,但时间都不长。清初浙江总督的反复设置,并两度长期驻在衢州,对稳定战乱中的浙江乃至福建局面是有积极意义的。

　　据康熙《衢州府志》记载,为了镇压衢州军民的抗清斗争,早在顺治三年(1646年),衢州府城设总兵官一员,统兵3 000人,总兵驻府山。后来,衢州局势平稳,总兵撤销。顺治六年(一说为顺治五年)衢州驻军改为协镇副将,统左右二营。每营设都司金书、守备各一员,千总二员,把总四员。马步战守兵共1 600人,隶属温州镇管辖。康熙二十三年,衢州协城守营扩编,增设中营,有中、左、右3营,兵员共2 600人。康熙四十九年,衢州协城守营改隶处州(今丽水)镇管辖。

　　雍正十三年(1735年),工部尚书徐本、浙江总督程元章等联名上奏:衢州地处三省交界,为江西、福建的咽喉门户,紧要地方,副将不足弹压,请求朝廷将衢协改为镇。闰四月,朝廷下诏,改衢州驻军协副将为衢州镇总兵。设总兵官1员,辖镇标中、左、右3营,有游击、都司、守备、千总、把总等官,马步战守兵丁共2 057人。除辖镇标外,衢州镇总兵还兼辖严州(今建德)协左、右两营,枫岭营、衢州城守营等。[1]

　　雍正《浙江通志·兵志二》记载了衢州镇的编制:衢州城守营,驻衢州府城966人;分防龙游县、常山县、开化县及江山县城690人,分防樟树潭、大洲、西安、溪口、杜泽、风林各汛共计269人,分防龙游溪口汛55人,分防华埠、七都球、草萍各汛196人。严协城守营,下辖左、右2营,每营设都司、守备、千总、把

---

〔1〕《清史稿》卷一百三十一《兵志二》。

总等官，分防建德县、淳安县、分水县、遂安县、寿昌县及桐庐县各汛414人，分防淳安威平汛23人，西路安设路一处2人，南路安设路六处22人，巡缉东港、西港江洋往来、稽查墩台14人。浙闽枫岭营，营设游击、千总、把总各1人，驻廿八都500人，廿八都兼溪口汛169人，分防仙霞关118人，分防峡口102人，分防清湖88人。金华协兰溪营，分防兰溪县汛92人，分防汤溪县汛。以上合计3 720人。[1]清代浙江水陆提督节制五镇，即定海镇、海门镇、温州镇、处州镇、衢州镇。乾隆年间，全国共设有66镇，衢州镇是其中之一。

清康熙年间，协镇署设在衢城化龙巷。左、右营守备署均设在府治龟峰下止马湾。雍正年间，设衢州城守营，下辖中、左、右三营。城守营都司署设在止马湾，有屋30间；中营守备署设在三桥头；左营守备设在塘田弄；右营守备署设在讲舍街。三营军械局设在东门大街，有屋17间；三营火药局设在北门讲舍街；配药局设在止马湾，有屋5间；左营火药局设在鼓楼底，有屋3间；城守营军需局设在东门口大街，有屋12间。

清康熙年间，衢城大教场设在城东七里街，周围四里余，中有演武厅；小教场设在城内城隍山下。衢州城区有古炮台遗址10处，计配铁炮15尊。东门炮台、城隍山炮台、小南门城亭上炮台、大南门铁塔基炮台、北门左边炮台、闹市巷江宅园内炮台、大南门东岳庙前炮台各配铁炮1尊，小西门铜塔基炮台配铁炮2尊，旧县政府门前和西隅炮台各配铁炮3尊。以上炮台大多于抗日战争时被毁。[2]

衢州处于浙闽赣皖四省边际的中心区域，在朝代更替过程中，在明代镇压农民起义的战斗中，衢州作为军事重镇日益得到重视。其后历次农民起义和矿工起义波及衢州，战事平息后，衢州驻军又得到了加强。随着衢州内河及护城

---

〔1〕　雍正《浙江通志》卷九十一《兵志二》。

〔2〕　衢州市志编纂委员会编：《衢州市志》，第921—922页。

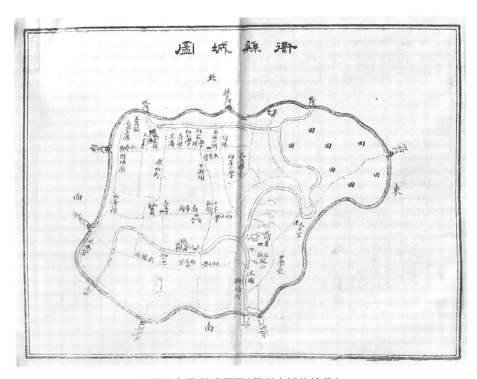

民国元年衢州城厢图（衢州市博物馆藏）

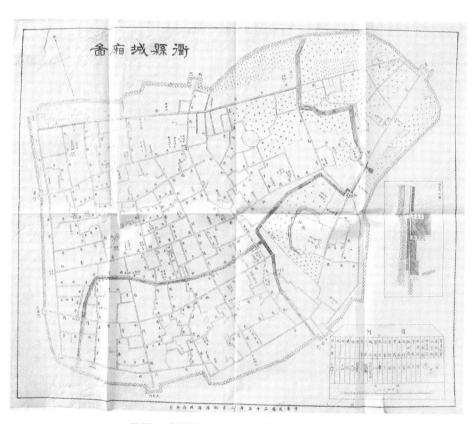

民国25年衢州市城厢图（衢州市博物馆藏）

河体系的完善,钟楼、鼓楼的建成,加上对城墙不断的修缮,明代衢州军事重镇的特性日益得以强化。到了清代,浙江总督的长期驻守,加上衢州镇的设立,更使衢州这种强化军事的趋势发展到顶峰。清代衢州建有众多的军事设施,则是其军事重镇的直接体现。

冷兵器时代结束以后,到了民国时期,衢州的军事地位并没有削弱。1938年以前,出于"围剿"红军游击队的需要,衢州拥有大量的驻军。驻江山的先后有闽浙赣"剿共"总司令部、国民革命军第四路军总司令部、闽浙赣皖边区"清剿"总指挥部三个重要机构,以及国民党陆军第94师、独立第45旅等。1936年,闽浙赣皖边区绥靖公署移驻衢州,第10集团军刘建绪兼任主任,五区保安司令鲁忠修、副司令徐图远分别兼任衢县、常山、开化、遂安、淳安、寿昌六县交界地区的"清剿"指挥官。

1931年,衢属各县普遍建立保卫团并建立所属基干队。保卫团设有总团部,由县长兼总团长,并设专职副团长,各区设团部。全区5县共有38个分队,计1 271人。1932年8月,浙江省政府为集中统一衢(州)处(州)属县及毗邻各县军事力量,设置衢处边防司令部,辖衢、处县及遂安、泰顺、平阳等县军事力量。1935年,又在衢城设浙江省衢县区保安司令部。1937年,改设浙江省第五区保安司令部(简称五区保安司令部)并编有保安大队,负责指挥衢县、淳安、遂安、寿昌等8县的"清剿"。

全面抗战时期,由于衢州机场位置重要,加上衢州会战的需要,驻军进一步增加。衢州也是驻守沪杭的国民党第十集团军重要补给地和伤病员收容救护中心,还是第三战区重要的战略防守地区。从全面抗战爆发开始,日军大本营就把衢州作为战略轰炸的重要目标之一。从1937年9月26日开始,日军对衢州开始了长达七年的大轰炸,总计多达883次。1939年,衢州机场奉航空委员会命令编为空军第13总站,并于城西南万川建立办事处,1942年移驻江山贺村。此外,驻衢城的还有衢江警备司令部,浙江省保安第1团,第三战区衢县宪兵队,第三战区司令长官部炮兵第1团,陆军第88军79师,第86军16、67师等。

同样在1939年,衢属各县普遍设立国民兵团,直隶于团管区司令部,为县地方武装机构和兵役机关。县国民兵团下设常备队、自卫队、备役干部会,区国民兵团下设后备队、预备队。1942年12月,县防护团奉令改隶国民兵团,团长由县警察局局长或警佐兼任,与国民兵团联合办公。次年,自卫队扩充数量,衢县、江山两县增设自卫大队。1945年8月21日,衢县国民兵团自卫大队第2中队移驻城区长竿街,接替宪兵23团所部宪兵队勤务,担负稽查、街市巡查等勤务。12月,国民兵团裁撤。

1946年以后,先后驻防衢州军队主要有国民党陆军第209师625、626团,第63师460、462团,第152旅456团及陆军总司令部荣誉2团。

1947年10月,浙江省第四区保安司令部裁撤,原辖区并入第五区保安司令部,辖衢县、金华、东阳、浦江、遂昌等15县。1948年4月,第五区保安司令部调整为浙江省第三区保安司令部。7月,全省辖区重划,第三区保安司令部辖衢属5县及遂昌共6县。8月,第三区保安司令部迁江山。至1948年,各县普遍建立民众自卫总队部,总队下辖中队,中队下辖分队。是年8月,改称保卫总队部,下辖常备中队和保安警察队(仍有称民众自卫总队部)。衢县、常山、开化各有常备中队2个、保警队1个;江山有中队3个,保警队1个;龙游有中队1个,保警队1个。解放时溃散。[1]

第四节　明代至民国时期的衢州街坊

明清时期,衢州城分为东西南北四隅。据弘治《衢州府志》记载,东隅,在郡城内东南角;西隅,在郡城内北角;南隅,在郡城内西南角;北隅,在郡城内东北角。按照嘉庆《西安县志》的划分,"城内四隅,以县治西十字铺分界"。

---

[1] 衢州市志编纂委员会编:《衢州市志》,第928—929、934—936页。

郑永禧注"十字铺，今称街"，就是今天衢州人所说的十字街头。

"由铺东，经县治前，抵止马湾，转芙蓉堤以东为东隅，其西为属北隅。由铺西，经南市街，抵旧天后宫，转北为西隅，其南属南隅。由铺南，经钞库前，抵任德坊，右厢祠以西为南隅，其东属东隅。由铺北，经下街，抵广盈仓，转箭道巷，出新开河以东为北隅，以西属西隅。"清代，西安县包括衢州城共分143庄。城内四隅，六门分设六庄。其中东隅136庄，南隅137—138庄，西隅139—140庄，北隅141庄，孔氏南宗为142庄。

根据明代衢州府志及清代、民国地方志的记载，区分衢州城的各坊市开列表格如下：

衢州城内外坊市（1503—1926 年）

	弘治《衢州府志》	天启《衢州府志》[1]	康熙《衢州府志》	民国郑永禧《衢县志》
东隅	雅俗坊、开明坊、先义坊、仁德坊、立政坊、双元坊、澄清坊、太平坊、里仁坊、状元坊（为状元留梦炎立）、崇文坊	澄清坊、振肃、太平坊（朝京门内）、育德坊（布政分司前）、振民坊、雅俗坊、开明坊、先义坊、立政坊、仁德坊、里仁坊、崇文坊	澄清坊、振肃坊、太平坊（朝京门内）、育德坊（布政分司前）、振民坊、雅俗坊、开明坊、光义坊、立政坊、仁德坊、状元坊、仁里坊、崇文坊	仁义坊、先义坊、开明坊、雅俗坊、紫金坊、盛世坊、澄清坊、通明坊、朝真坊、东太平坊、状元坊、仁德坊、里仁坊、利用坊（育德坊、振民坊、振肃坊、立政坊等四坊无考）
南隅	崇贤坊、招贤坊、衣锦坊（慎知礼开宝中以节度守乡郡故名）、鲁儒坊（为孔氏南渡居衢立）、利用坊	崇贤坊、招贤坊、衣锦坊、利用坊、鲁儒坊	崇贤坊、招贤坊、衣锦坊、利用坊	利用坊、仁德坊、招贤坊、鲁儒坊、百岁坊、崇文坊、折桂坊、衣锦坊、美俗坊、崇贤坊、武镇坊、正德坊

---

〔1〕嘉靖《衢州府志》与天启《衢州府志》大同小异，今录其一。

续表一

	弘治《衢州府志》	天启《衢州府志》	康熙《衢州府志》	民国郑永禧《衢县志》
西隅	崇义坊、永乐坊、孝行坊、孝义坊（为徐惠謩立）、武镇坊、正德坊	崇义坊、永乐坊、孝义坊（为徐惠謩立）、大夫坊（为同知余伯深立）、孝行坊、武镇坊、正德坊	崇义坊、永乐坊、武镇坊、正德坊	武镇坊、正德坊、崇义坊、正义坊、西太平坊、灵顺坊、明扬坊、帅正坊、通德坊、厚俗坊（永乐、孝行坊无考）
北隅	迁善坊（旧名金紫坊）、临渊坊、崇善坊、景行坊、居仁坊、永安坊（即仁寿坊）、厚俗坊、慈幼坊	迁善坊、临渊坊、崇善坊、景行坊、永安坊、居仁坊、厚俗坊	迁善坊、临渊坊、崇善坊、景行坊、永安坊、居仁坊、厚俗坊	厚俗坊、显忠坊、临渊坊、染政坊、先义坊、慈幼坊、仁寿坊（迁善坊、崇善坊、景行坊、永安坊、居仁坊等五坊无考）
城外坊	制锦坊、里坦坊、柯山坊、通津坊、清辉坊			缺载。晚清民国时期，除西门外，衢城外东南北三面均有大量居民。由于城东衢州机场的建设，相对人口较少，城南、城北均聚集大量人口
城郊集市	上坦市在浮石乡，去县北二十里	上坦市在浮□乡，去县北二十里	上坦市在浮石乡，去县北二十里	缺载。到了民国时期，各乡镇均有集市或墟市，固定或不固定开市。数量过多，因此不一一记载
	五坪市在龙业乡去县南一十里	五坪市在龙业乡，去县南一十里	五坪市在龙业乡，去县南一十里	
	沙埠市在龙业乡去，县南一十五里	沙埠市在龙业乡，去县南一十五里	沙埠市在龙业乡，去县南一十五里	
	云溪市在清源乡，去县北二十里	云溪市在清源乡，去县北二十里	云溪市在清源乡，去县北二十里	
	章戴市在清源乡，去县北三十里	章戴市在清源乡，去县北二十里	章戴市在清源乡，去县北三十里	
	莲华市在清源乡去县北□十五里	莲花市在盈川乡，去县北三十五里	莲花市在盈川乡，去县北三十五里	

续表二

	弘治《衢州府志》	天启《衢州府志》	康熙《衢州府志》	民国郑永禧《衢县志》
城郊集市	安仁市在清平乡，去县东三十里	安仁市在清平乡，去县东三十五里	安仁市在清平乡，去县东三十五里	缺载。到了民国时期，各乡镇均有集市或墟市，固定或不固定开市。数量过多，因此不一一记载。
	湖溜市在玉泉乡，去县北四十五里	湖溜市在玉泉乡，去县北四十五里	湖溜市在玉泉乡，去县北四十五里	
			航埠市在临江乡，去县西二十里	

从表格中我们可以清晰地看到，从明中期弘治年间（1488—1505年）开始一直到清康熙年间（1661—1722年），衢州城一直处于缓慢发展之中，城市里街坊发展不快，包括城外近郊的街坊与集市的发展，总体变化不大。弘治《衢州府志》修于弘治十六年（1503年），康熙《衢州府志》修成于康熙四十八年（1709年），这种发展状况体现了16—17世纪衢州城街坊发展状况。其后又经历了两个多世纪的发展，到民国十五年（1926年），衢州城有了长足的发展，而且城市格局也在悄然发生着变化。旧的四隅结构已经有所改变，有些街坊已经突破了束缚，跨界发展。我们通过对街巷的进一步分析，可以清楚地看到这一点：

衢州四隅街巷市（1503—1926年）

	弘治《衢州府志》	天启《衢州府志》	康熙《衢州府志》	民国郑永禧《衢县志》
东隅	长街即状元、招贤二坊，西抵通广门，长二百余丈，广三丈	长街即状元、招贤二坊，西抵通广门	长街即状元、招贤二坊，西抵通宝门	东长街
	长街市在状元坊十字街	长街市在状元坊左	缺载	狮桥街、新增上街、县前街、东武楼街、新桥街、紫金街、东门街、府前街
	狮桥市在府学前一直大街	狮桥市在府学前，一直大街	缺载	

续表一

	弘治《衢州府志》	天启《衢州府志》	康熙《衢州府志》	民国郑永禧《衢县志》
东隅	水巷、董青巷、取水巷以上巷在开明坊街北	水巷、董青巷、取水巷以上开明坊街北	水巷、董寿巷、取水巷以上开明坊街北	水巷、冬青巷（即董青巷）、取水巷
	太平巷、仓衕、城隍衕、通明衕以上在迎和门内街南	太平巷、仓衕、城隍衕、能明衕以上迎和门内街南	太平巷、仓衕、城隍衕、通明衕以上迎和门内街南	太平巷、仓衕已废。府城隍衕、通明衕
	古厢坊巷、陆家巷、瀫宁巷、王鱼儿巷、晴巷、醋坊巷、熙春巷以上仁德、利用二坊街东	右厢坊巷、陆家巷、瀫宁巷、王鱼儿巷、晴卷巷、醋坊巷、熙春巷以上仁德、利用二坊街东	右厢坊巷、陆家巷、瀫宁巷、王鱼儿巷、晴卷巷、醋坊巷、熙春巷以上仁德、利用二坊街东	王鱼儿巷、晴卷巷、熙春巷已废。醋坊巷（一名城隍巷）、右厢坊巷、陆家巷、瀫宁巷
	石版巷、花巷、周家巷、水巷、浴堂巷以上巷在文昌端仁桥街北	石版巷、花巷、周家巷、水巷、浴堂巷以上文昌端仁桥街北	石版巷、花巷、周家巷、水巷、浴堂巷以上文昌端仁桥街北	石版巷、花巷、周家巷、浴堂巷已废。东水巷、西水巷
				七家巷、东河沿、张祠巷、圣泽楼、止马湾、菱塘巷、洗马塘、府学前、狮桥背、马站底、宪司前、营房衕、察院司衕、杨家衕、仁济桥衕、南三圣衕、北三圣衕、马路城衕
南隅	长街即状元、招贤二坊，西抵通广门，长二百余丈，广三丈	长街即状元、招贤二坊，西抵通广门	长街即状元、招贤二坊，西抵通宝门	西长街（招贤坊），新增钞库前街、小西门街、坊门街、礼贤街、华丰街

续表二

	弘治《衢州府志》	天启《衢州府志》	康熙《衢州府志》	民国郑永禧《衢县志》
南隅	曲坊巷、巡辖巷、小天宁巷、天宁巷、唐家巷、棋坊巷、南婆巷以上巷在居仁、正德二坊街南	曲坊巷、巡辖巷、小天宁巷、天宁巷、唐家巷、棋坊巷、南婆巷以上居仁、仁德二坊街南	曲坊巷、巡辖巷、小天宁巷、天宁巷、唐家巷、棋坊巷、南婆巷以上居仁、仁德二坊街南	曲坊巷、巡辖巷、唐家巷、小天宁巷已废。厚伦巷(南婆巷，一名裱褙巷)、棋坊巷、天宁巷
	道观巷、新巷、四海巷以上俱在光远门外街东	道观巷、新巷、四海巷以上俱光远门内街东	道观巷、新巷、四海巷以上俱光远门内街东	新巷已废。道贯巷(道观巷)。四海巷疑为四眼井
	桐树巷(旧名礼贤巷)、明街巷(童洗麸巷)、方家巷、江家巷、柏人巷、百家巷、饭巷、左子巷、姚公巷、小石狮巷、大石狮巷、小饭巷、桐家巷、应家巷、缪家巷、新巷、史公巷、小周家巷以上俱通广门内街北	桐树巷、明街巷、童洗麸巷、方家巷、江家巷、柏人巷、百家巷、饭巷、左子巷、姚公巷、小石狮巷、小饭巷、桐家巷、应家巷、缪家巷、新巷、史公巷、小周家巷以上俱通广门内街北	桐树巷、明街巷、童洗麸巷、方家巷、江家巷、柏人巷、百家巷、饭巷、左子巷、姚公巷、小石狮巷、大石狮巷、小饭巷、桐家巷、应家巷、缪家巷、新巷、史公巷、小府家巷以上俱通广门内街北	童洗麸巷、方家巷、江家巷、柏人巷、百家巷、饭巷、左子巷、姚公巷、小饭巷、桐家巷、应家巷、缪家巷、新巷、史公巷、小府家巷已废。童家巷(桐树巷)、明街巷、大石狮巷
	南圜巷、暗楼巷以上巷在崇文坊街北	南园巷、暗楼巷以上崇文坊街北	南园巷、暗楼巷以上崇文坊街北	南园巷、瑞仙巷(晴楼巷)
	后巷、小南婆巷、杨家巷、高家巷以上仁德、利用丈量入额	后巷、小南婆巷、杨家巷、高家巷以上仁德、利用二坊	后巷、小南婆巷、杨家巷、高家巷以上仁德、利用二坊	后巷、小南婆巷、杨家巷、高家巷无考
				新增中河沿、石头巷、吉祥巷、毕家巷、费家巷、花厅巷、菱池巷(蛟池塘)、馒头巷、西营娘娘庙前、南营预备仓、祝家巷、五

	弘治《衢州府志》	天启《衢州府志》	康熙《衢州府志》	民国郑永禧《衢县志》
南隅				圣巷、井塘巷、南赛巷、美俗坊、老衙巷、柑蔗巷、步碓巷、井头巷、梧桐巷、日新巷、义姑桥河沿、天官桥头、醋坊巷、百岁坊、建乙巷、九曲巷、荷花塘巷、周家巷、道宫前、所署前、余家巷、西河沿
西隅	南市街即正德坊,东抵开明坊,西抵崇贤坊,长三百丈,广三丈	南市街即正德坊,东抵开明坊,西抵崇贤坊	南市街即正德坊,东抵开明坊,西抵崇贤坊	南市街。新增后街(厚街)
	南市在县一直大街	南市在西安县前,一直大街	缺载	
	县西街即崇义坊,南抵武镇坊,可百余丈,广二丈余	县西街即崇义坊,南抵武镇坊	县西街即崇义坊,南抵武镇坊	县西街(崇义坊)
	水亭街在朝京门内,一直东抵崇善坊,可二百余丈,广三丈	水亭街在朝京门内,一直东抵崇善坊	水亭街在朝京门内,一直东抵崇善坊	水亭街(明扬坊)
	皂木巷、护领巷、柴家巷以上在县西街	皂木巷、护领巷、柴家巷以上俱县西街	皂木巷、护饮巷、柴家巷以上俱县西街	皂木巷、护领巷、柴家巷
	罗汉巷、井巷、大盐仓巷、小盐仓巷以上朝京门内街东	罗汉巷、井巷、大盐仓巷、小盐仓巷以上朝京门内街东	罗汉巷、井巷、大盐仓巷、小盐仓巷以上朝京门内街东	井巷无考。罗汉井巷、大盐仓巷、小盐仓巷

续表四

	弘治《衢州府志》	天启《衢州府志》	康熙《衢州府志》	民国郑永禧《衢县志》
西隅	天王巷、贡院巷、新驿巷、打铁巷、拱□巷以上巷在朝京门内西北	天王巷、贡院巷、新驿巷、打铁巷、拱酱巷以上朝京门内街北	天王巷、贡院巷、新驿巷、打铁巷、拱酱巷以上朝京门内街北	打铁巷、拱酱巷无考。天王巷、箭道巷(贡院巷)、新驿巷
	大金钟巷、小金钟巷、柴巷、饭巷、葱树巷、保安巷以上巷在厚俗坊街西	大金钟巷、小金钟巷、柴巷、饭巷、葱椒巷、保安巷以上厚俗坊街西	大金钟巷、小金钟巷、柴巷、饭巷、葱椒巷、保安巷以上厚俗坊街西	大金钟巷、新街巷(小金钟巷)、柴家巷(柴巷)、葱椒巷、保安巷(属南隅)
				新增股家巷、解元巷、升平巷、上马石巷、小周王巷、当典巷、当典后巷、贵家巷、道署前、酱坊巷、李家巷、老天后宫前、上营、下营、小天王巷、新河沿、黌序巷、县学前,以及漕门衕、黄衕衕
北隅	下街即厚俗坊,北抵崇义坊,南抵仁德坊,长二百余丈,广三丈	下街即厚俗坊,北抵崇义坊,南抵仁德坊	下街即厚俗坊,北抵崇义坊,南抵仁德坊	下街、显忠街(显忠巷)、新增集庆庙街、浮石街、讲舍街
	北楼巷、柏人巷以上巷在厚俗坊街东	北楼巷、化龙巷在厚俗坊街东	北楼巷、化龙巷在厚俗坊街东	北楼巷(县后巷)、化龙巷
	猪儿巷、翁家巷、春燕巷以上在仁寿坊街东	猪儿巷、翁家巷、春燕巷以上仁寿坊街东	猪儿巷、翁家巷、春燕巷以上仁寿坊街东	闹市巷(猪儿巷在其内,已废)、翁家巷、春燕巷无考
	磁器巷、显忠巷以上在仁寿坊街西	磁器巷、显忠巷以上仁寿坊街西	磁器巷、显忠巷以上仁寿坊街西	王家衕(磁器巷)

续表五

	弘治《衢州府志》	天启《衢州府志》	康熙《衢州府志》	民国郑永禧《衢县志》
北隅				新增三桥头、广盈仓前、染织局前、洒务桥头、白果树巷、高桥头、新开河下、东马路、西马路、青狮巷、威远巷、营门口,以及都堂厅衖、关庙衖、鲁华衖、假山衖、豆芽衖

从这个表格中,我们可以比较清晰地看出,康熙年间以后,衢州城有巨大发展。大街增多了,集市都汇集到各条街上,有些巷发展成为街;巷弄的数量也大量增加,体现城市人口的增长。

第七章　衢州城市职能建筑分布

> 郡有建置,制也。首城池者,王公设险以守其国,城郭沟池以为固也。次郡邑治者,风化之本,纪纲重地也。次学校者,兴贤育材,政之先务也。稽采民风,观察至止,而公署次之。朝聘过宾委积常供,而驿传次之。百官尽职饩廪攸资,而官属、仓储次之。武备以御暴保民,而兵防次之。乃若桥梁以利涉,置邮以传命,坊镇以考政问俗以树风声,给孤有院、漏泽有园,以哀茕独,收无归,皆不可缺一者也。

——嘉靖《衢州府志》卷四《建置纪》

城市,实际上是长时间的人类活动的一种积累,其中包含政治、经济、技术、文化等各方面的经验和成就。这些经验、成就在城市建筑物的结构、形态以及空间分布次序上均有反映。人类创造出城市的同时,也创造了自身在一定历史条件下和一定空间范围内的社会生活次序,城市的空间结构就是服从于这种社会生活次序的。所以,对城市职能建筑的研究,绝不是单纯的历史学的问题,而是一定区域内多种地理因素综合作用的结果。

古代社会和现代社会的城市职能既有共同也有许多差异,因此谈到城市职能建筑也就不能全部从现代城市的角度去认识和分类。本章以历史为脉络,把衢州府与政治、经济、文化、军事、社会等职能相关的建筑,如衙署、庙宇、会馆、宅第等,罗列一下,看看这些建筑在规划时是如何选址和配置的,在历史演进过程中又是如何传承和变迁的。

第一节　衙　署

在专制王朝时代,官署是城市里最具典型意义的职能机构,任何一座城市的选址规划都要首先考虑官署衙门在城市中的位置,城市建筑从某种意义上讲就是要保护官署的存在和正常的运转,它是一个王朝生命跳动与延续的标志之一。由于官署机构的选址和配置受行政制约,并受礼制传统与实用性的影响,所以衙署位置一般会选在城区地势较高之处,便于运转,并占有较大的地理空间。衢州的府山即如此。

唐武德四年(621年)衢州设立。当时,唐王朝在地方上实行州、县两级管理。至唐玄宗统治时期,固定了道的治所,实行道、州、县三级地方区划管理。天宝元年(742年),衢州更名为信安郡,辖信安、须江、常山、龙丘、盈川、玉山六县,属江南东道;乾元元年(758年),又改称衢州,玉山、常山改隶信州(今江西上饶),仍属浙江东道。唐代衢州州衙的位置最初并不明确,中晚唐以后,州衙在府山。咸通年间(860—874年),信安县改称西安县,此后,直至1929年改为衢县,"西安县"一名用了1 000多年,而且一直是衢州州府一级行政区划的治所。从唐代开始,西安县一直就是衢州的附郭县。

宋代地方行政区划一般分为路、州府和县三级。北宋太平兴国三年(978年),吴越国献土归宋。宋王朝设衢州,属两浙路管辖。州府的首官为知州,副长官为通判,凡往来公文,均两者联署才可。当时的州衙官邸在府山。

至元十三年(1276年),元朝政府设衢州路总管府,隶属浙东道宣慰使司都元帅府。衢州总管府仍驻峥嵘山(府山),置达鲁花赤1员,由蒙古人充任,掌握实权;总管1员,负责行政事务。总管以下属官有同知、治中、判官等。

元至正十九年,韩林儿龙凤五年(1359年),朱元璋派大将常遇春攻克衢

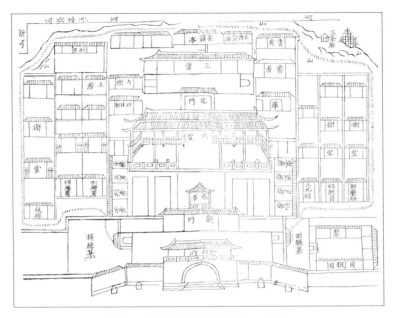

衢州府衙图（清康熙《衢州府志》载）

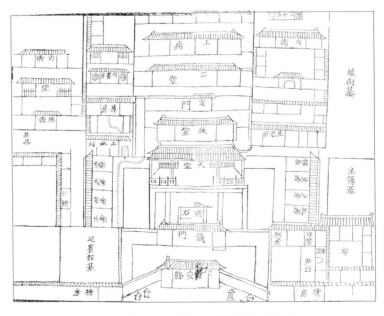

衢州西安县衙图（清康熙《衢州府志》载）

州,设龙游府。元至正二十六年(1366年),复置衢州府[1]。当时,衢州属浙东道宣慰司,府治在府山。明代府衙长官称知府,属下有正五品同知、正六品通判等。另有巡检司。府以下设县,有知县、县丞、主簿等。《明史·职官志》记载,布政司员有金衢严守道,驻省;按察司分巡道有杭严道、金衢道。《读史方舆纪要》记载,嘉靖年间设金衢兵备道佥事。

　　清初沿袭明制,府为行省下一级行政机构。衢州府衙驻衢城紫金坊,府衙首官称知府,从四品衔,是管理全府民刑财政、统率所辖州县的长官。知府的属官有同知、通判等。衢州同知,驻府署清军厅,后设于江山峡口,负责保障通往福建要道的治安,"弹压棚民"和稽查审匪。[2]通判,驻府督粮厅,后移到衢城道贯巷。

　　为加强对地方的统治,清初省政府还有一种派出行政机构,称为"道"。乾隆年间开始专设分守道、分巡道,带兵备衔,管辖府州,成为省和府州之间一级机构,长官称道员。顺治三年(1646年),在衢州府山设金衢巡道衙门,后迁往校士馆,辖衢州、金华2府13县。三年后,浙江提督学政李际期奉命巡视金衢。康熙元年(1662年)[3],"巡道裁撤,守道移衢"。朝廷在衢州设金衢严守道,辖衢州、金华、严州3府19县。雍正十三年(1735年),朝廷将金衢严巡道改设于衢州,辖区不变。不论守道还是巡道的设置,都是为了加强对衢州这个军事重地的统治。

　　鉴于官署机构根据国家体制的需要来设置,因此王朝的更迭,政治制度的调整,只会影响官署机构的分类和数目的变化,但地产一般不会转手私家,仍会由新政权的官署机构继续使用。这就为我们调查研究历代官署机构在城市中的位置和历史演变的过程提供了线索和可行性。从史料看,衢州府衙的设置地选择也顺应了这个规律。

---

〔1〕王俊良:《中国历代国家管理辞典》"衢州府"条,吉林人民出版社,2002年,第316页。

〔2〕同治《江山县志》卷二《沿革公署》。

〔3〕一说康熙九年设,雍正《浙江通志》作"元年"。

衢县知事公署,即衢州府旧署,地点在府山。康熙《衢县志》载,吴遣征虏将军郑平以千人守峥嵘镇,即此。曹石仓《名胜志》云:"郡治据龟峰,其西为峥嵘岭。"[1]唐武德四年(621年),置衢州,建郡治。宋绍兴十七年(1147年),知州张峡建思政堂,后改明德堂。元至元二十三年(1286年),达鲁花赤少中布伯复建。中为正厅,翼以两廊,前设仪门,后设退堂,门之南设鼓角楼。至大三年(1310年),"达鲁花赤朝请释兰都、总管朱嘉议霁"修。是年三月,风雨倾圮,故重加修葺。明洪武间,知府张实复修。宣德间,知府朱敬鼎建,始极宏丽。"堂曰平理。东为经历司,西为照磨所,退堂曰明德。"天顺间,守唐瑜、同知魏安新修谯楼、仪门;建架阁库,在府治东南偏;又建承流、宣化二坊,在治前东西街。万历年间,大火,郡守瞿溥复建。弘治己未(1499年),守沈杰修建旌善、申明二亭,在治前之东西。嘉靖丁酉(1537年),"栋宇敝,守袁城大修之"。嘉靖己未(1559年),知府杨准复修建"上游名郡"坊。崇祯八年(1635年),知府张文达重建谯楼,次年重修。清康熙三十四年(1695年),知府张琳又重修。因为守道裁缺,康熙六十年,知府移居道署。雍正十三年(1735年),复设金衢严道,驻衢,知府退回原署。乾隆二年(1737年),知府杨景震重建府署,有碑记尚存。

嘉庆《西安县志》载,府治仪门西为同知宅。同知宅之西为通判宅;其东为推官宅。堂东为经历司宅,又为照磨所,少前为司狱司。治西百余步为府儒学教授、训导斋。光绪十八年(1892年)冬,内署被毁,知府保顺复建。光绪三十四年,知府周以翰大加修葺,内外一新。

宣统三年(1911年)七月,裁西安县,归并于衢州府。民国初,改府为县,由李元龙兼摄县知事,即假道署为办公之所。民国六年(1917年)十月,道尹驻衢,衢县知事桂铸西移此作为县公署。

---

[1] 郑永禧:《衢县志》卷三《建置上·公廨》。

还有其他一些衙署，如表（据民国郑永禧《衢县志》编制）：

名　称	旧　称	地　点	结　　构	存在时间
金华道道尹公署	金衢严巡道旧署	城西隅武镇坊	内有射圃、御书亭、善养楼、仰山亭等游憩之所	明、清、民国
衢县地方司法分庭	西安县署	十字街东，县前街路北	中为忠爱堂，右为耳房库，后为勤慎堂，东为先思轩。忠爱堂之东廊为铺长及吏、户、礼房，西廊为投柜所及承发、兵、刑、工粮房。忠爱堂之前为甬道，有戒石亭。南为仪门	元、明、清、民国
管狱员署		旧县治之左	中为堂，堂东有廊三楹，后为二堂，更后为内宅五楹。堂西有书室三楹，堂南为仪门	清、民国
司令部	衢严总镇署	城北隅先义坊化龙巷口	相传为徐天官（可求）宅，有楼堂五楹，占地八亩四分	清、民国
警察所	中营游击署	长竿林东，镇署西南状元坊		民国

第二节　楼、阁、堂、馆、亭、台、坊

楼、阁、堂、馆、亭、台、坊是一座城市中最主要的元素，是体现一座城市基本公共职能的建筑。衢城历代修建公共职能建筑数量不少，主要集中在府山周边，今列举其中主要的。

楼，本义是指两层或两层以上的楼房。《说文》："楼，重屋也。"在一个古代中心城市，楼宇建筑是很重要的，特别是钟楼、鼓楼。钟鼓二楼并建，不仅是为了便于登高揽胜，更重要的还在于作为城市的瞭望塔，起到示警作用。因此，它们不仅是城市的风景、标志性建筑，对于城市安全和秩序也有重要价值。

钟楼，康熙《西安县志》载，在县东北二百步。按现在的地址，衢州钟楼位于

衢州三怪之钟楼（摄于21世纪初）

衢州三怪之县学塘（摄于21世纪初）

市区北门街南端十字街口,是旧时衢州"九楼八阁十三厅"中的"九楼"之一。钟楼的历史最早可以追溯至元大德六年(1302年),当时大中祥符寺住持嗣昙筹建钟楼,因财力不支而未完工。1325年,杭州净慈寺僧义山远禅师募集资金来衢续建完成。明洪武十三年(1380年),大中祥符寺住持净乾大师再次修复钟楼。随着钟楼作用的日益发挥,它也逐渐成为衢城一景和城关中心。岁月沧桑,衢州钟楼现仅存四拱石门楼基,是衢州市文物保护单位。基座是由石条砌成的方形建筑,边长12.5米,墩垛高4.3米,石拱门洞高3.94米,下中空,通四路。据康熙《西安县志》记载,钟楼上原有大铜钟一口,重1 500公斤,是明万历年间铸造的。当时大中祥符寺僧人每天早晨都会敲响钟声,开始早课。城里的人们也就随着钟声开始了一天的劳作。此后直至全面抗战前期,祥符寺早课的钟声一直是衢城的司晨钟声。作为全城的最高建筑,钟楼还兼有报火警的功能。哪个方向有火警,就敲对应的几下钟。全面抗战时期,衢城陷落,钟楼仅存基座,大钟也毁于日寇之手。

鼓楼,康熙《西安县志》载,在府治东一百五十步。鼓楼也是衢州古城九座名楼之一,背靠峥嵘山,与钟镂屹然相向。鼓楼楼高6丈余,登楼可远眺八方,基座开四个洞门,而楼下的道路也是四通八达。这种建筑格局,与钟楼基本一致。鼓楼正式的名称叫"保和楼",楼上有鼓,是万历二十九年(1601年)张尧文任知府时建成的。后来到了清代鼓楼屡有修复。道光二十二年(1842年),知府汤俊曾重建鼓楼。抗战时期,衢城陷落,鼓楼被毁。现存一条小巷叫"鼓楼街"。

碧春楼,朝京门谯楼名,又名西胜楼。周召《受书堂集》中《青霞书院》有诗云:"骚人重醉碧春楼。"1999年由衢州市政府拨款重修,现免费对外开放。

女楼,又称东武楼,衢州古城"九楼"之一。据嘉靖《衢州府志》记载,东武楼在龟峰、峥嵘岭之间,会昌年间(841—846年)郡守崔耿所建。详见第四章第三节。

来月楼,衢州古城九座名楼之一。乾隆三年(1738年)郡守杨景震重建衢州府衙,他在碑记中写道:"再考旧志,有来月亭,遗址已不可寻,就地势建来月楼,创而因也。"可见是循旧名而造新楼,楼并不一定在原亭址上。《舆地纪胜》

说，来月亭"在郡圃白莲池，跨桥叠石筑亭于上，榜曰'来月'"。楼在郡治之内，而亭的位置在龟峰西麓山坡上，其下为普润庵白莲池。

步云楼，衢州古城九座名楼之一。民国郑永禧《衢县志》载："步云楼在府山治内，址无考。"步云楼是郡守会朋聚友、歌乐吟诗之处，也可理解为衢州府衙郡守内宅的一部分。民国初在正谊书院（爱莲书院）旧址曾出土残碑，碑刻乾隆五十年（1785年）时任知府舒庆云《步云楼即事诗》四首：

> 楚楚青山作画图，烟波遥见一帆孤。
> 横塘无数新栽柳，得与斯楼亦姓舒。

> 城里青山屋外田，茅檐麦浪起炊烟。
> 小楼昨夜笙歌散，应有插秧人未眠。

> 小有山头太守衙，当留余地种桑麻。
> 何当陌上春归后，香遍衢州橘柚花。

> 宫墙绿树掩朱门，守庙居民道德尊。
> 不比齐云看歌舞，楼前南渡圣人孙。

善养楼，乾隆三十一年（1766年），金衢严道程国表在衙署内射圃重修。
永清楼，明弘治《衢州府志》载："在郡城内。"今圮，址不详。
熙春楼，明弘治《衢州府志》载："在郡城内。"今圮，址不详。

阁,原指古代宫室建筑中堂屋的东西墙(即"序")外的小夹室。后指架空的楼,其四周无墙,而设隔扇或栏杆回廊。有供游览观景的,如滕王阁;也有供藏书或礼佛的藏书阁与佛阁。

文会阁,明弘治《衢州府志》载,在郡斋,又名文阁楼,即唐刺史李殻置双石处。李殻,唐乾符五年(878年)任衢州刺史。

稽古阁,即衢州府学元经史阁。在府学内。旧时衢州古城"八阁"之一。宋大观二年(1108年)大兴学校,诏天下州学之经史阁皆赐名稽古阁。衢州稽古阁之上梁文云:"皋陶若稽古事三朝稽古之君,孔子与斯文为万世斯文之祖。"阁内有屏,屏上书《尚书·皋陶谟》。清郑万年《稽古阁怀古诗》云:

> 大观全盛日,傑阁富藏书。缃轶堆应满,牙竿读有余。
> 挥尘常拂塵,辟蠹不留鱼。旧迹传稽古,斯近圣人居。

丛山阁,址在府山,宋代建。有胡唐老、钱端礼、毛友诸人唱和诗。胡唐老于建炎三年(1129年)任衢州知州,钱端礼为宋绍兴年间衢州知州。毛友诗云:

> 龟峰顶上直星魁,一阁峥嵘纸顶开。天势运从空处落,山围低傍掖间来。
> 禅师杖外挥谈尘,童子棋中属此杯。惭愧君王怜老病,得将霜鬓寄衰颜。

云山阁,址在府山,宋代建。宋赵子觉有《忆秦娥·云山阁》一词传世:

> 临高阁,乱山平野烟光薄,烟光薄,栖鸦归后,暮天吹角。断香残酒情殊恶,西风趁起梧桐落,梧桐落,又还秋也,又还寂寞。

尊经阁,为府学藏书之所。康熙《西安县志》载,万历四十八年(1620年)

知县郑观光改建，在明伦堂后，今圮。嘉庆《西安县志》载，康熙七年（1668年）李忱修，乾隆二十八年（1763年）知县刘甫冈继修。康熙年间尊经阁藏书二十八部，至嘉庆年间有四十二部，咸丰后无存，同治末续有所颁，今亦不知何处。民国后明伦堂及尊经阁俱改作县议会。

水阁，水阁位于府衙北侧东河上，保和楼西，今公园河旧桥址，康熙《西安县志》存图。

夕佳阁，位于府山，建圮不详。考址应在峥嵘山西麓。

环映阁，位于府山，建圮不详。

景高阁，位于府山，建圮不详。

堂，原指正房，高大的房子；为殿堂、厅堂等的统称。

双桧堂，《晏公类要》云："双桧堂，在州衙，宋开宝七年建，刺史慎知礼记。"宋开宝七年（974年），衢州尚未入宋，当时属吴越国管辖，慎知礼是吴越国的衢州刺史。可惜的是他写的《双桧堂记》今已无从考。唐代罗隐《重过衢州吊孙员外》诗中写道："烂柯山下忍重到，双桧楼前月欲残。华屋未移春照灼，故侯何在泪汍澜。"可见唐时已有双桧楼。宋时是改名为堂，还是重建，已无从考。

双石堂（小峨眉峰），据《舆地纪胜》载："双石堂在州治厅左，宋绍圣中守孙贲建。"清顺治年间衢州人周召《双桥随笔》中引了宋人张邦基《墨庄漫录》记载，绍圣元年（1094年）时任知州孙贲掘疑冢，得刺史季彀所题刻的双石。"峰长五六尺，坚瘦甘润。"孙贲建堂，移二石于堂下，名曰"双石"。又据《名胜志》载，宋宣和二年（1120年）方腊起义兵陷衢州，知州彭汝方死节，衢州城亦毁。次年知州高至临沿龟峰修城时，又把双石移到原来的地方。据说是因为"峨眉山正压郡治，故设此以对之，因名小峨眉峰"。到了明嘉靖戊戌年（1538年），知府李遂到任，小峨眉峰再一次被发掘。二石"状如笋，高可丈许"。李遂把双石植于游瞩亭之侧。此处后来就变成了石将军庙。

思政堂，据康熙《西安县志》载，宋绍兴十七年（1147年）知州张峨建"思政堂",取子产语"政如农功,日夜思之"。康熙朝改名为"明德堂"。

尘外堂,天启《衢州府志》记有:"尘外堂在府治。"宋绍兴年间张嵲任知州时即有,其诗云:"因依制屋偏,旧是栖鹘地。杂花挟径深,竹树交柯际。古人谋适野,放浪聊自肆。谁识都斋遥,斯堂眇尘世。"同时代的毛开也有诗记叙尘外堂,"地胜无远迩,渺然契高躅"。

超览堂,乾道七年(1171年)吴兴人施元之任衢州知州,暇日路过东山堂,发现前面有一数仞之高的土堆,上可容百人,于是令人斩草平坑,在上面建筑一堂,并以"超览"名之,毛开撰记。

景高堂,弘治《衢州府志》载,宋萧忱作于郡治之后圃。据闻人阜民《景高堂记》云:绍熙二年(1191年)萧忱"至衢,访民所疾苦,抑损先己,凡征敛之赋取赢于官者,悉蠲之……未几,而田野告丰,闾里安辑,桴鼓稀鸣,庭无滞讼"。当时,郡之后圃自初有庳屋三楹,荒圮特甚。萧忱令人"敞以轩楹,环以流泉"。整理好之后,又在中堂列清献公赵抃、太史公范冲、文正公司马光三贤绘像,名此堂曰"景高堂"。据旧志记载,府治之中还有景高台、景高阁等建筑。郑永禧认为是"同地而异名也"。

昭庆堂,弘治《衢州府志》载,在郡城和丰门内,宋吴焕建。

龟峰堂,《舆地纪胜》载,在府治内,建圮无考。

东山堂,在府治内,建圮无考。

明伦堂,嘉庆《西安县志》引旧志,明嘉靖二十三年(1544年)教谕谭敷建,三十八年知府杨准重建。崇祯二年(1629年)知县贺康载修。康熙十年(1671年)知县李忱重建,"耿乱毁"。三十年鹿祐鼎建。乾隆二十八年(1763年)、五十六年两次修。嘉庆十四年(1809年)又重建。

平山堂,嘉靖《衢州府志》云,平山亭"在退堂后,元大德癸卯(1303年)治中陈孚作,自记以铭,今改曰大观亭"。康熙《西安县志》云:"大观亭即游瞩亭。"乾隆三年(1738年)杨景震碑记云:"大德癸卯治中陈孚建大观亭,即游瞩亭也。"由此可见,平山亭在退堂之后,建于元朝大德年间,至明朝嘉靖年间改为大观亭,清康熙年间又以游瞩亭呼之。平山亭、大观亭、游瞩亭即同一个亭子无疑。元张可久有曲《双调折桂令·三衢平山亭》云:"倚阑干云与山平。一勺甘泉,四面虚亭。隐隐浮图,层层缋画,小小蓬瀛。随月去长空雁影,唤秋来高树蝉声。客路飘零,天宇澄清,剑气峥嵘。"泰定三年(1326年)次衢州路总管户彦远、同知任仲安留宴平山堂上,慨想旧游,席间为赋一律云:"山如雉堞水如陴,堂槛凭空直下窥。指向云鸿留迹处,看成辽鹤返家时,使君延劳承终宴,倦客追欢惜早衰,为向青霞仙者说,吾游未了一杆棋。"郑永禧有《平山堂访古次柳待制韵》云:"间来吊古一登陴,四面平山画里窥。蜃市岂真归幻境,鸿泥了不辨当时。风吹短陌花如落,水绕孤城柳平衰。为向三衢访遗迹,缘何只识烂柯棋。"根据诗文判断,平山堂、平山亭也应该是同一地方的建筑。

六贤堂,据《明一统志》载,在衢州府之东,建于宋时。该堂用以纪念赵鼎、范冲、马伸、汪应辰、刘颖、汪达6位贤者。《明一统志》有载。南宋景定年间(1260—1265年)知州王已有《招六贤歌》。

中正堂,民国三十五年(1946年)由民国政府建,址在峥嵘岭东北麓,今衢州市图书馆南。1985年建衢州市图书馆时拆除。

馆即客舍,供旅客住宿的房舍。原指官府所建之馆舍,《周礼·地官·遗人》:"五十里有市,市有侯馆,侯馆有积。"后王侯贵族私家所建用于接待宾客的住所亦称馆。

雁序馆,在府山西侧。《明一统志》载,唐咸通中(870年前后)衢州刺史赵璘与其弟处州刺史赵瓒会别之处,建圮不详。

皇华馆,位于府山郡衙侧,建圮年代不详。为来往使臣驻节之所。宋诗人陆游奉命来衢曾住过此馆,写有《陆游奏乞奉祠留衢州皇华馆待命诗》:

世念萧然冷欲冰,更堪衰与命相乘。从来幸有不村木,此去真为无事僧。

耐辱岂唯容唾面,寡言端似学铭膺。尚余一事犹豪举,醉后龙蛇满剡藤。

轩,有窗户的长廊或小房。

雪竹轩,康熙《西安县志》云:"雪竹轩在郡治内,尚有故址。"《舆地纪胜》载:"雪竹轩在郡斋,为二槛,中槛种竹,敲风击雪,音韵铿然。"清人王绍羲有诗写雨竹轩云:

官斋烧檞柮,夜色明西园。此君抱清骨,与客同岁寒。冷冷自生韵,皓皓方当轩。神若受月冷,意岂因人温。鹤声亦戛戛,愁损青琅千。

亭是有柱有顶无墙的建筑物。

观稼亭,龟峰西坡为府城隍庙,庙之南即观稼亭。嘉靖《衢州府志》载:"下视平远,青山入云,为衢城伟观。"历朝刺史、知州、知府秋收时必登亭看农民收庄稼,今建圮无考。清乾隆年间郑万育有诗云:

满堤芳草碧毯毯,活水穿塍护蔚蓝。曼杀农忙三月好,雨蓑烟笠尽江南。

群峰亭,《舆地纪胜》云:"龟峰亭在旧郡治内。"赵抃有诗曰《登龟峰群峰亭》。龟峰亭和群峰亭是否同地异名无考。乾隆二十三年(1758年)群峰亭已圮。时有诗人聚会龟峰,以诗纪事:

群峰面面拱峥嵘,高咏传来旧迹清。胜景屡迁仍在眼,古人不见曷为情。闻说桃花旧有台,群峰簇簇一亭开。新诗题后高声价,故地寻时剩草莱。

游竹亭,游竹亭位于府衙署后院,石将军庙西侧。建圮不详。

闰山亭，天启《衢州府志》载，闰山亭在郡城。宋毛开曾有诗记闰山亭，可见至迟在南宋时已有此亭。毛开诗云："远峰颙然来，近峰矗然出。作亭以玩之，入眼青突兀。"

班春亭，明嘉靖《衢州府志》载："班春亭在府治东。府门总铺即班春亭之旧址。"宋洪迈的《夷坚志》乙集载衢州人李五七的故事就是以班春堂为主景而发生的。班春堂是府门外东侧民众等候告状打官司的地方，宋时已有，又称班春亭。明时亭已废，在其址建了总铺。

乐丰亭，明嘉靖七年（1528年）知府王莘建乐丰亭。康熙《西安县志》载，乐丰亭在府治之后，嘉靖七年郡守王公建于龟峰之巅（指石龟）。方豪有《乐丰亭记》，是年秋，衢州大丰收，"家有储峙，野无流殍，市不竞直，官不刑通，门可驰御，道多醉人……郡公闻而乐之，乃于龟峰之巅、郡堂之背，结一亭曰'乐丰'"。据康熙《衢州府志》之《府治图》，乐丰亭在府治三堂之后，与石将军庙相邻。其后屡有兴废。民国郑永禧的《衢县志》载，光绪七年（1881年）郡守刘国光重修。民国时仍存。

快雨亭，嘉庆《西安县志》载，康熙年间郡守张溶[1]建，有记。康熙三十五年（1696年），因在此亭中祈雨"得雨甚快"，之后张溶遂改名"快雨亭"。

来月亭，《舆地纪胜》载，在郡圃莲池，跨桥叠石筑亭于上，榜曰"来月"。《杨景震重建府署记》中记来月亭遗址已不可寻，就地势更建来月楼。清郡守朱理有"来月亭"诗存。

蒙泉亭，据明天启《衢州府志》载，在府治平山堂后泉上。府治内旧有蒙泉井，名子午泉，泉极清冽。亭今废，此泉尚存。

旌善亭，弘治间，于府治前建"旌善亭"，建圮不详。

申明亭，弘治间，于府治前建"申明亭"，建圮不详。

仰山亭，乾隆三十一年（1766年），金衢严道程国表在衙署内射圃重修。

---

〔1〕张溶，河北沧州人，康熙三十五年（1696年）任衢州知府。

御书亭，乾隆三十一年，金衢严道程国表在衙署内射圃内建圣祖南巡诗碑。

聚奎亭，亭在通仙门外，亭中能看到环城的护城河，碧水澄泓，由西而东。亭四周多种芙蕖，杂以蒲菰、菱芡、游鱼，昀泳鳞鬣。可数凫鹥往来，无不自适。

浮石亭，又称"孟公亭""安澜亭"，在城北衢江之南。唐孟郊《浮石亭》诗："曾是风雨力，崔嵬漂来时。落星夜皎洁，近榜朝逶迤。翠潋递明灭，清溪泻攲危。况逢蓬岛仙，或恐非此地。"《赵清献公文集》有"浮石仙人遗迹在吾庐江畔钓鱼矶"的记载，嘉庆《西安县志》、民国郑永禧《衢县志》均有记载。后废。2008年在浮石渡重建八角亭，亭内树一青石碑，一面刻"浮石潭记"，记载浮石潭的位置、来历及典故，另一面刻孟郊诗。

台，高而平的建筑物。府山周边就有五台。

桃花台，宋以前即有此台，遗址当在峥嵘岭龟峰西南麓的河边上。北宋赵抃的《登龟峰亭》中写道："桃花台下系轻舠，直上峥嵘不惮劳。"可见当时诗人是乘小船在桃花台下登岸而攀峥嵘去龟峰的。

清冷台，宋绍圣（1094—1098年）中郡守孙贲修州治南之韶光园时建。圮时不详。

采月台，具体位置不详，宋时筑。明郑孔庠诗云："八万二千万，光景玉盈指。幽人学采吸，夜夜踏秋水。"清郑光璐诗云："收尽秋云半幅罗，月光为水水生波。霓裳一曲无人奏，剩得台前老桂多。"

芙蓉台，宋以前即存。弘治《衢州府志》载，郡城峥嵘山旧有芙蓉台。其址在桃花台附近。旧志中有称为芙蓉台，有称为芙蓉楼、芙蓉堂，还有称为古峥嵘山台。《芙蓉台怀古》诗云："远翠寒犹在，高台迹已空，将军余战地，四面看芙蓉。"

四宜台，康熙三十五年（1696年）知府张濬建于府署内，圮不详。有诗并序见《三衢稿》。

牌坊，又名牌楼，为门洞式纪念性建筑物，是封建社会为表彰功勋、科第、德政以及忠孝节义所立的建筑物。也有一些宫观寺庙以牌坊作为山门的，还有的是用来标明地名的。衢州古城旧牌坊很多,如今绝大多数已毁弃,今择要列举。

上游名郡坊,康熙《西安县志》载,在府治前,郡守杨准建。此坊建自明嘉靖三十八年(1559年),用木材修建,后迭有修。民国十三年(1924年)知事真诚撤去。

宣化坊和承流坊,分别在府衙门左右。据嘉庆《西安县志》载,明天顺间(1457—1464年)郡守唐渝[1]建。万历中毁,郡守瞿溥[2]复建。

三衢先哲坊,据康熙《西安县志》载,为唐名相陆贽等立。嘉庆《西安县志》所载更为具体:"为唐陆贽,宋徐徽言、徐惠諲、徐知新、龙丘芚等数十人合建。"民国郑永禧《衢县志》载,此坊在旧府治东,鼓楼前数十步,规模颇壮。据《厚伦汪氏宗谱》"汪待举"条载,明万历辛卯(1589年),郡守易仿之建石坊于府治东,曰"三衢先哲"。清季尚存,题名残石并刊有赵抃、毛友诸名,今此石已倾圮失去,四柱存三,其左建有仁慈堂。

会元坊,康熙《西安县志》载,在府学左,为徐霖立。民国郑永禧《衢县志》载,此坊已圮,址亦无考。

三凤坊,嘉靖《衢州府志》载,在府治东,为举人王玑等立。王玑,嘉靖七年(1528年)举人,同榜有江山毛文琳、常山江良材、开化江樊等人。

六鳌坊,嘉靖《衢州府志》载,在府治西,为举人程秀民、杨氏、梁氏等立。此坊与三凤坊相对而名。嘉靖十年(1531年)乡榜,除程、杨、梁外,龙游甘照、徐应奇、江山毛恺、常山江应选等中。

第三节　宅第、园林、会馆

衢州地处浙、闽、赣、皖交界处,民居建筑很难自成一派,往往既有江南建筑

---

[1] 唐渝于天顺五年(1641年)任衢州知府。

[2] 瞿溥于万历四十五年(1617年)任衢州知府。

的婉约,又有徽派建筑的气势,既要遵循传统建筑的规制,又有些许的推陈出新。

陆宣公宅。陆宣公姓陆名贽,来衢州时,见龟峰秀丽,南有烂柯仙境,北有浮石河渡,于是在城北置田千亩,建造住宅,定居下来。后来陆贽因再次被贬,料难以回衢,就把田地捐赠给大中祥符寺。于是衢人在寺庙右边建祠绘像,春秋祭祀,以表功德。

留梦炎宅,在城内状元坊,有状元厅故址。留梦炎(1219—1295年),衢州柯城人,宋淳祐四年(1244年)状元。南宋时留梦炎官至左宰相,元朝时官至礼部尚书、翰林学士承旨。

高斋,即赵清献公宅。清献公在钱塘建宅,告老归衢后,在城北赵抃旧居孝悌里附近建别馆,亦名"高斋"。据考,该建筑至迟建于宋嘉祐六年(1061年),规模颇大,内有濯缨亭、水月阁、竹轩、柳轩、归于亭、逸老亭等建筑,每处建筑赵抃都曾为之写诗作咏。园内修竹成林,垂柳成行,莲塘碧水,鱼翔蝶飞,是一处风景优美的园林。赵抃去世后,其后人把抃之像挂于高斋,以祭祀之。朱熹到衢,亲自为濯缨亭、逸老亭、水月亭重新题写了匾额。现衢州高斋重建于民国九年(1920年),在北门街,西靠赵抃祠,坐西朝东,占地约124平方米。

费淳故居,位于今衢城费家巷12号。费淳(1739—1811年),字筠浦。祖籍钱塘,自幼随祖父衢州府学教授费士桂来衢,就读于三衢学舍,定居柯城。清乾隆二十八年(1763年)进士,历任刑部主事、江苏巡抚、两江总督、工部尚书、体仁阁大学士等职,一生为官清正,恪尽职守,颇有政声,卒谥"文恪"。[1]

明代民居,在今市区天后街。坐西朝东,平面呈纵长方形,自东而西依次为台门、前厅、后楹、小园、后楼(已毁),占地约273平方米。建筑整体用材粗大,施用斗拱,为今城区唯一具有明代风格的民居建筑。

园林建筑是我国古代建筑的一种重要类型。我国有数千年的造园史,以

---

〔1〕《清史稿》卷三百四十三列传一百三十《费淳传》。

建筑、掇山、理水、花木为造园手段，取自然山水精华，同时又注入了传统文化元素的审美情趣，讲求意境之美。衢州历代园林，以"小蓬莱"为最（详见本书第五章第二节）。此外就是从葵圃发展而来的"观我园"。近代以来，府山衙署大多毁弃，北麓改造成中山公园。

葵圃，明徐可求筑。徐可求，字世范，明万历二十年（1592年）进士。嘉庆《西安县志》载，（葵圃）中有予逸轩、鸿石堂、静园、六清渚、馨折溪……推测葵圃大致位置应在菱湖附近。徐可求有《葵圃十咏》，据此可想见满园春色，绿树成荫，小桥流水的美景。

崔圃，又称"观我园"，通称"崔家花园"，在西门文昌阁。民国郑永禧《衢县志》云，园为清乾隆间崔显祖所筑，有亭、池、花木之胜。显祖，字崇先，号守愚，好与诸名士游。学使朱石君因公抵衢，就寓居于崔圃。他评说此处"清旷宜暖席""花香绕四阿""国香天乞与"，是一处人间美景。

菱湖草堂，清乾隆年间，衢州陈圣洛、陈圣泽俩兄弟所建，名曰"山满菱湖"。陈圣洛居草堂，陈圣泽居山满楼，终日养花种草，结社赋诗，自娱自乐，诗社称"菱湖吟社"。

中山公园。民国十六年（1927年）6月，在府山北麓开辟"中山公园"。公园南至旧衙署北墙石勘，依峥嵘山北麓山势而建，北以公园河为界，东至保和楼桥，西至东河。园内高低错落有致，古木参天，疏密适宜，林壑优美。引东武街作公园正门（西北门），在东河与公园河转弯处有石拱桥（东武桥、公园桥），在长竿岭设公园西南门，在新桥街改水阁桥（甘蔗桥）设北门。三桥之间修曲径环通，另修三组石台阶山径延峥嵘山北麓贯通东西。在水阁桥南岸建有八角亭，为石台基木结构小青瓦亭。在西侧建十字亭，为木结构十字造型小青瓦亭。

第八章　一城三孔庙的儒城

　　庙于鲁者,礼也。舍鲁而南者,宗子去国,以庙从焉,亦礼也。礼之所
在,君子慎之,况其子若孙。

——明胡翰撰《孔氏家庙碑》

　　为孔氏之家庙者,遍行天下惟曲阜与衢州耳。

——清李之芳撰《清康熙衢州重修孔氏家庙碑》

　　衢州历代重视教育,故人文荟萃,名人辈出。从县学到州学,从义塾到书院,出现了一批在浙江乃至全国都享有名气的著名学府。对教育的重视结出了科举的硕果,据统计,北宋时期,衢州进士多达252名,在浙江所属11州中名列第一;南宋时期,衢州进士有381名[1];即使在不重视科举的元代,衢州文科进士也有19名,占浙江总数的七分之一。特别值得一提的是一城三孔庙:府文庙、县文庙、孔氏家庙。

第一节　衢州州学与县学

　　嘉靖《浙江通志》载,"衢自唐建学于今所"。也就是说,衢州自唐代就有官学机构,州学得以完备,当时的衢州州学建于州衙署所在地的峥嵘西麓。这

---

〔1〕占剑:《衢州宋代进士研究初探》,衢州历史文化研究会编:《历史文化研究》(内部资料)第2辑。

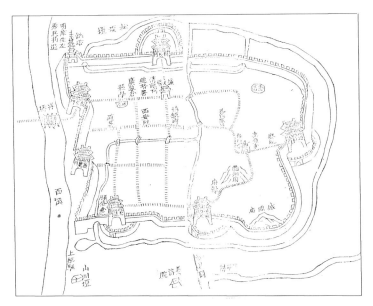

衢州府城图（清康熙《衢州府志》载，上北下南）

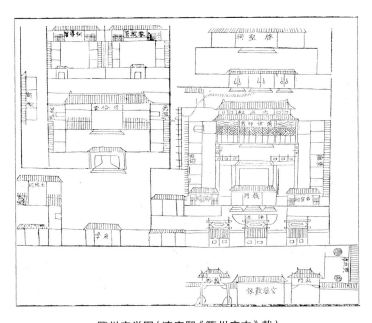

衢州府学图（清康熙《衢州府志》载）

是浙江地区最早的五大州学之一。北宋宣和二年(1120年),方腊起义军攻破衢州城,峥嵘山州学被毁于战火。宣和三年,知州高至临授命整治衢城。他认为教化百姓,培养人才,是最要紧、最不能耽搁的事情,于是他与州学教授、地方名绅共同谋划,决定重建州学。"初造大成殿,次造堂斋门阁及庖湢之所,靡不周备。"[1]高至临还亲撰《重建衢州府学记》一文作为纪念。

元代,衢州地方官也比较重视教育,不断修复儒学。元至元十三年(1276年),衢州州学又毁于战火。次年,新任衢州路儒学教授吴安朝在州学旧址修建了礼殿三间,作为讲学之所。建文庙及门。乙酉(1285年),建两庑及棂星门。至元二十一年,路学教授徐梦龙在府山西麓原州学内重建路学,至次年完工,有大门、棂星门、正殿、东西两庑及寝殿等主建筑,还有"讲堂、斋舍"等附属建筑。其后,大德九年(1305年),"府判法合鲁丁修";延祐七年(1320年),"治中捏古伯修"。至正六年至七年(1346—1347年),总管白景亮、同知崔思诚先后接力修缮。

明清时期的衢州同样重视教育,可惜由于经济实力的衰退,其规模和影响都逊于宋代。明嘉靖年间,李遂任衢州知府,在任上非常注重教化治理,重建府学,扩大了府学规模。清代衢州在武举上有所成就,文举成绩不佳,但府学依然屡有修复。明代至民国时期衢州府学修复一览(据民国郑永禧《衢县志》):

序号	时　间	修　复　者	修　复　情　况
1	洪武初		重修
2	正统三年(1438年)	同知张琛	重修
3	景泰七年(1456年) 天顺六年(1462年)	知府王高 知府唐瑜	相继成之
4	成化十九年(1483年)	知府李汝嘉	重修。树育贤、成俊二坊,易四斋为志道、据德、依仁、游艺

〔1〕高至临:《重建衢州府学记》,嘉靖《衢州府志》卷四《建置纪》。

序号	时　间	修复者	修　复　情　况
5	嘉靖九年（1530年）		始建启圣祠
6	嘉靖十年至十一年（1531—1532年）	知府李遂、推官刘起宗	改建启圣祠，重修府学
7	嘉靖三十九年（1560年）	知府杨准	修
8	隆庆三年（1569年）	知府汤仰	修
9	万历五年（1577年）	知府陈涧	修明伦堂
10	万历三十四年（1606年）	同知朱朝望	改建明伦堂
11	万历四十四年（1616年）	推官荆茂实	修
12	天启五年（1625年）崇祯元年（1628年）	知府舒崇功、知府蔡三复	相继成之
13	崇祯十四年（1641年）	知府张文达	重修明伦堂，造尊经阁于学之右偏
14	顺治七年（1650年，一说顺治六年）	兵道李际期、知府韩养醇	重修
15	顺治十七年（1660年）	知府袁国梓	重修。建尚友堂、乡贤、名宦、启圣各祠，斋舍、讲堂
16	康熙三年（1664年）	推官孙鲁	修
17	康熙十年（1671年）	守道梁万禩	重修。明伦堂、先师庙及两庑皆修葺
18	康熙三十三年（1694年）	知府王文锦	修。陈作捐俸独建启圣祠
19	康熙三十六年（1697年）	知府张溶、知县陈鹏年	重修。训导费金星重建文昌阁于启圣祠前
20	康熙四十七年（1708年）	知府杨廷望	重修明伦堂
21	雍正十年（1732年）	知府郭朝瑞	重修
22	乾隆二十四年（1759年）	知府甘士瑞	重修
23	同治初		府派五县捐赀分任重修

续表二

序号	时 间	修复者	修 复 情 况
24	光绪二十三年（1897年）	知府姚舒密	重建东庑,并修崇圣祠、明伦堂
25	民国六年（1917年）		设劝学所与明伦堂,修斋舍数间,以居奉祀员

《明一统志》载,西安县学旧在府城外,元毁,洪武二年（1369年）徙建于县治东。今孔氏家庙是也。明正德十四年,知县张润身迁建于宋贡院遗址。至明嘉靖年间,西安县学再迁于今县学街址。最先建文庙,建两庑。庙之南为戟门,为棂星门;棂星之前为泮池;庙之北为明伦堂;堂之两翼,东为进德斋,西为修业斋;堂之北为尊经阁,阁之北为敬一亭,阁之下为求仁堂。教谕宅,在求仁堂西;训导宅,在求仁堂东。万历十七年（1589年）,知县许国诚重修文庙,建门于明伦堂左右,以通往来。万历二十四年,知县蔡元相重修文庙两庑、尊经阁,并筑奎峰于明伦堂后,又增置学田。崇祯二年（1629年）,知县贺康载重建两庑、魁星阁、明伦堂。

清顺治十一年（1654年）,知县白拱薇重浚泮池。康熙七年（1668年）,知县李忱修建尊经、文昌阁及名宦、乡贤各祠;十年,又修两庑重建明伦堂。康熙十三年,耿精忠叛,满汉兵屯驻城内,学尽毁,仅余圣庙及戟门、棂星门。康熙三十年,知县鹿祐葺文庙,易神厨木主,建两庑;又鼎建明伦堂,一如旧制。后乾隆、嘉庆、道光、光绪年间都有修建。其中最大的一次修缮从嘉庆二十四年（1819年）至道光元年（1821年）,前后三年,重修大成殿及两庑,并建棂星门、崇圣祠等。

第二节　孔氏南宗家庙的变迁

《明一统志》载,孔氏家庙在府治西。宣圣四十八代孙、袭封衍圣公端友从宋高宗南渡，赐居衢州。绍兴六年（1136年），诏权以州学为家庙，赐田奉祀。

南宋建炎二年（1128年），由于金兵对曲阜的进攻，孔氏部分族人在孔子第四十八代孙、袭封衍圣公孔端友及堂叔父孔传的带领下，长途跋涉数千里，于1130年来到浙西衢州。绍兴六年，宋高宗下诏"权以州学为家庙"。同时按照来衢人口赏赐田地，田产除用于祭祀活动外，都用来赡养族人，并免除这些土地的租税。同时，朝廷还向衍圣公颁发了袭封至圣文宣王庙宅铜印。1138年，高宗皇帝又下诏衢州赐官田五顷作为祭田，历代朝廷乃至后来的民国政府均给予其极为优惠的赋税待遇。在这800余年中，孔氏南宗家庙曾三迁其址，三次建家庙，分别是菱湖家庙、城南家庙、新桥街家庙。[1]

菱湖家庙

从南宋初年开始，孔氏南宗一直借州学为家庙，很难开展祭祀活动，这已经成为困扰孔氏南宗族人一百多年的大问题。南宋宝祐元年（1253年），孔子第五十三代孙、袭封衍圣公孔洙出任衢州通判，成为新任衢州知州孙子秀的搭档。为解决孔氏南宗祭祀场所的问题，知州孙子秀上书朝廷并获批准，选址城东芙蓉堤东侧原来一座寺庙的遗址新建家庙，为此朝廷还专门拨款36万贯（3.6亿钱）。该项工程由孔子第五十代孙孔元龙等具体负责，于宝祐元年仲夏开工，至第二年仲春朔月完工，前后历时近九个月。如今其址已废，今人只能从龙图阁大学士、户部尚书赵汝腾所撰写的《南渡家庙碑记》中一窥它的面貌。

菱湖家庙，背靠平湖，象征曲阜的洙水、泗水；面对龟峰，象征曲阜东面的尼山；整体建筑规格略似于北宋曲阜家庙。除庙门外，主轴线上居中的是玄圣殿，即后来的大成殿，是祭祀孔子的地方。玄圣殿前设东西两庑，东庑是沂水侯祠，西庑是泗水侯祠，分别祭祀孔子的儿子孔鲤和孙子孔伋。两庑还分为

---

〔1〕参见占剑：《衢州孔氏南宗嫡派及家庙》，《寻根》，2006年第4期。

许多室,用来祭祀历代受袭封的孔子嫡裔,成为后世设置六代公爵祠、袭封祠的起源。玄圣殿后为郓国夫人殿,即寝殿,是祭祀孔子夫人亓官氏的地方。寝殿之后为思鲁堂,是孔氏南宗合族讲学之地,充分体现了南宗诗礼之风。思鲁堂东侧有咏春亭,供四方拜谒之士休憩之用。西轴线上有齐国公、鲁国太夫人祠,分别祭祀孔子父母。全部建筑总共225间,四周围以高墙,肃穆壮观。可惜如此美观的菱湖家庙仅存在了22年。宋景炎元年(1276年)四月,永康人章焴率义军攻破衢城,毁去菱湖、峥嵘山一带大部分建筑,家庙也未能幸免。

城南家庙

菱湖家庙毁于兵灾之后,衍圣公孔洙将家庙迁到城南,其后屡有修缮。但规模较小,建筑比不上菱湖家庙,仅有先圣殿、寝殿、大成门,殿前东为孔氏私塾,西为接待馆舍,共有建筑六座,围以红墙。城南家庙,按自孔洙让爵前迁建,至明正德十五年(1520年),共存在230余年。

新桥街家庙

明正德十五年,浙江巡按监察御史唐凤仪到衢,世袭翰林院五经博士孔承美以城南家庙狭小简陋,日久颓敝为由,要求迁新址,重修家庙。唐凤仪与浙江布政使何天衢等联名上书朝廷,朝廷同意拨给库银,允许重建。整个重建工程由同知陆钟、通判曾伦、推官杨文升以及所属五县知县组成的领导小组共同督造。他们选址原西安县学旧址作为家庙新址(今市区新桥街先义坊)。工程从1520年十一月开工,到次年四月建成,工期只有短短的半年时间。孔氏南宗祭祀孔子从此有了正式的场所,五经博士也有了居所,而且斋堂、宾舍、厨房等附属建筑一应俱全。整座建筑面积崇广、规制庄严,完全可以与当时的阙里家庙相辉映。整座建筑群建有两道大门,以区别家庙与五经博士公署衙门。武英殿大学士谢迁、开化人刑部主事方豪各自写了碑记。这次迁建,最终形成了东为家庙,西为翰林院五经博士署,庙署合一的格局。此后孔氏南宗家庙虽屡有修复,但再未迁建,至今已有五百年的历史了。

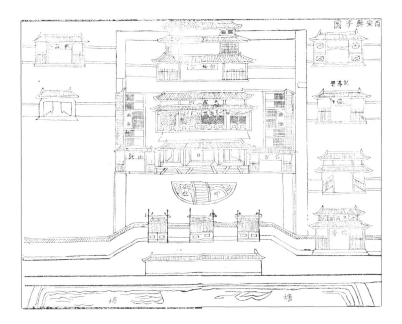

衢州西安县学图（清康熙《衢州府志》载）

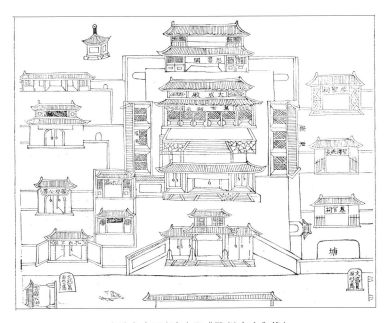

孔氏家庙图（清康熙《衢州府志》载）

明代新桥街家庙的盛况可以从《诏建衢州孔氏家庙碑》管窥。龟峰之下，内城河畔是直面新桥街的大照壁，两侧为两座"德配天地，道贯古今"跨街大牌坊。主轴线上首为先圣庙门，门上方悬"万世瞻仰"匾。进为大成门，悬"泗浙同源"匾，殿前两侧为东西庑。最后是思鲁阁，悬"燕居"匾。阁上供奉孔子及亓官夫人楷木像，阁下供奉先圣遗像碑。东轴线上首为恩官祠，位于大成门东侧，祠祀历代有功于孔氏南宗的官绅。祠后建筑，悬"圣泽同长"匾。再进为启圣祠，祠前有启圣门，门前有照壁，祠内祀孔子父母。西轴线为一局部短轴线，大成门西侧为袭封祠，祠祀历代袭封翰林院五经博士者。祠后为六代公爵祠，祭祀南宗六代衍圣公。

道光元年（1821年），知府周镐和继任知府谭瑞东先后带头捐款修葺家庙，全城官佐及五县士民纷纷踊跃捐献银粮、木材、砖瓦等。整个修复工程由府学训导姚梦石、贡生徐世镳等具体负责，同年十月开工，到1823年四月完工。浙江巡抚帅承瀛、学政杜堮、知府谭瑞东各有碑记传世。道光这次重修，最终确立了孔氏南宗家庙现存基本格局。

主轴线，首为先圣庙门，即家庙的正大门。现存建筑为1987年重建，为三开间门厅式建筑，单檐歇山顶，两侧连接八字形墙垣，正对照壁。

进入庙门为第一进院落，6株古银杏树挺拔参天（原为8株，两株毁于"文革"），为家庙增加几分肃穆安静气氛。右侧墙上嵌着7块明清家庙碑刻，记叙历代修缮家庙的情况。

进为大成门，又称"仪门"，硬山式建筑，三开间加两挟屋，梁架采用三柱分心式，前后檐为方形石柱，月梁形阑额，脊檩缝各间设实榻大门，筒式屋面。规制与金代曲阜北宗孔庙大成门同，保留了宋金时代的风格。

进门为第二进院落，是家庙建筑群的主要空间，院内古柏盘虬缠结并配以灌木丛。目前古柏仅存4株，2株已枯，这些古柏与家庙内的古银杏树相似，均为明正德年间迁建时所栽。院内两侧为东、西庑，三三九开间，向院内设廊。东庑祭祀中兴祖孔仁玉及孔传,西庑祭祀南渡祖孔端友。院中由细卵石与石板铺成甬道,尽端是高高的佾台,周围以石栏环绕,是祭祀孔子时表演佾舞的地方,拾级而进,便是家庙的中心建筑大成殿。

大成殿建在五尺高台上,重檐歇山式建筑。同时由于殿基与佾台形成一个二层台结构,使大成殿巍峨庄严且等级较高,突出孔子的历史地位。周围的建筑与庭院,均起陪衬烘托作用。大成殿通面阔16.6米,通进深15檩,计16.5米,平面近于方形,保留了江南地区宋元时期大殿呈纵向长方形和方形平面的风格。大殿的柱网结构并非严格成对应关系,其外围檐柱皆为石制,面阔、进深皆三间,面内柱木构,次间缝柱列较檐柱次间缝柱列收进约2米,形成五开间格局。其梁架结构上檐九架前后双步廊用四柱,下檐亦为双步廊结构。内槽为七架梁结构,其中三、五架梁以瓜柱承之,再用梁承檩,构架中前后槽及下檐皆用柱承檩,这种抬梁式与穿斗式相结合的构造颇为特殊。正是这种构造,使脊檩至室内地面高差10米,七架梁底皮至地面7米余,显得殿内空间高敞。而且整个结构简洁无华,未用斗拱,亦少雕饰,建筑风格庄严简朴。屋面铺灰色筒瓦,檐口施勾头滴水,翼角发戗起翘。殿内塑孔子及子孔鲤(伯鱼)、孙孔伋(子思)三像。

东轴线,首为孔塾,有前后两进,为南宗私塾教育之地。首进三开间,硬山式建筑,明间开门,与次间有分隔,二进亦为三开间硬山式建筑。现存建筑为20世纪80年代修复,有所改动。

二进孔塾西侧紧邻着的是报功祠,又称"恩官祠",三开间硬山式建筑,现存有所改动。祭祀有功于孔氏南宗的官绅,如南宋宝祐年间衢州知州孙子秀,明正德年间衢州知府沈杰、巡按监察御史唐凤仪,清同治年间浙江巡抚左宗棠等。

报功祠前有泉,汇水成池,池名无考,池边东北角有一株古银杏树。

再进为崇圣祠,祠前有崇圣门,均为三开间硬山式建筑。崇圣祠原名"启圣祠"，清雍正二年（1724年）改称"崇圣祠"，又称"五王祠"，现存建筑有较大改动。

最后为圣泽楼，原名"御书楼"，做陈放朝廷谕文、诏书、赏赐物品之用。现存五开间二层硬山式建筑，为1991—1993年重建。

西轴线上，首为"孔圣先宗"大门，现存为1999年复原重建，三开间加两挟屋，单檐硬山式建筑，两侧连接八字形墙垣。通面阔15.08米，通进深6.12米，明间设实榻大门，为抬梁式结构，次间、梢间为穿斗结构。此门为家庙西轴线与南宗孔府共用的大门。

穿过甬道，进为五支祠，现存为1999年复原重建，五开间硬山式建筑，前有廊，通面阔14.90米，通进深8.05米。明间、次间为抬梁式，梢间为穿斗式。五支祠祭祀孔氏南宗仁、义、礼、智、信五房支祖，史志、碑刻均不载，始于何时无考，仅民国徐映璞撰《孔氏南宗考略》提及。

再进为袭封祠，为家庙特有建筑，现存为1999年复原重建，三开间硬山式建筑，通面阔9.7米，通进深6.3米。明间为抬梁式，次间为穿斗式，明间后墙前有祭台。袭封祠祀孔氏南宗十五代世袭翰林院五经博士。

再进为六代公爵祠，为家庙特有建筑，现存为1999年复原重建，三开间硬山式建筑，面阔、进深、梁架、祭台位置、始建年代均与袭封祠同，只是六代公爵祠是敞开式的，无门窗。六代公爵祠祀孔氏南宗六代衍圣公。

最后为思鲁阁（前已表）。

思鲁阁，位于孔氏家庙西北角，是家庙最有特色的建筑，三开间二层单檐建筑，二坡顶硬山式结构，前檐上下层皆有廊庑。正中立阁上供奉孔子及亓官夫人楷木像，像高三尺许，是孔子第四十八代孙衍圣公孔端友随高宗南渡时背负来的。阁下立先圣遗像碑，正面为孔端友勒石据吴道子稿本摹刻的先圣遗像，上刻"德配天地，道贯古今；删述六艺，垂宪万世"十六字。背面为"诏建衢州孔氏家庙图"，是明正德十五年（1520年）孔氏家庙的布局图。

家庙西侧为南宗孔府。清光绪二十二年(1896年),浙江学政徐致祥主持重修家庙,并重建翰林公署,生员吴炯独资捐建,确立南宗孔府最后的规制。抗战时孔府大部分建筑被毁,南京政府拨款修缮,因经费不足只修了内宅。20世纪70年代孔府大部分建筑被拆改为平房,唯二层楼内宅改建成一层后仍在使用。

1998年7—12月间,衢州市博物馆的考古人员对南宗孔府及家庙西轴线进行科学发掘。在此基础上,1999年至2000年5月,家庙西轴线及南宗孔府得以全面复原。

南宗孔府与家庙西轴线共用一个大门与外界相连,入门向西有门直通南宗孔府,自南向北,纵向共有照壁、大门、大堂、花厅、内宅五部分。

照壁,长7.14米,宽0.8米,高5.16米。按中国传统风水之说,住宅临街开门不好,故往往在门后设一照壁以挡"邪气"。

孔府大门,面阔三间,进深二间,通面阔9.33米,通进深4.61米,明间、次间各用三柱,为穿斗式硬山建筑。次间檐柱与中柱间有墙分隔,形成一门夹两厢的形制。大门上悬"圣府"匾额。

穿过大门,走过13米长的通道来到大堂。大堂面阔三间,进深四间,通面9.64米,通进深8.09米。大堂是衢州世袭翰林院五经博士处理家族内部纠纷,管理乐舞生、礼生、庙户、佃户的地方。门上悬"翰林公署"匾额。

花厅,五开间,通面阔14.54米,通进深6.2米。花厅是翰林博士会客之地,厅内悬"世恩堂"金字匾。世恩堂为最后一任翰林博士孔庆仪支的堂名。

花厅与内宅间有两搭厢,清末民国初年主要作为翰林博士孔庆仪之妻、孔府太夫人的佛堂及休憩之地。

内宅,五开间,二层楼,通面阔17.59米,连搭厢通进深16.85米。一楼明间为女眷休息、就餐的公共场所。堂上悬"百龄仁寿"匾。此匾为光绪戊戌年(1898年),第七十一世孙孔昭熙之妻王氏百岁大庆前由浙江学政徐致祥恭送。

二层不住人,而是陈设翰林博士有关服饰及祭孔礼、乐器之地。

内宅后为孔府后花园,微波荡漾,绿树成荫,亭台楼阁,假山水榭一应俱全,是翰林博士休憩之地。

孔氏南宗家庙,作为一种家庙建筑生存发展,并发挥着作用,它拥有一般文庙,甚至是曲阜孔庙所没有的建筑。如五支祠、袭封祠、六代公爵祠、报功祠、思鲁阁等。这些建筑虽然等级不高,以三开间为主,建筑风格也平实、单一;没有北方宫廷建筑那样雄伟壮观,也没有江南富户私宅那样雕梁画栋,但却是孔氏南宗家庙所独有的,这就称之为特色。但在总体布局上,孔氏南宗家庙却遵守着封建等级的建筑规制,追求排列整齐,左右对称,以及直线延伸的格局,从明代至清末家庙三轴线的形成、完善并最终确立也体现了这一点。而且各个单位建筑皆做方整、对称设置,体现儒家"正心""正名""正位""正物"的观念。

孔氏大宗的南迁不仅是衢州历史上的一件大事,也是中国文化史上的一件大事。他们在衢祭祀先师,修建家庙,诗礼相承,慢慢地以衢州为中心,先后在浙、闽、苏、皖、赣、鄂等地衍生出众多支脉,世世代代在江南生息、发展。南宋一代,衢州作为都城临安的辅郡,以它得天独厚的地理位置,又是东南未遭兵灾的中心地带,使得宋室宗亲、达官名宦、世家望族、理家硕儒纷至沓来,成为当时儒学的研究中心,并为儒学的南渐和理学的发展传播做出了贡献,衢州也由此确立了"东南阙里"的地位。

第三节　私学与书院

官办的教育机构主要有州学和各县县学,私人的教育机构就多了。如元代规定,五十家为一社,每社设学校一所,称"社学",明清两代都沿袭了这种制度。元代衢州的社学已不可考,明代衢州社学始于洪武八年(1375年),专门教育15岁以下的儿童。嘉靖年间,西安县在城东南西北四隅各设社学1所,又设坊庙社学3所。

　　义塾是由祠产或个人出资、集资兴办的学塾,以传授民间弟子。衢州的义塾可追溯到北宋时期,至清代,西安县有8所义塾。

　　社学和义塾提供的主要是初级教育,真正的私人的教育机构主要是书院。宋初七八十年间,朝廷无暇顾及兴学设教,官学衰疲,但是书院却得以长足发展,并形成了相应的教育制度。自仁宗庆历兴学之后,北宋先后兴起三次大规模的兴学运动,官学由此兴盛,书院相对沉寂下来。到南宋时期,由于官学教育空疏腐败,学校有名无实,书院又得以兴旺发达。这种此消彼长的规律,加上南宋时理学已发展成熟,学派勃兴,各派学术大师为传播自己的理学思想,也积极创设书院。此时宋理宗又热心提倡,加以推导,或赐院额,或赐御书。天时地利人和,书院发展达到极盛。从宋代到清代,衢州城主要的书院有清献书院、柯山书院、明正书院、定志书院、衢麓讲舍以及青霞书院等,列表(据民国郑永禧《衢县志》)如下:

名称	旧名	地址	始建年代	创建人	影　　响
明正书院		菱湖金紫坊	南宋咸淳年间	赵孟奎	建文庙、明伦堂、两庑斋号凡百余间。有学田百顷,学生最多时有百余人。朱熹、吕祖谦、张栻等先后来讲学。废于明代
柯山书院	梅岩精舍	烂柯山梅岩	北宋大观年间(一说宣和间)	毛友、郑可简等	著名理学家朱熹曾到此讲学;孔子五十世孙孔元龙曾任校长;为南宋22座著名书院之一。元代仍然兴盛不衰
清献书院	赵抃故居	城北,去拱辰门二里	南宋咸淳年间	陈蒙	与柯山书院并著。元代名儒陈彦正曾任山长。明代重建,弘治年间知府沈杰立祠主祭赵抃,建斋沐所、爱直亭、塑赵抃像等。清代迁于城内,书院渐废

续表

名称	旧名	地址	始建年代	创建人	影　响
衢麓讲舍	克斋讲舍	城东北菱湖	嘉靖十七年（1538年）	刘起宗	为明代著名学者王阳明的弟子李遂建。有教思堂、四贤祠、归仁堂、墨池等建筑。民国初年尚存
定志书院	张元卿祠	黉序巷	万历年间		有门二进，五开间；穿堂三楹、正堂五楹、寝堂五楹；两旁廊庑各十七间。有祀田，废后拨入正谊书院
青霞书院		城北浮石潭	康熙二十一年（1682年）		为浙江总督李之芳建。有大门、仪门、正堂、寝楼，各三楹。设有守祠僧。废于清嘉庆前后
修文书院	吴氏家宅	小西门街38号	康熙四十七年（1708年）	吴士纪	占地约800平方米，自南而北为大门、前厅、后厅、楼阁，是衢城现存唯一的书院建筑，市级文物保护单位
正谊书院	爱莲书院	城南	康熙四十七年（1708年）	杨廷望	以普润庵改建，因院内有白莲池，称爱莲书院。乾隆十年易名正谊。后为衢郡中学堂。民国废
鹿鸣书院		县学东	乾隆五十三年（1788年）	谢最淳	同治乱后停废，光绪初年重修。光绪二十四年改为"求益书院"，课士中、西、算。后改为学堂，不久中学迁出，专办小学
毓秀书院	九华下院鲁班殿	九华	光绪十六年（1890年）		因住持僧犯戒律，寺院充公立书院。后改办小学。民国七年，由僧人悟真赎回，恢复下院

第九章　古代衢州的人口与姓氏

赖天子抚循爱育，生齿日繁，四民各安其业。今亦几几有曩时之风矣。管子曰："仓廪实而知礼仪，衣食足而知荣辱。"富教之任，岂不在良有司哉？

——康熙《衢州府志》卷二十一《户口》

第一节　唐代及以前的人口与姓氏

秦王朝统一后，逐步在南方会稽郡推行户籍登记。秦至西汉初年，越国故地以南地区，地广人稀，尚是越人居住地。衢州地区龙游以西的绝大多数区域还掌握在越人手中。当时分布在山区的越人是没有户籍的，有户籍的主要是南迁汉人和已经汉化的越人。当时整个浙江地区都地广人稀，衢州则更有过之。秦统一后，曾将大量中原人南迁至越国故地及其东部地区。汉武帝时期曾经大规模实施政策性移民，把中原地区的流民、灾民迁至越地。对衢州来说，汉人南迁，以及下山的山越人构成衢州最早的移民。

西汉时，整个会稽郡设26县，有223 038户，1 032 604口，平均每县8 578户，39 716口。[1]当时的会稽郡包括今浙江大部、上海、江苏南部太湖地区以

---

〔1〕《汉书》卷二十八上《地理志第八》。这组数字一般认为是平帝元始二年（公元2年）的政府版籍数据。

及福建，面积约22.5万平方公里，但人口密度只有每平方公里4.59人。[1]西汉王朝的中心在中原地区，会稽郡属于西汉边远地区，而衢州又属于会稽郡的西部边远地区，应该说当时衢州编户百姓的平均户数、人口数当远远小于这组数字，相对于整个衢州地区而言，依然是地广人稀。更详细情况，因缺乏文献记载，现已无从考证。

据《后汉书》载，会稽郡领14县，有123 090户，481 196口[2]，平均每县8 792户，34 371口。这组数据是在各县未分设之前的数据，自然也不会包括大批下山的山越人口，衢州地区的实际人口被大大低估了。

孙吴时期，浙江境内各郡县的户口没有具体记载。整个吴国人口，吴赤乌五年（242年）有52.3万户，240万口。[3]吴天纪四年（280年），孙皓降晋时，吴国有4州，43郡，313县；52.3万户，3.2万吏，23万兵，230万口，后宫5 000余人。[4]按照这组数字平均计算，平均每郡12 163户，53 488口；平均每县1 671户，7 348口。[5]当时衢州地区有新安、太末、定阳三县，总计人口2.2万，5 000户左右。

从数字上看，这组数据实在不大，而且这组数字仅仅是编户人口数，即纳税人口数。当时孙吴还存在不少士族豪门名下的"复客"。据《三国志》记载，新安都尉陈表就有"赐复人二百家"，定居在新安县。这些赐复人，即复客，也称"赐客"，他们从属于主人，不承担国家赋税、劳役。他们的来源一般也是从编户中分离出来的。此外屯田的人口、郑平等将领的部曲以及世代相袭的吏家等，也不在编户之内。在吴国的图籍上，户、吏、兵都是单独统计的。

---

〔1〕王育民：《中国人口史》，第9页；转引自《浙江通史·秦汉六朝卷》，第62页。

〔2〕《后汉书》志第二十二《郡国四》。

〔3〕《晋书》卷十四。

〔4〕裴松之注：《三国志》卷四八引《晋阳秋》。

〔5〕《浙江通史·秦汉六朝卷》第七章"移民与六朝居民结构的变化"，第267—269页。

山越人的下山使汉民族增添了新的成员,衢州的经济文化也得以发展,但也有例外。史书记载,吴赤乌年间(238—250年),陈表曾率男女数万口迁至毗陵(今江苏常州)屯田。[1]这次移民,主要来源于山越民,数量多达数万口,可见山越人口基数的庞大。这数万人原本可以成为衢州地区的编户齐民,却被远迁江苏常州,虽然促进了苏南地区的经济发展,但对于衢州来说是不利的。

《晋书》卷十四记载,西晋太康初年,东阳郡领9县,12 000户,平均每县1 333户。当时全国每县平均户数是2 038户,平均每户6.57人。[2]衢州地区有3县,大约是4 000户,2.6万人。可以看出,当时衢州总体来说还是地广人稀的,大量山越壮年人口外迁,致使衢州人口增长缓慢。当然实际人口数字比这个要多,西晋时期佃客、部曲、官私奴婢、吏户、百工,甚至吹鼓等,均不在编户之内。

西晋末年,大批匈奴、鲜卑以及氐、羌等族人移居内地。大量胡人南下,在华北等地区先后建立了许多小国。随后而来的晋皇室的内乱和皇室南迁带来的南北分裂使大批汉族居民从黄河流域迁移到了长江以南。当时政府更把北方原有州郡地方政府迁到南方,称为侨置州郡。例如有所谓南徐州、南兖州、南豫州等。这就是中国历史上第一次大规模的人口迁移。当时北方士人南迁的首选之地是绍兴、杭嘉湖一带,衢州属于第二梯队。

当时著名的南迁人物有:晋代永嘉元年(307年),祝氏始祖祝奎由河南迁安徽再迁信安;江氏始祖江世源,祖籍山阴(绍兴),南梁时官护军将军驻衢,家于此;慎倏,晋元帝大兴年间(318—321年)任东阳郡太守,爱浙东三衢山水之秀,遂定居于此,为衢州慎氏始祖。[3]而最著名的,对衢州影响最大的莫过于晋代毛璩迁居衢,形成三衢毛氏。梁大同年间(535—546年),毛元琼又由信安迁

---

〔1〕《三国志·吴志·诸葛瑾传》卷五十二附子《诸葛融传》注引《吴书》:"赤乌中,诸郡出部伍,新都都尉陈表,吴郡都尉顾承,各率所领人会佃毗陵,男女各数万口。"
〔2〕梁方仲:《中国历代户口、田地、田赋统计》,第40、45页。
〔3〕鄢卫建、刘国庆:《衢州姓氏》,香港语丝出版社,2001年,第70—77页。

居石门镇清漾村,形成清漾毛氏。

晋代永嘉年间(307—313年),以毛宝为首的江北毛氏主系随同皇族南迁。毛氏一族自毛宝至毛璩,三代均为晋朝重要将领,号称将帅之家。毛宝长子毛穆之承袭父亲的爵位,初任参军一职,成为安西将军庚翼的幕僚。东晋穆帝升平元年(357年),毛穆之封为建安侯,食邑信安。但他戎马一生,很少住在建安、信安,后病逝于巴东。毛穆之生六子,以次子毛璩最为知名。毛璩,字叔连,初为名臣谢安的幕僚,后官至益州刺史、征西将军,战死于四川,葬于今柯城区汪村乡五湖村毛家田铺。东晋安帝追封其为"归乡公",食邑信安1 500户,其弟及子孙即以衢州为家,世称"三衢毛氏",以毛璩为一世祖。从此毛氏在衢州繁衍后代,成为望族。毛璩生有四子,其中长子宏之、三子敏之迁于烂柯山生息,故俗称柯山毛氏。[1]两晋之交的这场人口大迁徙深深影响了浙江西部的衢州。众多的北方居民辗转来到衢州,为这个大家庭不断增光添彩,同时也带来了北方先进的生产技术和生产工具,推进了衢州经济文化的发展。

南朝宋大明八年(464年),东阳郡领9县,共16 022户,平均每县1 780户;107 965人,平均每县11 996人,户均人口6.74人。当时两浙地区(今浙江与苏南、上海)平均每户6.79人,与东阳郡基本持平,远高于全国每户5.17人的平均数。[2]衢州地区三县,有5 000余户,约3.6万人。同样,这一时期实际户数要数倍于这个数字。南朝吏户、兵户、匠户等另立户籍,僧道以及依附民、世家依法占有的佃客、部曲、门吏、奴婢也不占户籍,而世家豪门非法隐匿的人口数更大。甚至道人有"白徒",尼姑收养女,"皆不贯人籍"。[3]

《隋书·地理志》载,大业五年(609年),东阳郡领金华、信安、永康、乌伤4

〔1〕郑民安:《毛泽东祖籍溯源——从韶山到衢州》,中共中央文献出版社,2000年。
〔2〕《宋书》卷三十五,详见《浙江通史·秦汉六朝卷》第七章"移民与六朝居民结构的变化",第270—271页。
〔3〕《南史》卷七十。

县,共有19 805户,平均每县4 951.25户。[1]当时衢州的龙游一带属于金华县管辖,这里可以说是金衢盆地最核心的区域之一,人口密集。据此,衢州地区范围大致可以做1.3个县来推算,即6 437户,按照当时全国每户5.166口计算,大约有3.3万人。

据《通典》记载,唐代按户籍多少,把州分为三等。根据开元十八年(730年)三月的敕令,因为天下太平日久,人口日益增加,因此以4万户以上为上州,2.5万户为中州,不满2万户为下州。[2]天宝年间,整个衢州六县"户68 472,口440 411",是当然的上州。当时,全国有上州109个,中州29个,下州189个,总共327个州,可见当时衢州应处于全国中上水平。唐代的县分赤、畿、望、紧、上、中、下7等,其中京都所辖的为赤县,京都近旁的为畿县,其余以户口多少、赋税多少划分等级。因此一般的县分为望、紧、上、中、下5等。其中6 000户以上为上县,3 000户以上为中县,不满2 000户为下县。衢州所属西安县为"望县"。

《旧唐书·地理志》卷四十载,贞观十三年(639年)婺州东阳郡领5县,有37 891户,228 990口。据此,东阳郡每县7 578.2户,户均6.054 9口。当时衢州地区范围有信安、龙丘(贞观八年分金华、信安两县设)2县,共15 156.4户,9.177万口。这组数据是隋代大业年间的2.8倍左右。

到了开元年间(713—741年),整个衢州有62 288户。当时衢州领县信安、须江、常山、龙丘、盈川5县,平均每县12 457.6户。到了天宝年间(742—756年),整个信安郡"68 472户,口440 411",户均6.432口。这个数据是100多年前贞观年间的4.8倍左右。当时信安郡辖信安、须江、常山、龙丘、盈川、玉山6县,平均每县7.34万人,11 412户。开元至天宝年间是整个唐代衢州人口增长最快的时候。

---

[1]《隋书·地理志下》卷三十一。

[2]《通典·职官十五》卷三十三"郡太守"条。

安史之乱时衢州的人口有了较多的增长。乾元元年（758年）玉山县自衢州改隶新成立的信州（今江西上饶），但在三年后的上元二年（761年），官员李华所撰的《衢州刺史厅壁记》中却说衢州人口未见减少，甚至"增万余室"，即户口增加了万余户。[1]衢州位于江南进入江西和福建的交通要道处，难免有一些北方人民在流徙的过程中定居下来。虽然我们还不能完全排除南方户籍人口的迁入，但大量北方移民的迁入是事实。据史书记载，当时江南平原和皖南山区以南的各州，均有数量不等的北方移民，衢州就有一户名叫李涛的移民家庭在安史之乱时迁入。宋人柴望的祖先，也是于唐末迁居衢州的江山等县。[2]

由于战乱和逃户、隐匿以及天灾等原因，据《元和郡县图志》记载，到了元和年间（806—820年），衢州仅存17 426户，按照户均6.432人计算，仅存11.2万人。距离天宝年间仅50年，人口缩减了近四分之三，仅为天宝年间的25.4%。元和三年至四年（808—809年），衢州大旱，饿殍满地。这是历史上对衢州地区旱灾的最早记载，也是相当严重的一次自然灾害。对此，著名诗人白居易留下了一首名为《轻肥》的诗，其中末句"是岁江南旱，衢州人食人"，让后世人牢牢记住了这场灾害，以及它的发生地衢州。

对于吴越国人口数量的记载，只有宋太平兴国三年（978年），吴越王钱俶"纳土归宋"时的户籍，但各种记载数据并不一致。李志庭先生认为《宋史》《续资治通鉴长编》《吴越备史》的记载相对可靠，吴越国十三州一军有550 680户，之间的差额，应该是"实数与约数处理上的不同"，以及传抄上的问题所致。[3]按86县计算，平均每县6 403.3户。当时衢州一州，领西安、江山、龙游、常山四县。按照每户5.5人计算，每县平均人口应该在3.5万人，衢州地区人口在14.1万人左右，比唐元和年间略有增长。

---

〔1〕　李华：《衢州刺史厅壁记》，《全唐文》卷三百一十六。
〔2〕　吴松弟：《唐后期五代江南地区的北方移民》，《中国历史地理论丛》，1996年第3期。
〔3〕　详见李志庭：《浙江通史·隋唐五代卷》，浙江人民出版社，2005年，第320页。

第二节　宋代至民国时期衢州的人口

宋太平兴国三年(978年)，吴越国全境归属宋王朝。同年，置衢州，属两浙路管辖。按户籍人口数量，宋代将全国的州分为雄、望、紧、上、中、中下、下七等；县分为赤县、次赤县(京城区)、畿县、次畿县(京城周边)、望县(四千户以上)、紧县(三千户以上)、上县(二千户以上)、中县(千户以上)、下县(千户以下)等十等。《宋史·地理四》记宋代衢州的建置："衢州，上等州，信安郡，军事。衢州属县五，西安县为望县。"

据《宋史》记载，建炎末年，北方士大夫纷纷南迁，在通往南方的道路上随处可见，连绵不绝。又据南宋史学家李心传所著《建炎以来系年要录》记载，"四方之民，云集二浙，百倍常时"。这一时期可以算是衢州第三次人口大迁移，包括孔氏大宗在内的许多家族、名人，先后来到衢州，并最终定居于此。类似的情况很多，今举其中几例：

西安县颜氏一支，是孔子学生颜渊的后代，相传跟随孔端友南渡至衢；王氏一支，始祖王珉，原籍河南汴梁，随高宗南渡迁来。龙游县方氏一支，北宋末年迁至衢州龙游；黄氏一支，原籍江西，绍兴十四年(1144年)始迁来；何氏一支，为汉代何休的后裔，随高宗南渡迁龙游。常山县陈氏一支，南宋绍兴七年，由山东迁移至常山；赵氏宗室一支，为宋太祖赵匡胤后代，南渡后迁入，定居常山。江山县张氏一支，南宋绍兴年间(1131—1162年)由徽州迁来。开化县叶氏一支，原籍安徽歙县，绍兴六年迁来。北方大批人口的南下，对南方的社会发展起了很大的促进作用。衢州迁入的人口虽然不多，但对于政治经济文化的发展均有巨大的促进作用。[1]

北宋中期以后，两浙路人口增长迅猛。崇宁元年(1102年)，两浙路共有

---

[1] 鄢卫建、刘国庆：《衢州姓氏》。

1 975 041户，3 767 441口。《宋史·地理志》中记载有衢州的人口，107 903户，288 858口。据此推算衢州人口占两浙路总户数的5.463%，占两浙路总口数的7.667%。这组数据横向进行比较，接近杭州（296 615口），超过婺州（261 678口）、处州（260 536口），远超歙州（167 896口）、睦州（10 751口）。总体看来这组数据还是比较怪异的。但是如果将编户数所占5.463%，也视为人口数占比，那么衢州编户人口数占两浙路总口数的5.4%—7.7%，还是有一定合理性的。取这个数据的平均值6.55%反推衢州编户人口数，从中可以大致看出两宋时期衢州人口的增减。

元丰三年（1080年），两浙路1 778 963户，3223 699口，推算衢州编户人口数在21.1万左右。崇宁元年（1102年），两浙路1 975 041户，3 767 441口，推算衢州编户人口数在24.7万左右。绍兴二年（1132年），两浙路2 122 072户，3 567 800口，推算衢州编户人口数在23.4万左右。这是经历了方腊起义等两宋之交战乱之后人口削减的数字。绍兴三十二年，两浙路2 243 548户，4 327 322口，推算衢州编户人口数在28.3万左右。嘉定十六年（1223年），两浙路统计有两个数据：4 029 989口、5 839 787口；推算衢州编户人口数分别为26.4万和38.6万左右。1276年，蒙古人攻占临安，当时两浙路2 983 672户，5 692 650口，推算衢州编户人口数在37.3万左右。

两宋发展了200多年，依然不及唐天宝年间的衢州编户数。康熙《衢州府志》卷二十一记载有端平年间（1234—1236年）衢州的数据：125 992户，253 677口，比起120多年前的崇宁元年，户数多了20 000有余，口数少了35 000。因此，总的说来，两宋时期的人口数据错误较多，只能作为参考。端平年间，西安县26 527户，38 991口，人口仅占整个衢州的15.37%。这个比例是相当低的。旧志认为宋代衢州户与口的比例严重失调，平均每户仅2口，明显不符合实际，显然"诡名子户漏口者众也"。

至元十三年（1276年），元朝政府设衢州路总管府，隶属江浙等处行中书省。元制规定十万户以上者为上路,据《元史》记载,衢州路有108 567户,543 660口,属于上路。[1]元代依户数多寡而分上、中、下县,衢州路下设五县:西安县,中县。

元代至大年间,衢州路有109 525户,525 952口。其中西安县33 963户,151 122口。整个西安县户数约占衢州路户数的三分之一,人口数的28.73%。这个比例还是相对合理的,体现了西安县作为州府一级城市的应有地位。

据天启《衢州府志》记载,洪武二十四年(1391年)衢州府有户123 089内,口536 960内;弘治五年(1492年),户96 660内,口536 960内;弘治十五年,户97 660内,口516 481内;嘉靖三十一年(1552年),户94 557内,口493 570内,其中男子306 760名,妇女186 810名。古代对人口的统计虽然作为官员职责的一部分,并计入政绩,但总得说来往往是不尽准确的。从以上数字,我们可以大致估算明代衢州府的户籍与人口:总户数超过9万余户不足10万户,总人口50万左右。

西安县县境划为德懋、抱戴、靖安、龙业、天保、清平、钦化、盈川、玉泉、宣风、清源、浮石、进贤、临江、嘉庆、亨衢、西安17乡。嘉靖年间全县总共编户163个里。

洪武二十四年西安县有24 846户、111 678口。弘治五年有20 356户,123 388口。弘治十五年有20 356户,123 412口。特别是嘉靖三十一年,数据极为详尽:西安县20 291户,其中31官户、18 641民户、457军户、692匠户、3校尉力士户、54医户、49阴阳户、123弓兵皂隶铺兵、2抄纸户、7捕户、13厨役户、47马驿户、1窑冶户、9窑灶户、40脚夫户、5土工户、26乐户、88僧户、3道士户。人口124 111,其中男子87 975名,妇女36 136名。万历四十年(1612年),西安县20 349户,144 130口。

---

[1]《元史·地理志五》卷六十二"衢州路"条,《二十四史》标点本,第1496—1497页。

清代人口统计以丁口(成年男丁)为准。衢州府康熙二十年(1681年),实征丁口126 477,四十年为149 176,四十六年为151 116,六十年为156 608;雍正四年(1726年)为158 435,九年为158 609。以丁推算人口,一般按照1∶5折算,那么从康熙二十年至雍正九年,45年间衢州人口增加16万,总人口接近80万。

康熙《衢州府志》载,西安县,康熙四十六年,7 836户,62 955口,实征丁口45 170。明末清初,由于战乱,衢州府大量土地荒芜,实际纳税人丁与户籍数量严重不符,这也是清代影响衢州城发展的一个重要因素。据雍正《浙江通志》载,康熙二十年西安县实在丁口40 132;康熙六十年47 640丁口5分。雍正四年48 069丁口5分。雍正九年,编审旧管人丁48 069丁口5分,新收人丁1 846丁口,开出人丁1 524丁口,实在人丁48 391丁口5分。

民国三年(1914年),据《内务统计表》,衢县户口52 159,261 563口。其中男丁151 587,女口109 976。

民国十二年,据《衢县户籍登记簿》:59 246户。其中正户54 829户;附户2 141户;特种户2276户,其中包括商号1 047户,工厂559户,以及船户、僧人、庙祝等670户。

第三节　衢州的世家大族

"衢自古无土著,类皆由他乡转徙而来。"现存可考的衢州世家最早起源于三国、两晋之间,主要是郑平和陈弘的后裔。还有留氏、毛氏,也假托于这个时期。郑永禧认为"已属迷惑而不可信"[1]。此外还有慎氏、祝氏等。

峥嵘郑氏,三国吴将军郑平镇峥嵘山,子孙散处四乡。

湘潭郑氏,居南乡廿六庄,名为"南郑"。郑平五世孙给事中郑道张迁居湘

---

[1] 郑永禧:《衢县志》卷十一《族望志》。

潭，唐代有孝子郑崇义。据嘉庆《西安县志》载，县南五十里(实四十五里)清化寺左有郑崇义与原配朱氏合葬墓。

亭川郑氏，居龚家埠。郑平后裔宦游于歙县，唐元和间郑思浩任衢州刺史，又从歙县迁回信安。明洪武间郑用良迁居亭川。

信安陈氏，世居城西皂木巷，又称"皂木陈氏"。晋陈弘授峥嵘镇总管，封信安侯，遂家于衢。三子陈斯才居此。

柯山毛氏，晋毛璩之后。《名胜志》载，县南一里有毛璩墓。今已无可考，唯有毛家田铺的地名留存。衢州、江山的毛氏都是他的后代。

宛邱慎氏，晋元帝时东阳太守慎脩爱三衢山水之秀，遂占籍为衢人。至唐代德公迁居信安宛邱里。五代慎知礼、慎从吉有功于宋室，见《宋史》列传。

宝山祝氏，世居北乡上祝、下祝。晋永兴末年，祝銮由河南迁徽州。永嘉四年，迁信安之宝山。唐代大彻禅师就是其后裔。

济阳江氏，南梁江世源为护军将军驻扎衢州，遂家焉。原籍山阴，浙闽赣皖支派多出其后。宋江景房迁开化桂岩。今已式微。

唐韩愈作《徐偃王庙碑》云："衢州，故会稽太末也，民多姓徐氏。"唐五代时期，柴姓、王姓、余姓、吴姓等先后迁居衢州，郑氏、徐氏等也有多分支迁来。

孝义徐氏，一称"厚徐"，世居城西大功塘。唐刺史徐向之后。唐代有徐惠諲以孝义闻，故名。

官塘徐氏，自称"南州徐"，又作"忠壮徐"。五代徐练居东乡官塘，徐徽言即他的后裔。宋以后又从官塘徐氏分出石室徐氏、辉屏徐氏、堰川徐氏、芝溪徐氏、川坑徐氏、浮石徐氏、葱峰徐氏、上欧塘徐氏等，均为忠壮公徐徽言后裔。

崇义柴氏，旧居城西柴家巷。后周恭帝后裔柴叔夏封崇义公，就衢州景福院奉安，子孙家于衢。今子孙散居，只留柴家巷地名。

楼山王氏，一称"楼峰王氏"，世居全旺楼山后。五代王仁裕九世孙体崇迁居于此。

大俱余氏，世居西乡大俱源及上下余村。五代余势亮由开化隐居大俱源。衢州余姓多出其后，后分出南乡余家山下洲余氏、西乡唐公余氏、官庄坂余氏、破石余氏等。

紫薇吴氏，世居小南乡坑口。五代后唐吴祐为刺史，居衢。元末，避难紫薇里。

拱辰刘氏，世居北门新河街。南唐宣政使源一清公由歙县迁衢。北宋以前居菱塘紫金街。裔孙刘正夫，官居右相，封康国侯，谥文宪。

南街杨氏，世居城内金钟巷，民国时称"杨家地基"，即今杨家巷。唐杨向以功封信安侯，食采于此。五代时分支江山。宋末有善士杨复义舍田天宁寺，寺中立杨公祠。元季，杨以德从金钟巷分支南乡六都，称"六都杨氏"。明代六都杨氏出了一位针灸大师杨继洲。

清源舒氏，五代舒久视建清源观，因以乡名。其后子孙分支众多，难以详考。

谷口郑氏，世居西北乡。唐相郑珣瑜孙覃子后裔郑绰官浙东观察，子孙寓居柯山。后裔郑永由柯山迁谷口。相传，衢州郑氏分南北派，谷口为北郑。

两宋时期迁居衢州的世家就更多了。这一时期，"南楼北赵盛绝一时"。然而世事沧桑，如今南门楼氏"久已渺无可考"，而北门赵氏也已式微。特别是在两宋之交，"缙绅显宦"纷至沓来，衢城以徐、王、孔、叶为"著姓"。

南阳赵氏，又称"清献赵氏"，世居城北浮石街。赵抃祖父赵湘从绍兴迁至衢州，遂家焉。八世孙景文迁居兰溪，衢州一支式微。

南宗孔氏，缘于孔子第四十八世孙、衍圣公孔端友与从叔父孔传率近支族人扈跸南渡。

复圣颜氏，《祠堂记》云："复圣后裔扈跸南渡，与孔氏衍圣公并家于衢。"初居城内，后迁城北华垄。

石林叶氏，世居北乡峡口下叶。宋叶清臣曾孙有潮，寿昌人，为衢州签判。

方腊乱,寿昌被兵,迁居衢北下叶。

仁德叶氏,简称"仁叶",世居城东长竿街仁德坊。宋忠简公叶义问奉祠寓衢,因家于此,后嗣极繁。又分出南乡南塘叶氏、东乡仓里叶氏、麻车里叶氏、东埂叶氏等。

中河叶氏,简称"南叶",旧祠在南街,后迁中河。宋淳祐间叶顺理为提举,居城南棋坊巷,为南街叶。清乾隆年间祠堂迁中河沿。

显忠王氏,原在城北浮石街,后迁三桥显忠坊。宋御史中丞王珉扈跸南渡,赐家衢州。卒,赐祠以祀,额曰"显忠"。明代都御史王玑即其后裔。显忠坊又分出北乡峡口王氏、东乡戚家王氏。

西河徐氏,世居城西太平坊上营街。宋衢州太守徐大兴裔孙逢吉任衢州路大使,聚族居于西河。

上街吴氏,世居城东长竿林。南渡后,吴清之为衢州治中致仕,建祠峥嵘山麓。

珲塘吴氏,宋天章阁待制吴仁与子椿,南渡后来衢,居芦田。其后迁王车塘。

洺阳刘氏,世居城西南南赛巷口。《祠堂记》:"宋都统制刘钟随高宗南渡,侨寓衢州。孙刘光大授衢州路教授,占籍西安。"

龙图邵氏,原住菱湖,后迁北乡芦陵邵宅。邵知柔,南渡后以直龙图阁奉祠寓西安,结庐菱湖之东。子孙遂家焉。

中河詹氏,世居城南中河沿。始祖詹卜行,宋末由遂安东源迁衢。代有文士,常山、开化皆此分支。

沧州留氏,世居南乡大洲。宋留从效之侄昱来衢,原住城内峥嵘山麓,有留梦炎状元坊。后迁大洲镇东首。

园林朱氏,世居南乡园林村。朱熹第三子后裔朱照,宋末任衢州统领,娶径畈先生徐霖女,遂家于园林。《谱》云:"照父楫,为衢州判。"

棠荫吾氏,原为吾邱氏,一作吾丘。本汉吾邱寿王之后,去邱为吾。宋初吾渭守衢,遂家焉。长子渊,居西安;次子满,居开化。

元明清以后,伴随着人口迁徙,落户衢州城世族分支的就更多了。仅衢州徐姓就有城西灵顺坊下营街联豸徐氏[1]、五圣巷的南关徐氏、城南道贯巷的道贯徐氏、东乡方家叶的方家徐氏,等等。到了清中叶,衢城以龚、陈、周、濮阳为四大家。

蛟池龚氏,祠原在后街巷,后改建蛟池塘。宋氏南迁,谏议大夫龚河由四川青神迁居龙游。传十世,元末典史龚和由龙游迁居西安,留长子学箕于龙。至明,遂大发族。清初,以武举起家,为西安之巨室。

亭川龚氏,世居西门外龚家埠。始祖龚芸田,山东益都人。明永乐间行商于苏杭,转而之衢。见西门外隔江有土可居,遂家焉,号其地曰"龚家埠"。

仓前周氏,世居城北广盈仓前。始祖周谥,括苍人,被元代江浙行中书省平章事董搏霄辟为参谋军事,出任衢属官员。因括苍遭兵乱,与次子周佾寓居衢州,遂为西安人。

礼贤周氏,旧祠在大南门外礼贤街,后迁城南童家巷。始祖祯二公,九江人。至元年间提举浙江军营,居衢。

孝义周氏,世居城西水亭街北。始祖周斌,上元人,军籍。明宣德五年来衢。其孙女守贞不字,以孝义称。

盐官濮阳氏,世居城西皂木巷。始祖炳,乾隆年间由海宁迁衢。数代以来,已为著姓。

大校场陈氏,清道光间有陈廷桢,字介眉,家巨富,居城,为四大家之一。民国时已式微。

---

〔1〕淳熙年间,徐楠、徐杓兄弟登进士,俱为御史,故称"联豸",南渡后家于龙邱。其后裔徐彦祥于明初洪武年间入赘衢州,居灵顺坊。

万川陈氏,世居航埠万川村。宋代康十公居此。元陈嗣宗建祠。至今传三十余世。善溪、柘溪及北乡板桥均有分支。

化龙陈氏,始祖陈守亮,明末天启年间由义乌经商来衢。崇祯初年,卜居化龙巷。

讲舍陈氏,始祖陈承鸢,明季因流寇为祸徙居衢城讲舍街。道光八年(1828年),陈朴创修《宗谱》。西北顺碓边有分支。

第十章　衢州对外交通的变迁

衢州府，禹贡扬州之域，去北京四千六百四十里，去南京一千五百七十里。东至金华兰溪界一百二十二里，西至广信玉山界一百一十五里，南至处州遂昌界百四十里，北至严州建德界二百一十里，东南至处州遂昌界一百四十里，西南至福建浦城界一百六十里，东北至严州寿昌界九十里，西北至徽州婺源界一百九十里，至饶德兴界一百九十五里。西安附郭。

——天启《衢州府志》第一《舆地志·疆域》

第一节　唐代以前的水陆交通

先秦时期，越国都城会稽(今绍兴)在浙江境内有三条主干道与外界相通。一条由会稽向北至吴国都城姑苏(今苏州)，与吴国相通。一条向东至鄞、甬东(今宁波镇海、定海)。还有一条向西经诸暨至姑蔑、鸢干(即余干)，与楚国相通。往西的干道就经过衢州境内，是衢州境内最早的道路。据《史记正义》记载，春秋时，洪(今南昌)、饶(今鄱阳)等州为楚国东境，与越国相邻。据唐代杜佑的《通典》记载，余干即汉代的余汗县，是越王勾践强盛时越国的西部边界，而姑蔑是越国属地。这条古道贯穿浙江中部盆地，横穿衢州境域，是越国的后方路线。当时越国北与吴国为敌，而西与楚国相交，楚越之间，就由此路相通。

据记载，周敬王二年(即吴王僚九年，公元前518年)，楚国水师准备顺江而下攻打吴国。越国派遣大夫胥犴在豫章(今南昌)江畔慰劳楚平王。越公子仓促归国,楚平王乘船率水师跟从。这一时期正是楚越两国交往的蜜月期。楚国水师出长江攻打吴国,越使由此路经姑蔑下长江劳军。鲁哀公十三年(公元前482年),越王勾践伐吴,姑蔑的军队参战。姑蔑军亦走此路,助越伐吴。楚威王六年(公元前334年),楚国灭越,也离不开这条古道。从今天浙江省卫星遥感地图来看,沿着衢江溯江而上,在群山环抱之间,有一条狭长的小路通向江西。姑蔑先民正是充分利用了这一先天自然条件,开辟了这条与北方相通的交通要道。[1]

汉代由浙江去福建,除海路以外,要么走沿海的陆路,要么走春秋时开辟的吴越古道,也即后世的常(山)玉(山)古道。这条古道从钱唐(今杭州)经山阴(今绍兴)、诸暨到太末,再从今常山境进入今江西玉山境,再转入福建。从汉代起,一直到明代,这条古道大都如此,成为浙江中西部地区通向福建、两广地区的必经之路。西汉武帝时期,地处福建的闽越国叛乱,武帝曾先后三次分兵数路对闽越用兵,其中有两次就是经过这条古道出兵福建的。

建元六年(公元前135年),汉武帝派遣韩安国兵出会稽攻打闽越。当时,会稽郡郡治在吴县(今苏州),而执掌军事的会稽郡西部都尉治所却在钱唐。韩安国出兵,必走钱塘江水道或从钱唐取陆路经山阴、诸暨、太末入赣境,以截断闽越至南越的通道。

据《汉书·闽越王列传》记载,元鼎六年(公元前111年),汉武帝又派王温舒兵出梅岭(今江西广昌西)。又据《汉书·武帝纪》记载,这年秋天,东越王余善谋反,杀汉朝官吏。汉武帝派遣韩说、王温舒两人兵出会稽,楼船将军杨仆兵出豫章(今南昌),两路合击。从上述记载中可以看出,王温舒也兵出会稽。那《汉书·闽越王列传》为何又说"兵出梅岭"?其实,这非但不矛盾,反而恰

---

〔1〕 徐江都:《衢州古道纵横》,《历史文化研究》第5辑,第9—19页。

恰证明王温舒部从会稽出发,沿春秋吴越古道进入江西境,然后从赣东南进入闽西。这条道路的南段,亦即后世客家由赣入闽的路线。后来,汉武帝为了彻底消除后患,诏令大军将闽越举国迁往江淮内地。这些内迁的百姓,走的也应该是这条道路。

当时的常玉古道是衢州通往外界的交通要道,是联系闽越、南越地区的重要纽带。史书记载,当时的闽越国已拥有十分发达的冶铁技术,铁制农具、工具、兵器等已使用得相当广泛,普及生产和生活的各个方面。而且闽越国还有较为发达的建筑业、纺织业、造船业、制陶业和交通业。这些先进的技术和产品都通过这条古道或多或少地影响衢州地区的发展。[1]

唐代在完善运河网的基础上,又以长安为中心修筑驿道5万里,且每隔30里设一驿,配备驴马、人夫,使全国陆路交通更为方便快捷。据杜佑《通典》记载,当时,从长安出发东到河南开封(汴州)、商丘(宋州),西到陕西凤翔(岐州),道路两侧有不少旅店,酒菜十分丰盛。每家店都有驴提供给旅客乘坐,一下子就可以跑出数十里地,称为"驿驴"。南到湖北荆州、襄阳(襄州),北到太原、北京(范阳),西到四川、甘肃凉州(凉府),沿路都有旅店,供商旅住宿。当时社会安定,即使远到数千里,身上也不需要带着兵器。

由于唐代海外贸易的发展,唐王朝为加强与沿海各港口之间的联系,于开元十七年(729年)命张九龄开凿大庾岭路,开发岭南交通。自此,从广州经大庾岭、江西洪州(今南昌)、信州(今玉山),再经常山、衢州入浙,就成为一条水陆相兼的重要通道。同时,这条道路在信州与秦汉闽越古道相接,再从信州沿闽越古道越武夷山至建州(今建瓯)而达福州。据《贞观政要》记载,当时行旅从京师到岭南,从山东到广东沿海,一路上都不需要自带干粮,食宿全部在途中,一路上各地货物和运送的农夫连绵不断,这说明当时的道路交通甚为便

---

〔1〕《浙江古代道路交通史》,浙江古籍出版社,1992年,第166—168页。

捷。这条通道被唐王朝定为从长安至福州、广州的驿路干道,也是当时通往海上丝绸之路的最重要的商道。具体地说,这条路从长安经洛阳、汴州(今河南开封)、宋州(今河南商丘南)、泗州(今江苏盱眙)、楚州(今江苏清江境)、扬州,渡长江,经润州(今江苏镇江)、常州、苏州而至杭州,沿钱塘江出睦州(今江西建德)、衢州至信州(今江西上饶),再分别下福建和广东。这条路,衢州是必经之地,常玉古道是必由之途。

据《洛阳市交通志》记载,贞元十四年(798年),刘希昂自东京赴南诏(云南),就途经此道。元和四年(809年),散文家李翱赴岭南,也经过这里。李翱于正月中旬自京城出发,由东都洛阳下运河水道经河南、安徽、江苏、浙江、江西、广东等地,于同年六月上旬末到达广州,全程8 500里,历时175天,因李妻途中产女,在衢州耽搁45天,实际行程130天。对于这段经历,李翱写下了著名的《来南录》一文,这也是现存最早的中文日记。李翱在《来南录》中记道,三月初八,一行来到上杨盈川亭(龙游境)。次日,到衢州,住在开元佛寺临江亭后,一直住到十五日。二十二日,李妻在衢州产下一女。四月十五日,游览了烂柯山,并夜宿石桥寺。二十五日,离开衢州。二十七日自常山上信安岭,到达玉山。……从杭州至常山,水路共695里,全程沿钱塘江逆流而上,多急流险滩,以绳索拉纤才可上行。从常山至玉山,共计陆路80里。[1]

当时,浙江的丝绸、江西的瓷器等货物,一是经此路由运河运京都上贡,或远销北方各地;二是经此路运至广州出海,远销欧亚。而广州及海外进口的物资,除海运外,亦经此水陆通道输送。此路浙江段的最大价值在于,除常山至玉山八十里是陆路,其余还可走水路。唐代中后期,经济中心开始南移,所以从长安、洛阳经江南到广州、福建的道路就成为最重要的驿道,而衢州就是这

---

[1] 李翱:《李文公集》卷十八《来南录》。

条繁忙商路上的一个重要枢纽。[1]

第二节 仙霞古道的开辟与常玉古道的改道

仙霞古道,位于今衢州江山市虎山街道烟笋洞至廿八都镇,又称江浦驿道、浙闽官道,是京(城)福(州)驿道关键的一段古道,素有"浙闽咽喉""东南锁钥"之称。古道自东向南穿越仙霞山脉,处浙闽赣三省交界,北起江山市大南门,南至福建浦城县观前,纵穿清湖、石门、廿八都等八个乡(镇),全长120.50公里,宽2—3米。其中,江山市境内(至枫岭关止)75公里,福建省浦城县境内45.5公里。古道沿线有64处文物点,江山境内即有60处,其中石刻4处、古遗址14处、古墓葬1处、古建筑39处、古窑址2处。仙霞古道的起源一般认为起于唐乾符五年(878年)黄巢入闽;也有一说起于汉建元三年(公元前138年),武帝发兵攻闽越,经陆路越仙霞岭入闽,拓建于黄巢义军。[2]宋乾道八年(1172年),史浩入闽,"募人以石瓮路,自是镌除铲削,旧时险厄,稍就宽平",至今已有两千多年的历史。仙霞古道自开辟以后,便是兵家必争之地,也是浙闽陆上货物来往的重要运输线。[3]

对于仙霞古道的起源,学界众说纷纭,但对于南宋以后这条路的发展却是毫无疑问的。据清代顾祖禹《读史方舆纪要》记载,南宋绍兴年间,史浩任福州知州经过仙霞岭,雇人用石条平整路面,将险要之处铲平,将狭窄之处拓宽。但据《宋史·孝宗纪》记载,乾道八年(1172年)十一月,以太子少傅的高级荣誉头衔出任福州知州的史浩升为从一品开府仪同三司。那么,修整仙霞岭路

〔1〕 徐江都:《衢州古道纵横》,《历史文化研究》第5辑,第13—17页。

〔2〕 关于仙霞古道的始建,一般认为唐末黄巢义军开辟,但学界不同看法很多。罗德胤先生甚至认为黄巢开山入闽也有疑问,可能是从丽水龙泉入闽的。参见罗德胤:《仙霞古道》,生活·读书·新知三联书店,2013年,第230—231页。浙江省文物部门则支持起源于汉武帝伐闽一说。今俱录之。

〔3〕 浙江省文物局编:《浙江省第三次全国文物普查新发现丛书·古遗址》下,浙江古籍出版社,2012年,第146页。

应该在乾道八年,这就与顾祖禹的记载有异,谁是谁非?

据《江山县志》记载,史浩,浙江鄞县人,乾道八年(1172年)知福州,过仙霞岭,雇用民夫修筑仙霞岭石阶路二十里,其中上岭磴道共360级,有二十四个弯道,使仙霞岭路不再险阻,成为一条畅通之路。20世纪80年代江山市重修仙霞关时,发现一方南宋砌路石碑,上刻"福建路建宁府都运判府检详侍郎姚谨捐俸资结砌此路"。建宁府,即今福建建瓯,绍兴三十二年(1162年)由建州升为府,可见修路应在绍兴三十二年前后。结合相关的记载可以这样认为,修砌仙霞岭路,当是南宋绍兴三十一年"降旨"开始动工,作为重要的政府工程,按照惯例沿路官员也要捐出俸禄以示支持,其中就有这位建宁府姚姓官员;至绍兴三十二年,估计尚未全部修好,因高宗退位,其后自然就成了半拉子工程。后来,史浩于乾道八年知福州,因他每年都要往返此路回京"述职",他又当过宋孝宗的老师,且以宰相身份出镇州军,故其门生故史再次纷纷"捐资"为其修路。顾祖禹将二者结合,故有前面似是而非的记载。

该路经修整后,由浙入闽的客商,自此不必绕道江西玉山、上饶,可直接从衢州水道经江山至清湖渡,舍舟登陆,取仙霞古道至福建浦城,复舍陆登舟,可以直达福州,甚至出海。自衢州西行经由信州(今江西上饶)入闽至建州,有700里之遥,经由江山仙霞岭入闽至建州,仅500里,因此来往客商多乐意走仙霞近道。淳熙二年(1175年),南宋哲学家、文学家金华人吕祖谦,三月二十一日从婺州(今金华)出发,入闽赴崇安会朱熹,就是经汤溪、龙游、衢州至江山,越仙霞岭而入闽的。仙霞岭石阶路的开辟是古代衢州道路交通史上的一件大事,此后通过衢州,浙闽的往来更为频繁,对推动两地经济贸易的发展和交流均有重要意义。

仙霞古道虽然开辟并投入使用,但一直到明晚期以前,常玉古道才是衢州对外交通最主要的干道。明初洪武二年(1369年)至嘉靖四十年(1561年),倭寇频繁入侵,明朝廷从洪武十六年始实行海禁,限制海外贸易,直至明隆庆六年（1572年）才开海禁，允许海外贸易。所以当时大宗的丝绸、瓷器、棉麻、茶叶等货物，都由钱塘江经常山、草坪转入江西，下信江水路至福州、广州出口，而海外及南方货物亦经此水道转输内地。

万历二十九年（1601年），刑部官员王临亨奉命前往广东，正月初四日从其家乡苏州乘驿出发，一路上昼行夜宿，舟、马、轿交替使用，历经南直隶、浙江、江西三地29个大小驿站（其中浙江境内13驿），于二月初二日抵达广东南雄，用时一个月还不到，走的就是此道。常山至玉山一段仅80里为陆路，两端都为水路，因此这一段陆运特别繁忙。明初，常山设置递运所，专门递运官家货物。光绪《常山县志》载《参政西安王畿记》云："常山两浙上游，水陆之会。江（赣）、闽、楚（湘）、粤、滇、黔、川蜀之运，上达京师，与夫自上而下者，无不道经于此。"草坪（常山境）及太平桥（玉山境）各立有"八省通衢要隘""两浙雄镇"牌坊。

又据弘治《衢州府志》卷一《疆域》记载，衢州府"陆路东自迎和门至龙游，经婺州至义乌，抵诸暨达绍兴。西自航远门（经）叶坂至常山。南自（礼贤）门□□山，过礼贤镇，入□□至信州。又自江山入镇安，至浦城，达建宁府。又一路自江山入□家都，经浦城之盆亭□，至界首与仙霞路合。北自永清门至寿昌，历桐庐、新城、富阳至临安。又自寿昌白沙至严州。东南自魁星门至灵山，由遂昌达处州。西南自礼贤、和丰二门南历常山、玉山，至信州。又自常山孔埠至开化，入饶之德兴。又自开化至严之遂安，及徽之婺源、祁门。本府到京一千三百五十里达应天府，四千一百四十里达顺天府"。可见在明代相当长一段时期内，常玉古道、仙霞古道是并行的，但以常玉古道为主。

明天启三年（1623年），情况又发生了变化。据《浦城县志》载，是年，因为福建布政使葛寅亮的建议，关闭崇安分水关，议开浦城小关（今庙湾），从此经浦城的官差剧增。清顺治八年（1651年），闽浙总督驻衢州，将自衢入闽的道路由原来的常山至玉山一路，改取道江山，经仙霞岭路至浦城。至此，由浙入闽以官方明文改为从仙霞岭路而入，仙霞岭路遂成为京城至福州的官马南路——

福州官路的一段。顺治十二年（1655年），又将原设在常山的广济渡水马驿，迁置江山县城南十五里之清湖。自此，由浙入闽，皆自清湖渡登陆入仙霞古道；由闽入浙，自清湖渡舍陆而舟。清湖遂成浙闽交通线上的水陆要会。随着福州、泉州口岸的开放，仙霞古道遂成为连接海上丝绸之路的纽带，使衢州成为"八省（赣、闽、粤、桂、滇、黔、蜀、湘）通衢重镇"。[1]

第三节　水　路　交　通

衢州的经济发展最初也离不开水运。一直到1928年以前，江西、福建乃至两广的大宗货物，特别是桐油、陶瓷等物品，都通过水运销往杭州、宁波，乃至国外；浙江的盐等商品也通过水运销往江西等地。

衢州水路的主线一直是与陆路并行的，从唐代开始已成为重要的国家干道的一部分。唐代李翱《来南录》记载："自杭至常山六百九十三里，溯流多惊滩，以竹索引船乃可上。"这条水道一直沿用至清代。明末清初黄宗羲曾在《匡庐游录》中记录他所经历的衢州水路行程，当时江湖牵船，大船或用数十人共牵一索，而衢州水路的滩船则是一人一索，多人则多索。

关于衢州的水路，弘治《衢州府志》是这样记载的：

> 水路，一溪自开化舟行至孔埠，入常山，由招贤抵湖赭。一溪自江山清湖渡舟行过县吉溪，至大丘渡，与开化溪合，号双溪口。西流过城下，名西溪，转北至浮石，复东流至东碛，与东溪合。按旧经，名信安溪。过安仁，抵龙游，至兰溪，由严州桐庐富阳达浙江。

这里提到两条水路，一路走常山港，与常玉古道合，这是明代以前的主干道，到

清代也一直沿用;一条走江山港,与仙霞古道合,清代以后至民国成为入闽主干道,一直到省际公路大发展而水路衰落。

常山港,衢江之北源。源出开化县北马金岭南麓,名"马金溪",亦名"金溪",南下纳白沙溪,折东南行入常山县境,名"常山港",东流入衢州城边,与江山港合,即衢江。

江山港,即今之须江,为江山主流,发源于仙霞山脉腹地浙闽交界之苏州岭,境内流长105公里,自源头廿七都始,至清湖码头,航道约75公里,皆可流放木排、竹筏;自清湖码头沿江而下,直通衢江,皆可通行木船甚至帆船。

江山重要乡(集)镇大都在须江两岸,失地农民无固定职业,只好以撑船放排或为船行、货栈搬运货物,以"挑浦城担"为生。脚夫从清湖经仙霞岭将货物挑至浦城,俗称"挑浦城担"。船民撑船放排,长年累月都生活在外地,为谋安全自保、不受欺侮,往往结伙成帮,一人有难,同伙相帮。江山人素行侠仗义,好打抱不平,因此在船帮中,江山船帮名气很响。当时,钱塘江上所有船户,大抵可分四帮,以江山帮为第一,其次是义乌帮,再次是徽州帮,最后是桐严帮。[1]清末,江山农民起义首领刘嘉福原计划夺取衢州后,用舟船千艘,"直趋杭州",利用的就是江山船帮。江山船帮专以载运货物为业,虽亦顺水载客,却从不"饰女侍寝",与那些花舫妓船绝不相同。船帮中之妇女,多从事体力劳动,或帮篙助桨,或洗衣煮饭。近代衢州学者徐应璩在《两浙史事丛稿》称赞说,江山妇女,多从事耕织,或持篙打桨,堪称劳动模范,轻歌妙舞,"绝非其所长也"。民国初,江山清湖镇商业"繁盛于全县",大批到福建的客商都在此舍舟登陆,到浙江的客商则在此舍陆而登舟。当时,清湖镇有大小船只300余条,竹筏100余号,运载闽北的笋干、米仁、香菇和江西的烟叶、茶叶及入闽的食盐、布匹、绸

---

〔1〕徐江都:《"江山船"名因考》,衢州历史文化研究会编:《历史文化研究》第4辑(内部资料),第1—6页。

缎、南货等,然后由挑夫运往闽赣各地。

明清时期钱塘江上特有的一种花舫妓船"茭白船",也叫"江山船",又称"九姓渔船"。这种江山船与江山船帮是两回事,前者是一种花舫妓船,后者是往来钱塘江上运输的船帮。也许正是因为江山人在钱塘江上的势力大,这些花船才会假借江山船帮的名义,近代以来不少人也因此以讹传讹将二者混为一谈。[1]

为方便来往官商,以及邮传,历代设置了不少驿站。元置驿提领,明初改驿丞,掌管传邮迎送之事。宋绍兴十七年(1147年),知州张嵊于光远门(大南门)外一里,设上航驿,为水驿,又名"和风驿"。另设信安马驿,原址在洪山坝,后迁至朝京埠,专供官吏和往来差役使用。明弘治八年(1495年)信安驿并入上航驿,为水马驿。至清代,上航驿"有馆、有堂、有廊、有门,门前有亭楼",驿左还有驿丞宅。乾隆二十一年(1756年),上航驿裁撤,驿务归西安县。

宋代各县还有开化金溪驿、双溪驿、常山金川驿、草萍驿、龙游熙宁驿等。

元代衢州境内主要驿站有:衢州城站,水马站和步站,有马60匹,船17只,递运夫120名;龙游站,水马站,马60匹,船11只;常山站,水马站,马60匹,船27只;常山新站,马站,元末废;金川站,水步站,元末废;草萍站,马站,马60匹(常山、玉山各30匹),元末废。

明代衢州府有7驿:西安县上航埠头水马驿;龙游县亭步水马驿(又縠波驿)、龙丘驿、熙宁驿;常山县广济渡水马驿(即金川驿)、新站马驿、草萍驿等。据明弘治《衢州府志》载:"广济渡水马驿在(常山)县北东九十步。按旧志,名水步站即金川驿,元末毁。洪武元年开设,九年主簿吕兀亨因改址重建驿舍,置□伍步,夫五十,续增水步馆大共二百一十。弘治九年,□站驿亭增入马□匹,夫一百五十。"

---

〔1〕《关于"江山船"》《江山留胜迹》,《江山市政协文史资料》第13辑,中国戏剧出版社,1999年,第190—194页。

据雍正《浙江通志》载：衢州府6驿，西安县驿，纤夫234名，兜夫79名；上航埠头驿，驿承1员，水夫60名，站船5只，船头艄手15名，驿皂隶2名；龙游县驿，纤夫197名，兜夫36名；龙游亭步驿，水夫40名，站船1只，船头水手3名，驿皂隶2名；常山县驿，纤夫35名；（江山县）广济水马驿，驿承1员，水夫354名。[1]

清初由于仙霞古道的大兴，顺治十二年（1655年），原设于常山东门外的广渡水马驿迁至江山县城；康熙二十五年（1686年）再迁于江山清湖镇。"初置巡司，兼管广济水马驿事宜。后设驿承清湖巡检事由驿承代管之。"[2]

据民国郑永禧《衢县志》载，为了便于官商出行，衢州近城外设了不少的埠头：

青龙码头，城东北3里，有青龙亭。过去官员上任从此处登陆上岸进东门，图吉利。

浮石埠，在浮石渡，与航头街隔河相对，距城不足5里，可直抵北门浮石街。

德平埠，在城西北德坪坝下，俗名"黄泥墈底"。与亭川埠隔河相对，横联朝京埠，原为渡船埠，后设通和浮桥与衢江西岸相连。

朝京埠，俗称"新码头"，在朝京门（大西门）外。原通和浮桥设于此，后下移至德平埠。

中码头，即中埠头，又称"龚家埠头""龚码头"，通常山陆路大道。明代，衢城浮桥设于此。乾隆年间，浮桥后移，由龚姓人家创建义渡，以利行人；又捐给渡夫租谷，并修筑码头，故以龚姓命名。货船上下，多停泊于此。

盐码头，为西城外第一埠头，原为盐商捐款修筑。由于滩水急，船不便停泊，于是更筑平基，与中埠相连。

常山码头，西北外左转数十步，迫近城隅，为常山县来船停靠之所。但由于码头坡度陡峭，行李上下艰难。

---

〔1〕浙江省地方志编纂委员会编：雍正《浙江通志》卷五，中华书局，2001年，第2101—2103页。
〔2〕孙文良、董守义主编：《清史稿辞典》下"清湖镇"条，山东教育出版社，2008年，第1796页。

杀狗埠头，在常山码头稍上数十步，也是常山船寄泊之所。本名"杀耿码头"，相传三藩之乱耿精忠在衢被俘，就戮于此。以讹传讹，"杀耿"变成了"杀狗"。考耿精忠被俘后解押至北京，不可能在衢州被杀，传闻不足采，但是早年这里常被用于行刑。

柴埠头，在城西南沿河洪山坝的上首，接近双港口，多为江山船停泊之处。柴氏为江山大宗，故名。后建有四喜亭。

第四节　公路、铁路及航空的兴起

衢州地处浙江、安徽、福建、江西四省边界地区，由于境内多山，曲折的山间小路束缚了衢州的发展。1928年，国民党从形式上基本统一全国，浙江局势安定，衢州的省际交通建设被提上了议事日程。早期公路建设，与官商汽车公司的成立密不可分，往往是由汽车公司集资兴建公路，并负责公路的经营和养护。

1928年春，常(山)玉(山)汽车路股份有限公司成立，这也是浙江省最早的商营汽车公司之一。同年5月集资20余万银元开始兴建常玉公路，11月正式通车，全程45公里，为浙赣间第一条省际公路。当时常玉汽车公司拥有各类客货车38辆，日营业额1 000银元以上，年运量折合粮食达15万担。

1930年10月，江山、衢县及江西广丰士绅建立官商合营汽车公司，集资兴建衢江广公路。是年冬季动工，先通江山至路亭山，后通衢州至江山，1933年6月全线通车。1931年，衢兰商营汽车公司成立。同年7月，开工兴建衢兰(溪)公路，至1932年8月竣工通车，全长71公里，衢州打通了经杭州北上的公路线。1933年12月底，江(山)浦(浦城)公路通车，衢州打通了通往福建的道路。至1937年3月，又相继修通了开化华埠至江西婺源、遂安至开化两条公路，均为省营。至此，以衢州为中心的公路网络已初步形成，辐射营运里程497.64公里。当时各线均以货运为主，客运为辅，运输甚为兴旺。

衢州地处闽浙赣皖四省交界之地，历代以来民间边界贸易频繁。1929年前，浙赣贸易鼎盛时期，双方船户数千，手车3 000辆，挑夫5 000余人。每年经衢州、常山运往江西食盐20万担、绸布65 700匹，药材、海货、干果89 600担，价值319万元。江西产品经衢州运销各地的有纸张285 000块，瓷器20万件，夏布3万筒，油料、茶叶、烟叶、牛皮等10.08万担，价值779万元。此外安徽生漆、雪梨，湖南湘莲、夏布，湖北石膏等也由此路至衢州出埠外销。1928—1933年，常玉、衢常、衢江广、江浦公路及杭江铁路先后通车，物资运输转为公路、铁路为主，大范围的物资交流减少，而闽浙赣皖接壤地区间的边界贸易仍很活跃。1931—1932年，中共赣东北省委曾派员到开化开辟贸易通道，利用私商推销毛皮，采购西药、文具、红硝，发动群众运盐，旺日多达万余斤。抗战期间，浙赣铁路不通，公路水运复兴。其时浙江省供销合作社曾以4万担浙盐向江西换回8万担大米，解决浙东地区民众缺粮困难。[1]

杭江铁路是浙江省政府自行筹款修建的从萧山西兴江边至江西玉山的铁路干线，是今浙赣铁路的前身。[2]1929年，铁路开始前期勘测，次年正式开工，1932年3月杭江铁路杭州至兰溪段竣工。杭江线乃商办铁路，为解决经费不足，工程方面采取"先求其通，后求其备"的修建原则。线路一经铺轨，立即投入运营，并开办联运。同时，发行"浙江省建设公债"，用于继续修建。这时官僚资本中国银行团插手贷款，并向中英"庚子赔款"董事会借款，用于自国外购料。同年11月，兰溪—衢州—玉山段开始动工，至1933年11月杭江铁路全线修通，线路长334.5公里。首列火车于16日从杭州开出，经龙游、衢州、江山到达江西玉山。

1934年，杭江铁路正式通车营业，中国银行团以主要债权人身份与铁道部

---

〔1〕邵子千：《衢州公路与运输变迁》《衢州交通之最》，《通衢》，中国戏剧出版社，2000年版，第84、267—268页。

〔2〕陆晨阳：《浙江铁路，百年盘点》，《都市快报》，2006年10月17日。

和浙江、江西两省联合组建浙赣铁路联合公司,决定将杭江铁路展筑至萍乡与株萍铁路(湖南株洲—江西萍乡)接轨。杭江铁路遂改称浙赣铁路,浙赣铁路局成立。1934年德国财团华尔夫公司参加"合作",以材料借款的形式为浙赣铁路提供资金。这样中国银行团便以银行团代表人和德国财团代理人的双重身份,控制了这条铁路。

1937年日军先后轰炸金华站、衢县站、杭州城站,炸毁火车、站房若干,铁路职工死伤惨重。同年钱塘江大桥建成通车,为阻止日军南下自行炸毁,实际使用不足3个月。1939年,日本侵略者在上海成立"华中铁道株式会社",管辖沪杭线及浙赣线东段。1940年,浙赣铁路局在玉山建立"浙赣铁路抗战殉职员工纪念碑"。因战争,浙赣铁路局辗转先后迁移至湖南、福建、广西和重庆。1942年,浙赣铁路全线沦陷,损坏严重。1948年,浙赣铁路杭州至株洲段全线恢复通车,全程956公里,56小时可到达。[1]

从1933年开始,衢州的航空事业开始起步。衢州机场是抗战时期一个著名的军用机场,四修四毁,在抗战史上也是不多见的。

1933年,衢州机场在城东南雄鸡坂开始动工建设,规划面积为400米见方(即400米×400米),其后又奉令扩为500米见方。1934年春,再奉令扩为800米见方。整个机场南临浙赣铁路干线;西及下洪桥;北逾东郭,包水泥桥及叶家碓;东圈白茅田铺诸小村,抵龙山屋基、七里街。由于工程浩大,经费紧张,施工时作时停,历时3年至全面抗战爆发前仍未竣工。[2]

1937年11月,杭州笕桥机场被日军侵占,衢州机场成为东南重心,中国机队以此为根据地,大批官兵不期而至,汽油机件堆积如山。由于机场欠坚实而不堪使用,于是赶筑跑道,掘地5尺,基层用巨石、中层用卵石、上层用碎石,再

---

〔1〕 李占才主编:《中国铁路史(1876—1949)》,汕头大学出版社,1994年,第204—209页。

〔2〕 衢州市志编纂委员会编:《衢州市志》,第922—923页。

覆以沙土。施工期间，日军飞机常一日数至。1938年1月，又奉令于机场东北、西南两角增筑滑道，各长200米，宽70米。4月，奉令再征民地，两角宽度也须200米见方，使机场西及通仙门（即东门），东及演武厅，七里街全村拆迁，衢兰公路向北移500米，直至马布桥头，至7月辟成。1939年2月，日军有南渡钱塘江沿浙赣线西犯之势，衢州奉令破坏机场，征民夫7 600人，密布地雷，纵横掘沟，使敌人不能利用。这是衢州机场第一次赶修与被毁。

1940年1月，日军进犯受阻，又修复衢州机场，征用民工15 000人。4月，日军西犯，修筑计划尚未全部实施而破坏又复开始。这是衢州机场第二次修复与被毁。

1941年12月，太平洋战争爆发，国民党第三战区司令长官顾祝同又下令扩建衢州机场，要求能够容纳50架美国重型轰炸机起降。衢、严、金、处四区所属14县几十万群众冒着雨雪和日机轰炸的危险，从遂安、缙云、松阳等县运来直径20厘米的大木360万根、竹子90万根作为机场扩建材料。1942年4月18日，美军16架B-25轰炸机轰炸日本东京，返航要在衢州机场降落，但因联络、气象等故，美机迷失方向，飞行员被迫跳伞，数人降落衢州境内，被群众救起。为了报复，5月中旬，日军开始沿浙赣线大举进犯。20日，国民政府86军军部在钱家山召开紧急会议，下令破坏衢州机场和城东铁路、公路，27日，奉令对衢州机场进行破坏。这是衢州机场第三次赶修与被毁。

同年6月6日，日寇进占衢州，机场沦入敌手。为利用机场，实现打通浙赣线的战略目的，日寇驱使数千中国民众搜掘地雷，填平壕堑，稍不如意即鞭抽刀劈，弃尸沟中，旬日之间，埋骨于机场者数以千计。经数日抢修，敌机即在机场降落，日停10架、数十架不等。8月下旬，日军在撤退前拉丁近万人彻底破坏机场。这是衢州机场第四次赶修与被毁。至中华人民共和国成立前夕，衢州机场已破败不堪，场面有破沟122条，房屋全毁。[1]

---

〔1〕汪振国：《衢州机场三修三毁》，浙江省文史研究馆编：《孤山拾零》，第11—12页。

第十一章　衢州周边市镇与城市商业的发展

> 信安之境，南际瓯闽，北抵歙睦。群山横亘，地□独高。重冈□岭，行者弗便。唯常山路且径，诸邑之水会城下而东，利于行楫。故江、湖、闽、广士夫与商贾之往来咸道此，以□□□焉。

> ——弘治《衢州府志》卷一《疆域》

第一节　宋代及此前衢州城周边聚落、市镇的形成与演变

聚落是由居住的自然环境、建筑实体和具有特定社会文化习俗的人所构成的有机整合体，是人类聚居在时间和空间上聚集与扩展的结果。传统聚落生成的过程，就是聚落的秩序化、区域化、符号化的过程。[1]聚落按照地理生态类型可以划分为平原型、山地型、河岸型及其他类型。

从现有资料来看，龙游青碓遗址可能就是一个较大的河岸型聚落遗址。"青碓人"充分利用自然环境的优势，在河流纵横之间的台地上建立了这样一个约30 000平方米的大遗址，利用台地周围的河流作为天然的屏障，同时这些河水也是部落居民饮用与灌溉的重要水源。这类聚落的主要特点是水源充足，土地肥美，容易形成较大的村落，是优选的人类生产、栖息的地方，村落分布一般是条带状的。可惜我们对青碓遗址的发掘还刚刚起步，许多问题有待今后

---

[1] 孙敬宇主编：《小城镇街道与广场设计指南》，天津大学出版社，2015年，第3—4页。

大规模的发掘之后才可能找到答案。

通过对境内先秦两汉时期文化遗址遗存的梳理,可以明显地看出大末(太末)县境内的聚落分布以衢江为界,分成南北两大块。

衢江南片,可以分成三个区域:一是大抵以龙丘山(今金华九峰山,明成化年间以前属于龙游之地)为核心的金华江与衢江交汇的三角形冲积扇平原,包括金华汤溪、厚大一带的古墓群。二是罗家溪流域和灵山江流域地区,大抵以姑蔑古城为核心,包括龙游县横路祝村东汉窑址群、姑蔑遗址,等等。特别是横路祝村,曾发现11座龙窑遗址。陶瓷窑业的发展是人口与聚落发展的重要标志。三是常山港、江山港交汇处至乌溪江、罗樟源下游地区,大抵以新安县城为核心。

衢江北片,因千里岗山脉天然阻隔,这里的聚落是沿着各大支流南北发展的。从东往西主要有:游埠溪流域,上游诸葛镇曾出土东汉凤凰纹错金银铜弩机和箭头;芝溪(上方源)流域,曾采集到错银铜弩机;杜泽江—云溪流域,定阳古城就在这里;庙源溪—大头源—常山港流域,万田乡境内是当时一个重要的聚落所在地,先后出土双鱼洗、釜、盆、三足盘等4件汉代铜器,东汉建安二十四年(219年)铭文神兽镜等3件汉代铜镜。北片相对南片来说,聚落不是那么密集。

六朝时期,衢州地区的聚落主要集中在以下几个地方:

常山港和江山港汇合处,这里是新安(信安)县治所在。六朝时期,信安县的寺院比太末县多,说明这里的聚落发展得更快一些。今城南双港街道黄头街村曾是殷浩流放信安时送别外甥韩伯的地方。落马桥,相传殷浩死后人们建将军殿(今七里凉亭)祭祀之,并在古驿道桥前立碑,规定文武官员经过此桥都必须下(落)马,故有此地名。塘里坞源东西两侧的马博吴、马博祝(今属廿里镇),相传是征虏将军郑平镇守峥嵘山时的练兵驯马场。在柯城区汪村乡、华墅乡等地都有六朝墓发现。信安县已经取代太末县,逐渐发展成为金衢盆地西部的政治军事中心。

衢江北岸上方源流域、杜泽江—云溪流域、庙源溪—大头源流域都有六朝遗物出土。聚落分布比较密集靠近信安的大头源和云溪等流域,这些聚落大多沿着诸支流南北发展,又有沿着衢江东西向带状发展的特点。这里也是定阳古城的所在地。

总体说来,这一时期衢州山区、丘陵间相对平坦可供开发的空间还很大。深山区域里也有不少逃避赋税者。据记载,东晋时太末县深山中有数百家,"特险为阻,前后守宰莫能平"。江逌任太末县令,"召其魁帅,厚加抚接,谕以祸福,旬月之间,襁负而至",不再住在深山中。江逌也由此受到朝廷嘉奖,"州檄为治中,转别驾",升迁任吴县县令。[1]

到了唐代,伴随着衢州州城地位的确立,衢城周边的聚落也有了很大的发展。特别是沿着航埠至汪村常山港沿岸一带,分布着众多的石塘采石场遗址,时间跨度可以一直延续到清代。这些采石场开采的红砂岩条石、块石,是构建衢州城的重要材料,也是当地民间建房的基础用石。同样在这个周边地区,分布了众多青瓷窑址,包括位于沟溪乡的上叶窑址、航埠镇常山港对岸孙家村的孙家山窑址,以及航埠至沟溪绵延5公里范围内的航埠窑址群,等等。

在宋代,大量作为农村经济中心和城乡市场结合体的乡村草市和集镇的广泛兴起,无疑是有特殊意义的。这些市镇在很大程度上改变了以往由州县城市一统天下的城市发展格局,有力推地动了农村市场的发育和发展。不少集镇越来越体现出一种城市化的倾向,而不少草市则成为介乎城市和农村之间的混合体。

据《宋会要·食货志》记载,北宋熙宁十年(1077年),今浙江地区11个州共设置税务(场)的集镇和草市35处。而衢州的草市镇这一年共收税金

---

[1]《晋书》列传第五十三《江逌传》。

1 543.844贯,其中南银场215.626贯,白革湖镇(今龙游湖镇)469.276贯,礼宾镇(今江山礼贤)785.276贯,安仁场(今属衢江区)73.666贯。可见当时这些草市镇都具有一定实力,特别是位于交通要道上的白革湖镇和礼宾镇。

宋室南迁以后,江南经济迅速发展,浙江地区草市镇的数量大幅度增加,如绍兴达到了50多处,衢州也有不同程度的增加。据著名学者傅宗文先生《宋代草市镇研究·名录》中的统计,宋代衢州的镇主要有四个,即安仁(今属衢江区)、白革湖、礼宾、孔埠(今属开化);主要的草市(含村坊)有十八里(今廿里)、后溪、招贤、小龙游(今龙游小南海)、盈川(今属高家)、顺溪、平坦、白肚(今白渡)、江下、峡口(今属江山)、蒋连、张家店等18处。从分布上来看,这些草市镇主要分布在交通要道上,特别是衢江沿岸。把衢州的数据与当时浙江其他地区进行比较,应该说傅先生的统计还不够完善,当时的衢州草市镇实际应远不止这些。[1]

宋人周必大在《文忠集·归庐陵日记》中记载,孝宗(1163—1189年在位)初年,他由婺州、衢州赴福建,途中旅店颇多。宋末元初人刘辰翁在所著《须溪集·送人入燕序》中回忆南宋末年时他由吉州(今江西吉安)经衢州到都城杭州所见的情景。当时衢州到上饶路上,时不时就能看见设施齐备的旅店,根本不用担心刮风下雨,随时可以歇车系马休息,大的集市中还有多家青楼妓院,"依门成市",沿途行者如织。通过这些记载,我们可以想见当时繁华的情景。[2]

第二节　明清衢州城市与市镇、会馆分布

明清时期,衢州及各县城和主要集镇均有商市,开市之日除当地坐贾(指

---

〔1〕傅宗文:《宋代草市镇研究》,福建人民出版社,1989年。
〔2〕陈国灿、奚建华:《浙江古代城镇史》,第158、175、178页。

有固定营业场所开店的经销商）外，尚有各地商贩及农民来赶集。据嘉靖《衢州府志》载，当时衢州府共有街市37处，凡交通要道及水运码头均为商旅聚集之区。万历年间，江山县城和清湖、坛石、峡口、凤林设有定期的墟日，一些集镇还有一年一度或数度的庙会集市。清代衢州各县共有集市38处，较为著名的有西安县的樟树潭、高家、杜泽、大洲、上方，江山县的贺村、峡口、清湖、凤林，龙游县的灵山、湖镇、溪口，常山县的球川、白石、芳村，开化县的华埠、马金等集市。以清湖古镇为例，清顾祖禹《读史方舆纪要》云："清湖镇为闽浙要会，闽行者自此舍舟而陆，浙行者自此舍陆而舟矣。"清代，这个镇上有钱庄10余家之多，有转塘行10多家，有船300余艘，竹筏100余号，有轿行3家，轿33杠。清湖从一个小村，发展成为一个大镇，可见，其不仅仅是一个交通运输上的要冲，而且也成为一个商品贸易、集散市场。

明代王世懋《闽部疏》记载："凡福之丝绸、漳之纱绢、泉之蓝、福延之铁、福漳之橘、福兴之荔枝、泉漳之糖、顺昌之纸，无日不走分水岭及浦城小关，下吴越如流水。"分水岭，即福建崇安武夷山分水关，由闽经江西信州、玉山转常山入浙一路经此；小关，即福建浦城县盆亭乡之庙湾，由闽经江西二渡关、永丰（今广丰）下信江，或往西入鄱阳湖出长江，或经玉山往东转常山入浙。雍正《浙江通志》记载，"江西广信府七县俱分销常山县引盐"。当时浙产海盐行销四省，江西上饶地区七县食盐，均通过钱塘江、衢江、常山港水运至常山起岸，转陆路运至玉山县分销。明清时期，江西的大米、烟叶、药材、桐油、茶叶、瓷器、夏布乃至爆竹，以及福建、广东、广西、湖南的大批物资经江山、常山转运到浙江、江苏以及天津、北京等地销售。同时江苏、浙江、山东、河北的大批商品又从衢州、常山、江山分别由水路转运到江西、福建、两广及西南地区。当时的常玉古道上"山行十有九商贾，肩舆步担走不休"[1]。

---

[1] 徐江都：《衢州古道纵横》，《历史文化研究》第5辑，第16—18页。

对于衢州城周边的市镇,弘治《衢州府志》记载主要有8个:

> 上坦市在浮石乡,去县北二十里;五坪市在龙业乡,去县南一十里;沙埠市在龙业乡去,县南一十五里;云溪市在清源乡,去县北二十里;章戴市在清源乡,去县北三十里;莲华市在清源乡,去县北□十五里;安仁市在清平乡,去县东三十里;湖溜市在玉泉乡,去县北四十五里。

对于衢州城内商业性街市,弘治《衢州府志》记载也有8个,分为五街三市:

> 南市街即正德坊,东抵开明坊,西抵崇贤坊,可三百丈,广三丈;县西街即崇义坊,南抵武镇坊,可百余丈,广二丈余;水亭街在朝京门内,一直东抵崇善坊,可二百余丈,广三丈;长街即状元、招贤二坊,西抵通广门,可二百余丈,广三丈;下街即厚俗坊,北抵崇义坊,南抵仁德坊,可二百余丈,广三丈;南市在县一直大街;长街市在状元坊十字街;狮桥市在府学前一直大街。

明清以降,"徽商富甲江南"。徽商的足迹遍布天下,素有"无徽不成商,无徽不成镇"之称。衢州地处浙、闽、赣、皖之要冲,地理环境独特,资源条件丰富,自然成为徽商经营活动的重要辐射地区之一。晚明以后,众多徽商、闽商、宁绍商人云集衢州,自然需要活动场所,各种会馆应运而生。

徽州会馆,清代建筑,位于衢州市柯城区县学街。据嘉庆《西安县志》载,会馆称"徽因文公祠",又名"文公书院"。乾隆二十一年(1756年),由徽州商贾合建,乾隆六十年重建,光绪初大修新花厅三间,光绪二十三年(1897年)筹设小学校,解放前称皖江小学。中华人民共和国成立后是县政府和市政协办公用房,现为市文联用房,为省级重点文物保护单位。会馆坐北朝南,占地约612

平方米,呈纵长方形,其格局为三进三明堂,正厅用材粗大讲究,后进为高台建筑。最值得一提的是前厅天棚上的藻井,为传统的徽式建筑的代表作。

天妃,为宋时莆田林氏之女,卒后显应于海上,为海上女神,元至元间封天妃神号,清康熙间加封为天后,台湾、澎湖等地称为妈祖。天后一直为历代船工、海员、旅客、商人和渔民所祭祀。天妃宫既是古代海祭中心,也是古代船工及沿海地区商人聚会场所。衢城原本有两座天妃宫,今仅存天皇巷的一座。衢州天妃宫亦称"福建会馆",原有面积2 052.9平方米,现存665.3平方米,三进二明堂,有南北二台门,门券顶有石匾额"天妃宫"三字。前殿面阔五间,进深三间,二米高处布置为戏台,十一檩硬山顶前后无廊,梢间屋顶稍矮,另起两个小层顶,贴附于次间屋顶之侧,外表看去呈三个屋顶。前殿为院,院南北为厢房,二屋厢房为看戏的包厢。院内石板铺地,院中有甬道通往正殿,正殿中供奉天妃女神像。殿内斗拱、雀替、托脚等均采用雕花工艺,细碎繁缛,涂金描彩,明显为清代末期格调。该殿梁架上终年无蜘蛛丝网,实为一奇。衢州天妃宫现为省级重点文物保护单位,也是衢州市内表演传统戏剧的场所。城外大洲镇有新老两座天后宫,又称上下会馆;航埠镇河东、樟树潭镇也有天后宫。

在县西街通向江边有一条长长的小巷,名叫宁绍巷,这里是宁波绍兴商人在衢州的聚居地,原有宁绍会馆一座。据嘉庆《西安县志》记载,宁绍会馆,原在县西街柴家巷,乾隆四十五年(1780年)由宁绍众商共建,规模较大。中奉关帝(武财神);左为鲍叔祠,取其与管仲分金的典故;右为张忠烈公祠(张煌言祠),宁波人尊崇供奉。光绪十二年(1886年)重修。今仅存一座大照壁,在向人们述说过去的繁华。

万寿宫,即江西会馆。据嘉庆《西安县志》载,原在大功塘,祭祀东晋许真君。乾隆十一年,江西商人建。光绪二年,后进被毁,因此重修大殿,增筑玉皇阁。宣统二年(1910年),又拓充基址,别建豫章公所。城外航埠、大洲、上方等集镇均建有万寿宫。

第三节　民国以来的衢州市镇与城市商业发展

据民国郑永禧《衢县志》记载，晚清民国时期衢城周边的主要市镇有39个：

樟潭市，城东十五里，位于今铜山源与乌溪江合流之要冲。往来船只由此过，上源木材、纸张、蓝靛等山货均从此处经过，而以木材最为大宗。"故商业之繁盛为东乡冠。春冬之间，山客云集，尤形热闹。"

王家山市，又称"黄甲山市"。位于城东二十里，樟潭下五里。有商店数家，以船只装运纸货。

樟德市，即章戴埠，城东二十五里。分上下埠，相聚千余米。有纸行数家、小商店若干。杜泽源的纸货大多靠人力肩运至埠口装船。

安仁市，又称"安仁街"，城东三十里，是东南乡总汇的水码头，仅次于樟潭。"圣塘、兴福诸源纸货悉由此出埠，粮食亦多。"

横路市，城东三十里，是陆路通往全旺的要道，东南各村贸易的中点。"谷米杂粮均有贩运十里至安仁街出埠者。"

全旺市，城东四十五里，为东乡陆路一大市镇。"山源贸易，多经营纸业。"纸大多"由安仁出埠"。

高家市，城东四十里，也是一大市镇。原本在衢江之南，因水道"南徙绕出镇外"而位于江北里许。出产以米粮、白豆为大宗。"近洋村一带，多种萝卜，颇肥美，至冬切作细丝干之，贩运出售。"

盈川市，城东四十五里，与龙游交界，是北乡上方源纸货出埠装船之所。纸行在埠头设有三处堆场，存积纸货，"以备风雨不时"。附近粮食也多从此出埠。禁运时，稽查船也往往设于此。

沙埠市，城东南十五里。陆路通大洲，商店不多，"有官盐分销"。

大洲市，城东南三十里，小南乡第一市镇。"百货骈集，惜舟筏不通，悉以肩运。"南面上山、下山诸溪的纸货从这里下衢江。

五坪市,城南十里,位于石室沟边,"南出石室街,东往大洲"。仅有茶肆数家,无大市。前志将其列入市镇,郑永禧认为这里"昔盛而今衰"。

官碓市,城南十五里,位于五坪市上五里。可通小船。出产米粮,"多入城转运"。

石室市,城南二十里,又名"石室街",濒临东溪(乌溪江)。出产除谷米外,以石灰为大宗。衢城周边山溪的诸多纸坊造纸所用石灰原料都产于此处。

下石埠市,距石室街五里余。原本只是小埠,由于堰口改筑后,往来船只均停泊于此,商店"较石室街尤盛",民国时设有警察公所。

黄坛口市,城南三十里,为黄坛口、坑口诸源总汇之区。"因有大滩阻其下,船不能停泊,商务不盛。"货物以纸、柴、炭三项为大宗。

坑口市,城南四十里,距黄坛口市十里。属于濒河的小市场,以纸货为主。

溪口市,城南五十里。"陆路由草鞋岭进,水路由(小)湖南出。"虽然有水陆交通,但商市不盛,仅有日用食物而已。

岭头市,城南八十里。属山源市场,设有警所,货品有竹、木、纸、靛、柴、炭等。

洋口市,城南百里,西达江山、浦城,南通遂昌、龙游,水道可直通樟潭。船只往来,商业颇盛,旧设有盐哨缉私营。

桦埠市,又作"举埠",城南百里,为举村源的咽喉。这里居民较洋口稀少,但水道颇为便利,山货颇多。

降头庙市,城南百二十里,"为洋溪源、五坑门聚会适中之点"。由于与诸山溪都有一定距离,因此水道不便,但因为地处群山之间,"贸易群集于此,故商业亦颇发达,成一市场"。

前河市,城南三十里。濒临江山港,大南乡米谷杂粮均由此出埠,也出产柏油。相距一里有柏灵街,过去是通往江山的大道,清代设有营汛。旧志载柏灵市,不载前河市,体现了道路的变迁不同。

后溪市,即后溪街,城南四十五里,与江山交界。"无大商市,旅店居多,五方杂处",民国时期设有警所。

亭川市,城西一里,即龚家埠头,又称"亭川里"。西乡纸货由此出埠下衢江。民国六年(1917年),省立改良制靛厂曾设立于此。

航埠东西市,城西二十里。因河水分割,分河东、河西两埠。沿河是衢州传统的产橘区,每年入贡或贩运至苏杭等地的约有数十万担。民国初年因为霜冻大规模减产。路通常山,西乡的贸易集中于此,"尤不失为一大集镇"。

北淤市,城西三十里,距航埠十里。濒邻常山港,出产与航埠同,商务不盛。

五十都市,城西三十五里。旧名"叶坂",通常山要道。出产除谷米外,有油。出产林檎,一种番荔枝,"为全邑冠,胜于他产"。还出产陶器,可惜质地较粗,不能远销。

石梁市,城西二十里。"通寺桥源纸货往来,商业虽不大盛,然寻常日用之物悉取资于市。"市西十里小沟源"出炭甚富,多肩贩入城"。

沐尘市,城西北二十里。"寻常贸易,无大市面。"旧志有上坦市,距离三里,今已衰落。

源口市,城西北二十五里,位于大猴(今大侯)与缪源(今庙源)两源交汇口。靛、纸等山货多运至亭川埠下衢江,日用品"只供近销"。

云溪市,城北二十里,为衢州陆路赴杭州的必经之道。附近粮食有余,大多经此贩运。

章戴市,城北稍东二十里,旧志有载。但到了民国时期,由于"地稍偏僻,虽有支港,舟不能通,商务不能发达"。

莲花市,城北四十里。通往省城的要道,"人多杂处,旅店林立"。商业以粮食、油、蜡为大宗。附近有莲花寺,近代著名高僧弘一大师曾两次挂单于此。

外黄市,城北五十里。商市不盛,粮食贸易往往输出莲花市。

车唐市,城北二十里,陆路交通不便,商店数家,仅做"近村贸易"。

杜泽市,城北四十里,为北乡一大市镇。"百货骈集,通铜山、双桥两源,悉以肩贸。"春水涨时,可通筏;平时,纸货仍须肩运。

峡口市,城北五十里。通上方源总口,出产纸为大宗。沿村多种石榴,秋后贩运至杭州。旧志载有湖溜市,相传即峡口。郑永禧认为应在杜泽与峡口之间,因为水涨而被淹没,仅存地名。湖溜本作"胡留",因胡、留两姓而得名,嘉庆县志误加三点水旁。

玳堰市,城北七十五里,位于峡口通往上方的中间。一街分两市,分属两庄。出产多纸货,石炭(石灰石)出产丰富,年产数十万担。

上方市,城北八十里,毗邻寿昌、遂安两县。"商业亦云繁盛,出货纸为大宗",多宁绍、徽州商人,资本颇巨。虽有溪流由峡口绕莲花出盈川,但由于舟楫不能直达,"营业者尚以此少之"。

衢州古城布局类似棋盘,分东南西北四隅,四隅下属旧有24条街、125条巷,有"九楼八阁十三厅"之说。嘉庆《西安县志》称:"城内有隅,廓内有坊,直曰街,曲曰巷,以隅统坊,以街统巷。"仁德坊、百岁坊、美俗坊、衣锦坊等大部分地名沿用至今。当时,"西城水亭街,南城坊门街,十字街东县前街(今新桥街靠西端)、十字街西南市街(今南街),皆为繁盛之区。十字街南为上街,十字街北为下街,次之。至县西街与浮石街(今北门街),则又其次"。

1934年,政府进一步开辟街市,以上街、下街为主轴,十字街为中心,引进闽、赣、徽、宁、绍等地商铺,建成闹市区;辅以水亭街、坊门街、县前街、南街、县西街、浮石街等,形成商贸聚集中枢。邵永丰面饼店、仇开泰和仇德昌纸庄、汪同顺油行、晋兴酱园、锦泰沅布店、华丰银楼、叶泰兴纸号、叶震兴烟丝号、常玉汽车路股份有限公司等,老店翻新,新店时髦,新兴服务业竞相争雄,各种商品琳琅满目。城南大戏院更是锦上添花,为市民提供文化大餐。街市的进一步开辟使衢州焕然一新。

全面抗日战争期间,衢州城是军事重地,成为日军攻击的重要目标。自1937年9月开始,衢州连续8年遭到日军飞机狂轰滥炸。1940、1942年,日军两次在衢州实施细菌战,灭绝人性,疫情长达8年之久。1942、1944年,日军两度侵占衢州,烧杀抢掠,造成街道毁坏,房屋倒塌,工厂关闭,工人失业,物价暴涨,市场萧条,菌患缠身,民不聊生,致使衢州城瘫痪,几乎城已不城。抗战胜利后,民国浙江省政府颁布《城乡建筑办法》,衢县县政府开始整理城区。至1949年前共翻新街道7 993米。[1]经过整理,部分商贸区得以重建,衢州城略有恢复。

随着带有资本主义性质的手工业工场作坊和近代企业的涌现,加上商贸交流的不断发展,社会需求与之相适应的行业组织。在这种历史条件下,资本主义性质的同业公会相继在清末民国初出现并发展起来,20世纪初在中国各地普遍开始成立"商会"。清光绪二十八年(1902年),开化县华埠镇率先成立商会组织,开衢州商会的先河。光绪三十二年,衢城商会成立,选孔氏南宗世袭翰林院五经博士孔庆仪为总理。

商会成立后做过许多有益于社会的事。民国初年,主要由商会办理兵差,承受摊派。1927年,衢县、龙游县商会帮助北伐军解决军饷,支援龙汤战役。此外,还举办平粜,赈济灾荒,一度还兼有平衡物价的职能。[2]1928年,各县国民党党部插手商界,另组商民协会整理委员会(简称"商民协会")。次年夏,商民协会与商会合并,改称"商人统一委员会",后仍改为商会。1929年,各县商会开展抵制英、日货宣传。1931年春,开化县商会还曾秘密帮助江西中共组织和苏维埃政府采购西药、食盐、百货等紧缺商品。1920—1933年,衢县商会还开办商业学校。

---

〔1〕 中共浙江省委党史研究室、当代浙江研究所编:《当代浙江城市发展》上,当代中国出版社,2012年,第428页。

〔2〕《衢州商会史》,《衢州文史资料》第4辑,第1—7页。

在商会的推动下，全面抗战以前，衢州的商业十分兴旺。1933年，全区有牙行213家，资本额169.4万元。其中衢州城区92家，98.24万元；江山66家，26.33万元；龙游38家，35.44万元；常山11家，7.2万元；开化6家，2.19万元。1936年，全区有商店4 561家，其中衢县1 933家、江山1 121家、龙游501家、常山517家、开化489家。全面抗日战争爆发后，沪、杭、宁、绍一带商户迁来经商，衢州及各县商业盛兴一时。

1942、1944年，日军两次侵犯衢州，商业遭受惨重损失。1942年日军溃退时，衢州城区一次就被烧毁房屋8 228间，商街仅存几家店面。同年8月，日军侵扰开化华埠，全镇245家商号仅3家幸免于难。常山、江山、龙游亦遭日军洗劫，元气大伤。抗日战争胜利后，商业有所复苏。但由于国民党发动内战，通货膨胀，市场萧条。1948年，衢州城区商店减至335家，资本额9 518万元（金圆券）。[1]

衢州的对外贸易始于19世纪末期。茶叶为本市出口骨干商品，其出口始于清光绪三年（1877年）。民国《开化县志稿》有"箱茶由本县茶号复制，行销外洋"的记载。民国初，先后有茶叶、桐油、柏油、茶油、青油、香菇、土纸、纸伞、皮箱、莲子、乌岗炭等10余种商品，由私商收购后，运至杭、宁、沪、温、武汉等直接销售给洋行出口，行销英、美、日、苏和东南亚等地。抗战时，港口封锁，外销受阻，外贸停顿。抗战胜利后，桐油、茶叶、土纸等恢复出口，但产区受战事破坏，加之价格低迷，出口量远不及战前。

清末民初，衢州饮食服务业已相当兴盛，包括餐馆、旅馆、浴室、照相、理发、洗染等，均由个体经营，门类齐全。30年代中，随商业发展，饮食服务业日益兴旺。全面抗战时期，因日军侵扰，衢州商业备受摧残。1949年城内有饮食服务业店铺413家。

---

[1] 衢州市志编纂委员会编：《衢州市志》，第568、615、624、700、702、712、833页。

　　新中国成立前,城内声誉较高的菜馆有田福记、聚丰园等4家。徐兰记菜馆建于光绪二十八年(1902年),址在坊门街石狮巷。集贤楼菜馆,开设于1921年。以上2家于抗战时先后停业。当时城市还有大小菜馆10多家,点心店20多家。中华人民共和国成立前夕,衢城饮食业共有182家,其中菜馆10家,饭铺57家,面饼店27家,茶庄88家。

　　1929年,衢县首次成立旅馆业同业公会,会员14家。1935年发展到18家,从业人员82人。是年,礼贤街衢州旅馆扩大营业范围,新建三层楼面,内设浴室、茶点、菜肴,"堂班"吹唱,开展综合服务,惜于1942年被日军焚毁。至中华人民共和国成立前夕,衢城有旅馆9家,小宿店数十家。浴室,全面抗战前衢城有3家,其中2家由旅馆经营。当时,以礼贤街皖新浴室设备最好,座位最多,有4个等级的服务窗口。1940年发展到7家,其中5家由旅馆兼营。1949年新中国成立时,仅存2家。

　　照相以龙游开业最早,光绪三十年,县城祝家巷开设四美轩照相馆。1918年,衢城中河沿开设蓉镜轩照相馆。至中华人民共和国成立前夕,衢城共有照相馆5家,从业人员22人。

　　民国初年,以剃头匠走街串巷,上门理发为多,也有设备简陋的家户小店。全面抗战时期,衢城有名气的理发店有大光明、郑乾和、白玫瑰3家。中华人民共和国成立前夕,衢城理发网点有36家,从业人员101人。

　　旧时,衢州的花布曾行销一时。清末民初,染坊多以染布为主营。1947年,衢城有染坊18家,其中少数经营洗染烫业务。至1949年,市区有染坊17家,从业人员75人。[1]

〔1〕衢州市志编纂委员会编:《衢州市志》,第621—623页。

第十二章　衢州民间信仰与宗教、民俗

> 天地山川,六宗四望,秩祀之最古者。先王崇德报功,凡法施于民,或死勤王事、以劳定国及御大灾、捍大患者,制在祀典。……衢虽僻处偏陬,而象教之行由来久已。……旃檀香火,绵亘至今不绝。
>
> ——民国郑永禧《衢县志》卷四《坛庙、寺观》

第一节　庙宇与祠堂

庙宇介入民间岁时风俗,沟通了宗教文化与世俗文化。在旧的封建王朝体系下,中国的城市没有市民广场,庙宇提供了适合于不同民族、不同身份的城市市民接触、聚会、生存的共享空间。"崇德报功,莫大于立祠。"这是衢州府志中对官方立祠祭祀的总体评价。当时人们认为,"能捍灾御患以惠一方者,亦当庙食一方",庙祠是不可或缺的。这充分体现了当时民间信仰的功利性。明代衢州的民间信仰受官方的约束很大,特别是明代中后期弘治年间,受传统儒教思想的影响,对一些所谓"荒淫不经之祠"予以取缔。弘治和嘉靖、天启年间《衢州府志》的不同记载就是最好的证明。

弘治《衢州府志》记载,衢州府(含西安县)主要有8庙2祠:城隍庙、祭祀常遇春的开平忠武王庙、祭祀西楚霸王项羽的灵惠庙、祭祀陈弘的宁邦侯庙、祭祀周雄的周翊应侯庙、祭祀唐代张巡的景祐真君庙、祭祀龙王的回龙塘灵泽庙、祭祀萧王的广祐庙,以及徐偃王行祠、祭祀赵抃的清献公祠。

到了嘉靖年间，新增了大量祭祀衢州官员的祠堂，5 祠 1 庙：祭祀知府林有年的林公德惠祠、祭祀知府张江的张公遗爱祠、祭祀知府李遂的李公遗爱祠、祭祀知府杨准的杨公生祠（当时杨准尚在世，故立生祠）以及东岳庙。弘治《衢州府志》将城隍庙的相应记载单列出来，列于山川、社稷坛之后，各县祠庙之前；当时的衢州知府杨准与同知薛应元、通判张泽、推官任秀，"各捐俸"重新修庙。这个现象说明了当时社会对城隍信仰的重视。

到了天启年间，因为嘉靖、万历年间的战乱，对地方官员的祭祀范围进一步扩大，不少武官以及部分文官也列入其中。这一阶段新增 13 座祠堂以及西安县城隍庙 1 座。

新增知府等文职官祠堂 8 座：祭祀韩邦宪的常怀祠、祭祀饶泗的明德祠、祭祀林云的遗爱祠、祭祀张所望的生祠、祭祀洪纤若的生祠、祭祀李一阳的生祠、祭祀刘有源的生祠以及定志书院中的张元卿祠。

新增平矿寇等武事有功的祠堂 5 座：推官刘起宗祠督兵杀矿贼有大功，宜特立祠；通判张泽督兵杀矿贼有大功，旧有祠，今毁，宜特立祠；知事祝芹父子忠孝祠，史载二人"督兵杀矿贼，父子死难……祠附于周王庙，……邑人金榜等共议立祠，乞官给地"；俞公大有祠，（大有）督兵驱逐矿贼有功，宜特立祠；增刘都宪羽泉祠，公名畿，祠在浮石门内。

城隍庙是宋代沿袭下来的城市守护神之庙，各行政级别的城市都必建此庙。据康熙《西安县志》载，府城隍庙在府南面城，坐龟峰之首。宋绍兴年间建，也称"郡庙"，历乾道、淳熙，屡加修缮。淳祐十年（1250 年），衢州府城隍被加封为康济侯。元泰定，明洪武、弘治、嘉靖、崇祯，清康熙、乾隆、嘉庆、咸丰、同治、光绪年间都有增建、修葺。今城隍庙坐落在衢州城区新桥街 116 号，与衢州市博物馆仅一巷之隔，1996 年重修迎客，正门内供城隍，农历初一、十五有香客，现已成一个古玩集市，热闹非凡。

对于府城隍的来源，历史上有不同记载。郑永禧认为："按俗传，神姓李或曰唐代首为刺史者李祎也,疑即其人,但祎封信安郡王不当降封为侯。又曰神兼龙游县城隍,然龙邑为康姓非康济侯也,二说皆不足信。此庙原在醋坊巷县城隍庙址,宋绍兴间,移建州城隍庙于龟峰,县庙遂废。明隆庆五年始更新之。李与吕音同,其神是一是二、孰前孰后亦尚有疑问,姑仍旧说存之。"

县城隍庙,在县南五十步醋坊巷。建筑坐北朝南,分正殿三间,塑像,后殿三间,寝殿三间。相传神姓吕,名应徵,汉武帝时期人,夫人裴氏,先后封仁祐伯、积庆仁祐夫人。唐代设衢州,元代设衢州路,明代设衢州府,"以旧庙立祀",旧信安县城隍升格为府城隍,因此西安县长期无县城隍的专庙,明隆庆五年(1571年),西安县令梁问孟"以县不立庙终系缺典",于是捐俸建造。明代万历,清代康熙、嘉庆、光绪年间直至民国九年屡有修缮。

盈川城隍庙,又称"杨公祠",祭祀唐代诗人、衢州盈川县令杨炯。遗址有三处:第一处在盈川村西旁,大觉寺古庙边(现寺基山左侧),建于宋代,已圮;第二处在盈川村东(刑溪),龙游县界团石汪境内,称"杨公祠",仅存遗址;第三处即现庙,位于衢江盈川潭北岩,盈川古埠上台地,今衢江区高家盈川村,称盈川城隍庙。整座建筑由坐北朝南的两组建筑群组成。在东轴线上由前厅(戏台)、东西两庑、正殿、二庑和后殿组成。清光绪三十三年(1907年)大修后,因白蚁蛀蚀,1930年重修。"文革"浩劫后,盈川民众自发筹资大修。现建筑保存完好,民间祀典不衰。西轴线上仅存门厅和二厅的局部建筑和部分石条建筑遗迹,为清代嘉庆年间的建筑遗物。幸好环祠四周的垣墙齐备,形成一个独立的封闭空间,现被公布为衢州市级文物保护单位。祭祀杨炯的整套礼仪——"杨炯出巡",被列入省级非物质文化遗产名录。

文昌殿,又称文昌阁、文昌祠等,是中国一种传统祭祀建筑。文昌帝为祭祀传说中掌管文运功名之神,保一方文风昌盛而建文昌殿。据嘉庆《西安县志》记载,旧时衢州城里本有三座文昌祠,"一在城隍庙右,为庙三楹;一在县学东饶公祠后;一在县学魁星阁上,后遭闽变俱毁"。这三座庙均毁于康熙初年三藩之乱。康熙三十七年（1689年），县令陈鹏年于西安县学"就学门建楼五楹，为文昌阁。旁列魁星像并祀焉。寻改建于大成殿东"。康熙四十一年衢州城西隅绅士建"建庙（文昌殿）于铁塔之南"，即今水亭街区西北。作为国家级历史文化名城，衢州从唐代以来就科名鼎盛，为体现衢州"儒城"之雅，2015年于古城外西北角重建文昌阁。

关帝庙，又称"关王殿""关公神祠"，祭祀汉末大将关羽。万历二十九年（1579年）知府张尧文建于天宁寺西，有前殿三间，设神座，后殿三间。嘉庆《西安县志》载，雍正三年四月，敕封关帝三代公爵，"其礼俱照先师（孔子）庙，每岁春秋并五月十三致祭，祠以太牢"，文武官员行礼。衢城关帝庙很多，东武楼、止马湾、峥嵘山、南寨巷等处均有，起止无考。另有讲舍街关帝庙，始建于康熙初年三藩之乱中。相传耿精忠所部攻衢，关帝显灵，浙江总督李之芳迎像入城，建庙于此。旁立忠义祠，以祀阵亡将士。民国定制，并祀关羽、岳飞。

火德祠，供奉火神，抵御火灾。旧在府城隍庙侧。崇祯壬午（1642年），知府张文达"以西安数有火灾，移拱辰门（北门）外三里，临浮石渡"。据民国郑永禧《衢县志》载，明季衢城频有火灾发生。府城隍庙位于城南府山，有人说南方火地，府山"诸峰矗列如焰，又以火神向之"，使得衢城火性太重，建议把火德祠迁往城北；改火德祠为文昌祠，供奉主文运的文昌帝君，"以收摄文明之气，则科名可以立致"。知府张文达采纳了这个建议。未几，又有人说，"文明之象莫如火，置之北方是为落陷，非利也"。结果，到了清代，衢州科名不振。郑永禧认为："第神者，民所凭依；祀者，国之大事。其尊卑离合，未可鲁莽从事也。"乾隆年间，大水冲毁城北火德祠，仍于城隍庙侧旧址重建，但是依然没有改变衢城科名不振的局面。到了道光二十二年（1842年），有人再次提出"文昌应建于南方文明之地，火神应建于西北金水之乡"，建议按照明末的情况互相迁改，最终为陈埙所阻。火德祠今已毁弃。

龙神祠，嘉庆《西安县志》载，在府城隍庙东。衢城四乡有多处龙神祠，大多为祈雨而设,建圮不详。

神农殿,据嘉庆《西安县志》载,在县治西柴家巷。乾隆二十八年(1763年),药业公建。而《姚志·义行传》记,元刘光大,至元间授衢州路医学教授,创神农殿讲堂。可见元初即有神农殿,但乾隆间所建者是否仍在旧址不可考。神农殿经历代不断修复保存至今。现存神农殿又称药王殿,位于衢州市区宁绍巷内,1999年由市政府拨款重修。整座建筑平面呈一长方形四合院,约500平方米。现为市级文保单位,免费对外开放。

五谷神祠,祭祀五谷神,祈求五谷丰登,旧址在通仙门外。宋宣和年间(1119—1125年)创建,兴废无考。康熙四十六年(1707年)县人重建,周召有记。咸丰中再次被毁。光绪十六年(1890年),乡绅张铭德募捐重建,十年后再次被毁。今已无存。

周宣灵王庙,据康熙《西安县志》载,宋孝子广平正烈周宣灵王神祠,在县治西北朝京门内。周雄(1188—1211年),讳仲伟,杭州新城县(今富阳)渌渚人。因年少丧父,所以对母亲非常孝顺。1211年,母亲病重,24岁的周雄前往江西婺源县五显圣王庙祈祷。归途中听说母亲死讯,哀伤痛哭,气绝身亡,尸体僵立于舟中不倒。大家感动于他的孝心,为他漆身塑像、捐地立庙祭祀。四方百姓前来祈祷,无不应验。元至元中,伯颜忽都奏封王号,大新其庙,以城壕田税供春秋祭仪。明清两代屡被加封。周雄信仰在衢州、严州(今建德)、徽州、广信(今属江西)等地获得了广泛的民众支持,其影响力远播江苏苏州、淮安等地。周雄还成为钱塘江水神、安徽祁门凤凰山药神、苏州玉器业工会行业神。[1]衢州周宣灵王庙位于下营街,经历朝修葺,保存至今,现为全国重点文物保护单位。该庙原有建筑面积1 850平方米,现存建筑仅853平方米,坐东朝西,按一条纵轴分布,呈不规则纵长方形,有门厅(戏台)、厢楼、正殿、后殿等建

---

[1]《周雄孝子祭》,顾希佳主编:《钱塘江风俗》,杭州出版社,2013年,第100—101页。

筑。整座建筑用材粗大，其中一根跨度12.7米、直径0.7米的横梁为浙江省第一，在国内古建筑中也是相当罕见的。庙内人物、花草等雕刻巧夺天工。后殿塑有孝子周雄立像。每年农历三月初三至四月初八是"周王庙会"，这是衢州最负盛名的庙会，至今仍兴盛不衰。

忠烈庙，嘉靖《衢州府志》载，即景祐真君庙，位于县治东显忠坊。元至正十五年（1355年），达鲁花赤伯颜忽都建。祭祀唐安史之乱中的守城名将张巡。嘉靖二十五年（1546年）重建，改名"忠烈庙"。康熙《西安县志》载，西庑为育婴堂，俗传神保赤子痘疹，祭祀痘神。[1]东庑旧有"贾贲、姚闿、南霁云、雷万春诸木主，皆配食于公"。清康熙、乾隆年间都有修葺。今庙无存，仅留一小巷叫"忠烈庙前"。

马王庙，在拱辰门（北门）东南师贞庙侧，一说在县东北金紫街。嘉靖年间因矿乱，设兵千人立营于此。康熙初年，闽藩耿精忠叛乱，衢城"戎马云集，始建此庙"。每年霜降日，主帅亲莅祭祀。康熙十三年（1674年）建，乾隆间两次修缮。

泰安宫，在城南义姑桥左。明时"军卫漕艘吏卒建"。俗称"娘娘殿"，祭祀山东泰山顶上天仙玉女碧霞元君。[2]此庙为衢城军屯户所建，可视为衢城军事体制对地方民间信仰影响的重要个案。

司痘夫人庙，在蛟池塘，全称贞烈仁孝司痘夫人庙。建于明代，祭祀后周太祖时期指挥马金忠、李德裕、林世英之女，因兵乱，父女六人不屈自刎而死。相传，宋神宗太子痘疹危急，三夫人显灵解救，于是建祠祭祀，加封为广生仁慈夫人。清代乾隆、光绪及民国时期均有修缮。大门外有戏台一座，其后为

---

[1] 痘神，汉族民间普遍信仰的神明，俗传为主司麻痘之神，又为护佑儿童的司命之神。痘也叫天花，是一种传染性极强的疾病。古时，曾经给人们生命安全带来过不少的威胁，人们对它敬惧如神。痘神庙各地多有所建。

[2] 碧霞元君，俗称"泰山娘娘""泰山老奶奶""泰山老母""万山奶奶"等。道教认为，碧霞元君"庇佑众生，灵应九州"，"统摄岳府神兵，照察人间善恶"，是道教中的重要女神。民间有"北元君，南妈祖"的说法。

地藏殿。

鲁阜山神祠，又称"三圣祠"。据清冯世科《鲁阜山神祠记》："城南柯阳首庙，垣宇倾圮，有残碑卧丛棘中，字迹漫漶，不能卒读，就其存者缀之，略云：衍圣公端友负楷木圣像扈跸来南，夜泊镇江，奉像舟覆，风浪中有三神人拥像，逆流而上，得于江滨，公焚香祷谢，烟篆'鲁阜山神'四字。公后赐家于衢，因建祠祀焉。"民国郑永禧《衢县志》载："三圣之祀遍于衢州。三家之村、三叉之路及于园圃之间，几乎无处无之。"山神祠仅在城内就有长竿林、县西街、南市街天宁巷、县后北楼等多处，而以长竿林山神祠"显灵为最著"。

中厢祠、左厢祠、右厢祠，皆为衢城的土地庙。民国郑永禧《衢县志》载，中厢在中河巷（南园巷）；左厢在拱辰门（北门）内青狮巷口；右厢在仁德坊土地塘。

偃王庙，祭祀徐偃王，城中徐氏后裔子孙祠祭，而作为民间信仰的庙宇遍及衢城外乡间。九华山下旧有三王庙，祭祀徐王、项王（项羽）、周王（周公）。也有不少专祠，祭祀徐王，"其神衮冕秉珪，为王者像"；祭祀徐王太子，"冠束发，衣龙山"；还有茅杨蔡卫四令公分侍于侧，"土人所敬畏以茅令公为最"。

名宦祠，祭祀历代名宦。嘉庆《西安县志》云，在府衙戟门东（东水巷口），乾隆二十八年（1763年）重建。祠前跨府前街有"承流牌坊"。明天顺间（1457—1464年）知府唐渝建（1461年任知府），万历中毁，万历四十五年（1617年）知府瞿溥复建。

乡贤祠，祭祀历代乡贤，为汉代龙丘苌，唐陆贽（陆宣公）、徐惠諲，宋代赵抃、毛友、徐徽言等数十人合建。据康熙《西安县志》载，为唐陆宣公等立。嘉庆《西安县志》云，在府衙戟门西（西水巷口），乾隆二十八年（1763年）增建。祠前跨府前街有"三衢先哲牌坊"。民国郑永禧《衢县志》载，此坊在旧府治东，鼓楼前数十步，规模颇壮。据《厚伦汪氏谱·汪待举》载，明万历辛卯（1589年），知府易仿之建石坊于府治东，曰"三衢先哲"。清季尚存题名残石并刊有赵抃、毛友诸名,今此石已倾圮,四柱存三,其左建有仁慈堂。

昭忠祠,嘉庆《西安县志》载,在天宁寺右翼。嘉庆八年(1803年)奉文建,祭祀阵亡官员,旁列阵亡兵丁,"有司春秋致祭"。

忠义祠,祭祀赵抃、徐徽言及明义士刘士俊等。据雍正《浙江通志》载,在县学东。雍正四年(1726年),西安知县王世甲奉文建造。另北门关帝庙左、城隍山麓亦有忠义祠,均祭祀阵亡军士。

节孝祠,雍正《浙江通志》载,在府城隍庙东。清雍正四年,西安县令王世甲奉文建,与忠义祠同时并建。乾隆三十八年(1773年)[1]重修,郑万年记。光绪十八年(1892年),知府保顺拨款与忠义祠并修。中华人民共和国成立初湮圮。

孝烈祠,为祭祀西安县生员郑荣祖妻徐氏"殉夫舅冤死烈之祠"。康熙《西安县志》载,在城外西北隅铁塔下。康熙二十六年(1687年),生员郑荣祖之父受族弟郑邦璧击打,荣祖往救,被殴致死,其父于这年冬亦死。第二年,荣祖之子五元、七元为报祖父、父亲之仇。在路上遇见郑邦璧时咬掉其鼻,双方遂赴县打官司。审案时,县令曹若辂贪贿而袒护郑邦璧,而对五元、七元严加责罚。荣祖之妻徐氏在公堂为冤愤所激,触阶而死,棺柩露置于城西铁塔下。康熙三十四年,陈鹏年到任西安县令,力翻旧案,备礼营葬徐氏,建孝烈祠予以旌表。此事见于《西安县志》《衢县志》《衢州府志》及陈康祺《燕下乡脞录》等。此事曾被编成戏剧《铁塔冤》,历朝题咏颇多。

赵清献公祠,《两浙防护录》载,宋参知政事清献赵公祠,在拱辰门内钟楼西,即公故居。赵抃(1008—1084年)出生于衢州一个书香门第,幼年丧父,虽家道贫穷,却勤奋好学。历任福建崇安(武夷山),四川江源、成都,江西赣州,浙江建德、杭州、樾州(绍兴)等地的地方官员,真正做到了"为官一处造福一方"。在崇安任上,他兴修水利,百姓称为"清献河",此河至今仍在发挥着积极的作

---

[1] 郑永禧考证,碑载"三十七年"。今存其说。

用。在越州(今绍兴)任上,他想尽办法,以工代赈,平抑粮价,治理灾害,著名文学家曾巩为此留下了《越州赵公救灾记》。[1]任成都转运使时,他匹马入蜀,以一琴一鹤自随,为政简洁,被英宗皇帝所赞赏,传为佳话,给我们留下了形容清廉的成语"一琴一鹤"。[2]在杭州任上,他为政宽严相济,治绩显著。赵抃在历史上最知名之处在于弹劾不避权贵,他曾先后弹劾过宰相陈执中、枢密副使(宋代最高军事机构副长官)陈旭等军政高官,为人所敬仰,时称"铁面御史"。因是仁宗、英宗、神宗三朝的元老,又是太子少保,逝世后被追赠太子少师,谥清献。宋咸淳戊辰(1268年),知府陈蒙向朝廷请示,为赵抃建立祠庙,核准拨给田五十三亩修造。明弘治己未(1499年),郡守沈杰请求为之进行岁祀,朝廷议允。嘉靖甲子(1564年)秋,郡守郑伯兴在城南造清献祠,堂三楹,退堂三楹,门一楹,周垣以墙。清康熙、道光、同治年间及民国都曾有修葺。现存赵抃祠为清代建筑,坐北朝南,占地约447平方米,平面为纵长方形,自南而北依次为大门、门厅、前厅和后厅,前后厅之间有一天井。1999年市政府拨款重修,现为省级爱国主义教育基地、市廉政教育基地、市级文保单位,免费对外开放。

徐忠壮公祠,祭祀衢籍抗金名将徐徽言。嘉庆《西安县志》载,在城南二十里石室街,额曰"忠贯日月"。徐徽言(1093—1129年)出生于衢州一个大家族,以武举绝伦及第,获武进士身份。据《宋史·徐徽言传》记载,徐徽言先后参与过对西夏、金国的战争,屡立战功。1128年,金军包围了晋宁,徐徽言带领官兵奋勇抵抗,由于叛徒私自打开城门,金兵入城,徐徽言因伤不幸被俘,英勇就义。高宗追赠他为晋州观察使,谥号"忠壮"。清道光八年(1828年)三月,学使朱士彦至衢,因官塘公祠久毁,祭祀阙如,令郡守谭瑞东改建于城东鼓楼前察院官地,春秋致祀,直至民国。1995年移至石室乡。

---

〔1〕高继宗:《赵抃救灾 曾巩作记》,《中国减灾》,2007年第7期。
〔2〕《宋史·赵抃传》:"帝曰:闻卿匹马入蜀,以一琴一鹤自随。为政简易,亦称是乎?"

晏公祠,祀宋大观进士、衢州知州晏敦复。嘉庆《西安县志》载,在府前东水巷。乾隆十六年(1751年)、嘉庆三年(1798年)重修,中华人民共和国成立初湮圮。晏敦复,任知衢州时,政绩彪炳,深受百姓爱戴。传说,他在一天夜里,听到瘟神在交谈,明日要在井中放毒,为救百姓,晏公纵入井中。第二天百姓在井中发现中毒发黑的晏公,十分悲痛,为不忘他的恩泽,就在龟峰东水巷建晏公祠,并塑黑色像,春秋二祭。

张少卿祠,祭祀宋代西安县丞张应麒[1]。雍正《浙江通志》载,旧祠在城南石室堰溪北。乾道二年(1166年),张应麒主持在乌溪江黄荆滩上修筑石室堰,集七十二沟水汇于城南,然后引水入衢城,作为内河。石室堰是宋室南渡后首创的一项政府工程,县丞张应麒是负责人。据民国郑永禧《衢县志》载,因为连续三年工程还是不能完工,张应麒跃马自沉中流而死,堰址才最终确定了下来。宋时,衢江水还是相当湍急的,百姓在如此宽的江面上筑堰,稍有不慎就会被河水冲走。连续三年没有完工,可见当年工程难度之大。张应麒究竟是自沉,还是因公失事,现已无从考证,但最终这条石室堰还是建成了。淳熙二年(1175年),朝廷赠张应麒为掌管祭祀、宴饮的光禄寺少卿,受惠的衢州百姓也没有忘记他,在石室堰旁建张公祠。嘉庆《西安县志》载,嘉庆九年改筑新堰于响谷岩下,别购堰头高阜重建祠,是为新祠,位于今石室乡岭底村。

开平忠武王庙,祭祀明初名将常遇春。据《明一统志》载,庙在府治北。元末,常遇春攻衢,破擒元将宋伯颜不花。洪武初,朱元璋以忠武王常遇春开国之功,命衢州府建庙,春秋二祭。弘治四年(1491年),西安知县廖铉与知府张浚捐俸倡修,教谕胡昱撰记。嘉靖二十九年(1550年),知府杨准重建,塑有铜像。

李公遗爱祠,祭祀明代嘉靖年间衢州知府李遂。李遂,号克斋,是明代著名学者王守仁的弟子,江西丰城人。嘉靖五年(1526年)进士,先后在刑部、礼

---

〔1〕民国郑永禧《衢县志》作"应麟",诸多旧府县志作"应麒"。今从旧志。

部任职,官至郎中。因为得罪了礼部尚书夏言,李遂被贬为湖州府同知。嘉靖十七年(1538年),李遂升任衢州知府。在任上,他重建府学,扩大了府学规模,注重教化治理,闲暇时还亲自到衢州各书院讲学。据《明史》记载,因为政绩突出,李遂升任苏松兵备副使,后来一直官至兵部尚书,死后赠太子太保,谥襄敏。[1]嘉靖四十二年,衢州父老感念李遂的德政,在城北讲舍街,原李遂讲学处塑李遂铜像,以公遗爱在衢,特建祠以祀。堂三楹,门额"李公遗爱祠",中为教思堂,立李公坐像,后为四贤祠,祀朱晦庵、吕东莱、张南轩、王阳明。现祠已圮,但一条狭小的"讲舍街"却是为了纪念李遂而命名的,当年李遂创办的书院叫"克斋讲舍"。

第二节 宗 教 建 筑

三国末年佛教传入衢州地区并迅速兴盛开来。相传,衢地佛寺始于郑平舍家立寺。吴天纪三年(279年),晋武帝司马炎大兵压境,欲过江攻吴。时年七十三岁的郑平将军,将家人子女迁居各地,将自己的宅院捐献出来建成寺院,供佛抄经。当时衢地尚无佛教寺庙,郑平舍家立寺,应是家庙、经堂之类的建筑。[2]永嘉二年(308年),即郑平死后第九年,其后人为还始祖之愿,将寺庙交由僧人住持,正式立寺。郑平舍宅所建寺庙名称至今无考。

南朝梁以后,在梁武帝的大力支持下,佛教文化迅速盛行,衢州地区也深受影响。梁天监三年(504年),郑平寺赐额"郑觉",与同时期新建的衢州天宁万寿禅寺(简称天宁寺)、南禅寺、石桥寺、药师寺一起,推动了衢州地区第一次立寺高潮。这些寺庙,后来都成为衢州城的名寺。天宁万寿禅寺为高僧卧云禅师于梁天监三年所创建,初名"吉祥寺",唐玄宗时改称"开元寺"。南禅显

〔1〕《明史》卷二百五列传第九十三《李遂传》。
〔2〕刘国庆:《郑平舍宅祥符寺》,《衢州掌故》,第110—111页。

天宁寺（摄于21世纪初）

南朝梁天监衢州天皇塔木雕像（衢州市博物馆藏）

圣寺,位于城南三里,梁天监间嵩头陀建,原名"镇境",今仅存地名。三藏寺,位于城东四十里,旧名"净刹",梁僧崇禅师建。石桥寺,在烂柯山麓,因旁边的柯山石桥而得名,始建于梁大同七年(541年)。药师寺,在城西二十里,梁天监三年(504年)建。

唐代,随着佛教的中国化,各佛学教派纷纷涌现,使佛教在全国进一步兴盛起来。特别是中唐以后,由于历代皇帝的推崇,佛教更是发展到极致。衢州也不例外。据统计,唐至五代时期衢州仅新建佛寺就有31处,其中西安县12处,比较有名的有明果禅寺、开元寺、莲花寺等。特别值得一提的是,衢州大义、大彻、桂琛三位禅宗高僧,他们师出名门,对佛家教义都有各自独到的见解。其他诸如道义、藏廙、慧闻、遇缘、仪晏开明等禅师,都是具有一定影响的高僧。还有一位一身兼祧禅、净两宗祖师的永明延寿禅师,曾长期居住在衢州的天宁寺,并在此期间开始编撰佛学巨典《宗镜录》。

宋代,衢州佛教又进一步发展。衢州城内虽然新建的寺庙不多,但旧寺院在宋代敕建改额的不少,规模体量也有很大发展。如郑觉寺改名"大中祥符寺";开元寺改名"天宁寺"。烂柯山下的石桥寺于宋景德二年(1005年)赐额为"宝严教寺",并一直使用至今。宝严教寺地处烂柯山,环境超凡脱俗,风景殊异,历代以来多有题咏。明确于宋代始建的寺庙众多,其中东及东北乡5座:广施院、寿圣仙岩院、桂花岩寺、浮石教院、般若院;西及西北乡6座:转轮禅庵、弥陀院、资忠显亲禅寺、白云庵、凝瑞院、圆通院;南乡13座:隆寿院、寿圣净化院、延寿院、观音院、寿圣长教院、寿圣双水院、回龙寺、南安保寺、正觉院、清化寺、仙坛寺、常乐院、天泉寺;北乡16座:觉林院、北安院、国宁寺、莲花寺、法华院、明教寺、庆元院、北延寿寺、玉泉庵、保寿院、福民寺、妙果院、桐溪寺、长林院、南仙院、北保安寺。现在最知名的莫过于寿圣仙岩院,即石岩寺。"中有巨岩,号为金仙,深广十余丈,高半之。……住僧即岩为寺,后复增建禅宇。林花掩映,亦一胜迹。"宋代以后金仙岩题刻颇多,今为省级重点文物保护单位。

明代府城（县城）内9座，西安县域范围内66座寺庙，11座庵堂，41座佛院，四者合计127座。

府城内有寺庙9座，比较著名的有大中祥符禅寺、天宁万寿禅寺、宝坊寺、瀫宁寺、显报寺、弥陀寺、天王寺等7寺，弘治《衢州府志》又载惠峰寺、罗汉教寺2寺。

县东区域有8座寺庙：开元寺、三藏寺、光严寺、兴福寺、九仙禅寺、大慈寺等6寺，弘治《衢州府志》又载福林寺、子湖定业禅寺2寺。县南区域有23座寺庙：南禅显圣寺、南保安寺、崇寿寺、宝岩教寺、九龙寺、天泉寺、潜灵寺、四果寺、能仁寺、福应禅寺、回龙寺、福惠禅寺、乾明禅寺、林泉寺、清化寺、仙坛寺等16寺；弘治《衢州府志》又载香严寺、安东寺、开元寺3寺；嘉靖《衢州府志》增昭济寺、福林寺、圣寿长教寺3寺；天启《衢州府志》增西山寺。

县西及西北区域10座寺庙：药师教寺、接待寺、上地藏寺、下地藏寺、法光寺、资忠显亲禅寺、鹿泉寺等7寺；弘治《衢州府志》载宝积教寺、龙源寺、天福寺等3寺。

县北地区26座寺庙：涌泉寺、明教寺、（北）保安寺、国宁寺、福民寺、下古城寺、乾元寺、崇福教寺、北延寿寺、太平寺、崇胜寺、延恩寺、龙门寺、长潭永光寺、洞溪寺、上龙山寺、明果禅寺等17寺；弘治《衢州府志》又载有报国寺、北清化寺、莲花寺、灵石寺、华光寺、□湖寺、永福寺、下龙山寺等8寺，嘉靖《衢州府志》新增咸通兴善寺1寺。

庵堂11座：普润庵、白灵庵、塔山庵、宝盖庵、福□庵、善智庵、慈宁庵、岩山庵、白鹤庵、福聚庵等，弘治末年并入祥符、天宁、太平等寺庙，嘉靖《衢州府志》载转输禅庵，天启《衢州府志》作转轮禅庵。

禅院41座：庆安院、观音院、资福院、华严院、（圣寿）仙岩院、兜率院、净明院、遇明院、般若院、正觉院、观音院、寿圣双水院、香积院、寿圣净化院、隆寿院、常乐院、教祖院、安西院、延寿院、弥陀院、浮石教院、妙果院、北安院、九田院、长林院、南仙院、庆源（元）院、法华院、保寿院、余庆教院、国宁塔院、崇福院、宜平院、觉林院、瑞云院、焚香院、栖心院、古城院等。[1]嘉靖《衢州府志》又载普通教院、广施院、僧伽院等。天启《衢州府志》缺广施院，其余同。

据康熙《衢州府志》记载，西安县共有佛教寺庙、庵堂45座，就数量而言远不及明代。其中如天宁万寿禅寺、明教寺、资忠显亲禅寺、南禅显圣寺等于康熙年间均重建或大修过。

当时府城内有祥符禅寺、天宁万寿禅寺、宝坊寺、显报寺、瀫宁寺、弥陀寺等6寺庙。城外共有30座寺庙，其中城东、城东南有三藏寺、光严寺、开元寺；城西有上地藏寺、下地藏寺、药师寺、西山寺；城南有南禅显圣寺、回龙寺、乾明寺、故城寺、崇寿寺、宝岩寺、九龙寺、能仁寺、乌石山寺；城北、城西北有明教寺、资忠显亲禅寺、涌泉寺、莲花寺、明果禅寺、法光寺、国宁寺、福民寺、太平寺、崇胜寺、长潭永光寺、桐溪寺、大乘寺、咸通寺古刹等。另有吕祖庵、白云庵、妙高庵、玉泉庵、华严庵、回龙庵、五福庵、镇龙庵、灵鹫庵等9座庵堂。

西安县道教和地方神庙宇总计8座，其中城内5座，城外3座。城内主要有玄妙观（含域真宫）、真武庙（旧名清真道院）、玉皇堂（旧名清微道院）、东岳庙等道教观宇，以及周宣灵王神祠1座。城外有城东佑圣观、城西庄辉殿、城北三十六都铜山庙。可以看出，到康熙年间为止，衢州府城内的道教传统并没有削弱，甚至比明代晚期更兴盛。

大中祥符禅寺，据康熙《衢州府志》记，在县治北。梁天监三年（504年），因依吴将军郑平宅建，故名"郑觉"。705年，唐中宗李显恢复唐国号，改元神龙，赐衢州郑觉寺名"龙兴寺"。唐贞元十年（794年），相传唐著名宰相陆贽来

---

[1] 弘治《衢州府志》卷七《古迹·寺观》中原只记"庆安院、观音院、资福院、华严院"等4座禅院，将仙岩院以下至古城院等34座禅院以及2座道院误入"龙游"条下，今根据各佛院所在地点注释，参见嘉靖《衢州府志》，补上缺字，重新计入西安县。

衢定居,调职后将购置的千余亩田产捐赠给龙兴寺。[1]宋大中祥符初,改今名。元僧文衡、嗣昙,明僧净乾,清僧本修及民国高僧弘一都曾来此住持或诵习讲经。经常行善施粥,还负责钟楼晨钟管理。现寺无存,仅在原址(今衢州市人民医院)立一碑"大中祥符禅寺旧址"。

天皇塔,梁天监年间(502—519年)所建。梁普通六年(525年),又于塔侧建天皇寺。如此,天皇塔形成了先有塔、后有寺的格局。此后直至新中国成立初期,它不仅是衢州最著名的佛塔,也是衢州古城的标志性建筑。衢州人有这样的俗语:"看不到天皇塔,是要掉眼泪的。"这充分体现了天皇塔在衢州人心目中的地位。天皇塔属楼阁式砖塔,六面七层,高约38米,位于水亭门内现红楼宾馆南,旧天皇寺大殿西侧。塔由塔基、须弥座、塔身、塔刹组成,塔的外形、塔壁、门窗、斗拱、翘檐等细部全部用砖石仿效木结构造型。塔内有佛像,逐层安放至顶,翘角悬挂风铃。明崇祯壬午年(1642年)八月,塔顶被大风吹坠。塔刹上铸有南朝梁天监年号(502—519年)。[2]由于该塔年久失修,至中华人民共和国成立初,常有砖块从塔身上掉落,影响周边居民安全。加上当时对文化遗产不够重视,尽管中国佛教协会等反对,这座当时中国最古老的佛塔还是于1952年12月被拆除了,现仅存塔基和地宫。衢州博物馆现藏有天皇塔内出土的梁天监木雕佛像一尊,1 500多年的岁月流逝,使得佛像满身蛀洞,斑斑驳驳的,就像这塔本身,历经磨难,显得格外地沧桑。[3]

天宁万寿禅寺,据嘉靖《衢州府志》载,在县治西华丰楼后。梁天监三年,卧云禅师创,名"吉祥"。唐玄宗时改名"开元"。康熙《西安县志》载,唐末,永明禅师驻锡衢州,作《宗镜录》于此寺,故亦称永明禅院。宋时改今名。明洪武十五年(1382年),建大雄殿。后又有天王殿、千佛阁等。历经几场大火,又

---

〔1〕郑永禧:《衢县志》卷四《建置之·寺观》。
〔2〕郑永禧:《衢县志》卷七《古迹志·塔》。
〔3〕《衢州影集》,《衢州文史资料总第二十一辑》(内部资料),第72页。

先后重建,直至清宣统二年(1910年),千殿阁毁,逐渐荒废。现存的天宁寺位于天宁巷9号,1990年开始由善士发起重建。建有大雄宝殿、千佛阁、诵经楼、僧舍等,占地约8亩。寺庙位置坐东朝西,气势雄伟,可以说是衢州香火最旺之地,每逢农历初一、十五更是香客如织,应接不暇。

弥陀寺,据康熙《西安县志》载,在县治北。宋开宝三年(970年),朱副使舍基创建。元毁。洪武初,江山长台后裔朱文七重建。嘉靖中复毁。万历中,僧真瑞募檀越朱人才鼎建,址北面南。此寺自僧祖江圆寂后,无人住持,大殿久圮,唯存后院,供奉关帝。现今的弥陀寺位于新马路西面,与孔府仅一巷之隔。2002年开始由善士发起募捐,重新修葺。寺庙位置坐北朝南,二进三开间,约350平方米。庙内供奉弥勒佛,常有佛事,初一、十五香火更是兴旺。

南禅显圣寺,据嘉靖《衢州府志》载,在城南三里。梁天监年间嵩头陀建,旧名"镇镜"。宋至道元年(995年)建水陆道场,改今名。寺庙园圃有一亭,赵抃曾为其题匾"观澜"。清康熙四十八年(1709年),衢镇李乾龙捐俸重建一新,庄严佛像,请天宁寺主持寂仁住持。民国时寺毁,余产归祥符寺。现如今对那一地区,老衢州人仍称"南禅寺"。

明果禅寺,在县北七十里,今庙前乡境内。"山势灵秀,溪水回环",由杜泽进铜山源走水路逆流而上,只五十五里。寺以武则天亲书额"明果寺"而闻名;这里也是唐代衢州高僧大彻禅师的道场,相传有大师"漆布真身",又有元和证真塔。清代顺治、康熙、雍正、乾隆、嘉庆历朝屡有修缮,香火极盛。

玄妙观,在城南府治西。唐天宝年间,道士忘言子募建。这也是衢州历史上有记载以来最早的道家庙宇。宋大中祥符二年(1099年),名"大度观"。元贞元年(1295年),赐额"玄妙观"。洪武十五年(1382年),设道纪司正殿,奉三清于前,奉玉帝于后。楼右祠里域真官。

东岳庙,供奉东岳大帝,原在县城元妙观西。明初庙毁。嘉靖十八年(1539年),推官刘羽泉以东岳庙废址建孔氏家塾。嘉靖四十四年(1565年),善士刘士栋(一作"刘栋")捐基迁建于城西鹿鸣山。万历十年(1582年),县人在家塾隙地创建东岳行宫。崇祯元年(1628年),四川僧人重修这座道家庙宇,并增建白衣庵在行宫后。到了清代,鹿鸣山东岳庙废,城内东岳行宫独存,其后屡经修缮。城南大洲镇东岳山有东岳庙,"亦颇灵验",至今尚存,已改为佛寺。

真武庙,供奉真武大帝,位于在县东府山后。始建于元至元十三年(1276年)。嘉靖年间居民募缘重建。大殿前有石坊,题"龟山厚镇"四字。旧名"清真道院"。清道光五年(1825年),善士陈廷桢捐田七十四亩,知府谭瑞冬立碑于庙。

玉皇堂,在城县西街崇义坊,今皂木巷宁邦侯陈弘墓前,面南址北。元大德年间建。嘉靖年间,居民募缘重建。旧名"清微道院"。

中国是一个专制皇权政体延续两千多年之久的社会。佛教和道教都曾作为王朝时代的精神支柱,但明末至清,随着对外通商口岸的开放,国外宗教逐渐传入。由于这些宗教在中国的传道与学校、印刷、医院或福利慈善机构共存,加上近代西方文明的强势作风,对下层市民有更多的吸引力,所以老百姓精神寄托的选择增多,宗教信仰更广泛。

清真寺,俗称"回回堂",原址在浮石门内西马路。清康熙时族人由杭州辗转至衢,大多姓李、马、严、季。雍正年间建此堂。他们信仰伊斯兰教,有事辄祷告于礼拜堂。原先不许他姓入教,也不准与汉族通婚。现今的清真寺在下街4号,是一幢四层结构、屋顶为阿拉伯样式的伊斯兰教堂,每周五由阿訇组织穆斯林做礼拜。他们按伊斯兰历过开斋节、古尔邦节等,在富有现代气息的热闹都市中散发着古老和文明的芳香。

天主教最早传入衢州始于清康熙年间。康熙四十至四十二年(1701—1703年),外国传教士先后在金华、宁波、严州等地建造教堂,并到衢州、常山等地传教。衢州最早的天主教堂,由王姓教徒在康熙年间创建于衢城小西门泰安宫前。由于是外教,清中、清末传教都不很顺利,教堂址也迁移不定。直至民国7

年(1918年),天主教衢州总本堂才在府山东建成大礼拜堂,施行善举,教徒约6 000人。2004年天主堂在原址重建,2008年竣工后正式投入使用。重修的天主堂为哥特式建筑,钟楼高28米,进深50米,宽19米,总面积约2 600平方米。

基督教也称"耶稣教",是指16世纪欧洲宗教改革运动中脱离天主教而形成的各个新宗派,以及从这些宗教中不断分化出来的众多宗派的统称。鸦片战争后,基督教大规模传入中国。衢州地区的基督教活动始于清同治十一年(1872年),由美国教士司徒牧师传入。他夜住船中,昼则登陆随地演劝。第二年,租城内四眼井民房为教堂,称"福音堂"。光绪二十八年(1902年),教士李俊德重建蛟池街福音堂,并扩大规模。现今的福音堂位于蛟池街路口,2001年重修。

衢州地区有一批天主教村,它们是麻蓬、桥头山、花坟前、直坞、赤山、石桀上。天主教徒占大比例的村庄尚有斋堂、大洲、航埠、五源、花溪边、培源、芦岭、杜泽、夏叶、峡口、赖家、西坑、坑西板、板桥、球垆、全旺、灵山、庙下、横山、叶古岭等。其中麻蓬村是浙江西部天主教村的代表,与东部海宁县硖石镇车辐浜齐名。雍正元年(1723年),朝廷下令禁止天主教传播。雍正八年,耶稣会士德玛诺被驱逐出境,杭州天主教堂被改为天后宫。此后,传教士转入隐蔽活动达100年之久,但在不少边远地方,教徒仍继续活动。麻蓬就是在这一时期发展起来的。[1]

麻蓬村位于衢州石梁镇石梁溪边。雍正(1723—1735年)末年,江西南丰天主教徒傅佑我、傅佑仁兄弟六人,为躲避"教难",逃到石梁,后在溪边建村。因他们在此种麻住蓬,故名麻蓬。不久,从浙江金华逃避"教难"到衢州的王姓一支,也在衢州落户。其中王沛然这一支脉于道光元年(1821年)迁到了麻

---

〔1〕陈村富等:《浙江麻蓬天主教村270年变迁史》,《宗教与文化早期基督教与教父哲学研究》,东方出版社,2001年,第352页。

蓬村,另一支迁桥豆山(现名桥头山)。他们两姓以此为根据地互相婚配,并向外传教。从雍正八年至道光十八年(1838年)共108年,最初的教务归福建穆阳(今邵武)的多明我会[1]管理;从道光十八年(1838年)年至1949年共111年间,由法国遣使会[2]管辖,但教区归属的个别年份有所变化。道光十九年浙江与江西教区合二为一,改由法国遣使会控制。道光二十五年罗马教廷又将浙江与江西划分为两个教区。浙江教区首任主教是法籍遣使会石主教,此后历任主教都由遣使会委派。在这111年间,有6位傅姓、5位王姓的神父,如有名的傅道安、傅青山、王光跃、王克谦就生于麻蓬。[3]麻蓬设有天主堂、领报堂、圣母堂等。此外,民国时期在直坞、斋堂、大洲、航埠、后溪街、破石、杜泽等地均有天主堂。

第三节　民　　俗

衢州从历史沿革来说旧属吴越之地,从文化区的划分来说属吴越文化区,又受到周边徽州文化、福建文化、赣文化的深深影响。据弘治《衢州府志》记载,衢州"居广谷大川之间",总体上"风土朴野,民俗淳庞"。原西安县属衢州府的附郭县,自东汉末年以来,这里逐渐发展成为衢州地区政治、军事乃至文化中心。到了孔氏大宗南渡之后,西安县"士风益竞,名钜迭出";而且因为深受儒学熏陶,百姓"敦行古道,雅尚礼文"。嘉靖《衢州府志》赞扬西安县民风,说这里"君子重廉耻,惜名节;小民畏刑宪,寡词讼",而且"居市井者文而浮,处乡都者质而鄙"。

---

〔1〕多明我会为天主教托钵修会之一,又译"多米尼克会"或"道明会"。1215年,西班牙人多明我获教皇洪诺留三世批准创立于法国图卢兹。会规注重布道,多在中上层传教,故又称布道兄弟会。会士均披黑色斗篷,因此称为"黑衣修士"。1631年多明我会的高奇神甫(Ange Cocchi)从菲律宾抵达中国福建北部的福安,正式开始对华传教,但范围一直局限于福建以及台湾地区。

〔2〕法国遣使会,由法国人圣文生(Vincent de Paul)于1625年创立的一个教派。

〔3〕陈村富:《浙江地区天主教和新教调查研究》,《鼎》,2004年春季号。

康熙《西安县志》云:"府山城隍庙香火独盛。"明清二代,每年府山城隍庙会由府城隍庙同衢城商家共同举办。衢城内各地会馆,如宁绍会馆、徽州会馆、福建会馆、江西会馆等,负责召集衢城商家和各同业公会;府城隍庙负责召集各神庙社坛,如县城隍庙、周宣灵王庙、药王庙、玄坛庙等地方神庙。光绪三十二年(1906年),衢州商会成立,府城隍庙会由衢城商会和府城隍庙共同举办。衢城商会负责召集衢城商家和各同业公会,府城隍庙召集各神庙社坛。1946年清明庙会,由当时衢县商会承办,衢县商会会长戴铭允为总负责,时任中国农民银行浙江省分行兼衢县农民银行行长,具体经办人员有潘夔来、王树勋、刘天汉等。1947年,汪渭芝任衢县商会长,继续承办府山清明庙会。

衢州历朝以来就有清明节"扮清明"习俗。在衢州老人的记忆中,当年盛况空前的府山城隍庙"扮清明"庙会,绝对是万人空巷的场面。作为民俗,衢州"府山庙会"类似今日的杭州"吴山庙会"、北京的"地坛庙会",满城游街又类似西方的狂欢节,具有浓厚的浙西地方特色。

衢州城隍的历史可以追溯到汉朝。西安县供奉的是县城隍,俗传神姓吕,名应徵,生于汉武旁元狩二年(公元前126年)三月初十。

宋绍兴年间(1131—1162年),在府山南面的龟峰上建造起一庄坐东朝西,面向古城的府城隍庙。俗传,神姓李,或称是衢州唐代刺史李峘也。李与吕音近,其神是一是二、孰前后亦有疑问。宋淳祐十年(1250年)府城隍加封"康济侯"。衢州民间有尉迟敬德修衢州城的传说。尉迟敬德还是中国历史上著名的门神之一。衢人尊尉迟敬德为地方守护神。唐代设盈川县,后被撤,其地并入西安、龙游两县,又留下个盈川县城隍"杨炯"。算算在衢州城里共有四位地方保护神,因此,尊谁为神已不再是最重要的了。反正神是要祭拜的,于是乎在每年清明这一天举行一次俗称"扮清明"的府山庙会,将衢州古城内的诸神集中到峥嵘山龟峰之巅的府城隍庙内聚会,传说是诸神上龟峰朝谒府城隍,然后游历城内各大庙宇社坛。

衢州府山城隍庙会以"神出历坛"为主题展开。先一日晚："县城隍""盈川城隍""周宣灵王"等神，均由各庙社团护送到府城隍庙内"团聚"。六门四乡以村庄、祠堂、社团、坛会等各为一个群体组合，将少年儿童和青年男女按历朝故事、神话戏曲、小说诗词中的人物和故事内容装扮成各种造型，用红布幔将装扮造型的一台台人物故事、道具围在中间，组成旱船花灯、彩服高跷、故事抬阁、腰鼓马戏、乱台班等各种表演形式。清明日：一早均以旌旗甲胄、剑铖缨佩、仪仗火铳、硬头狮子开道，喇叭锣鼓护送，聚会到府山城隍庙，各乡按顺序祭拜神后，即接迎神出历坛，沿古城大街一城奔走。城垣内六门设九座行宫，在钞库前设中央行宫，共十座行宫。每座行宫迎一日府城隍神。

庙会这几天，衢城内"丹翠凝云，金鼓之声、旃檀之气，填溢耳目"，扮者争奇斗艳，观者喝彩闹场。活动类似于今日西方狂欢节，又荡漾着浓厚的中华民族文化气氛。整座府山及府学路、峥嵘岭路、柯山门街，以及天宁寺、周王庙、玄坛庙、弥陀寺、孔庙等城隍像必到之处更是人头攒动，邑人扶老携幼参与到庙会中来。街旁清明粿、豆腐包、千张包、豆腐花、毛豆腐、荞麦饼、豆腐丸、凉拌粉干、金团、麻糍、乌饭团、油炸粿、臭豆腐干、饿刹烧饼、米豆腐等风味小吃应有尽有。这几天是玩也尽兴，吃也尽兴。

附录一 唐至清代衢州地方长官表

表一：唐五代衢州刺史名录

姓 名	籍贯	任 职 时 间		备 注
		年 号	公 元	
张绰		约武德四年至六年	约621—623年	《续高僧传》卷二十《丹阳沙门释智岩传》
徐某		贞观初年		孙思邈《千金要方》卷二十二
萧缮	河南洛阳	约天授二年至长寿二年	691—693年	按民国《衢县志》载,《隋唐五代墓志汇编·洛阳卷》第七册《大周故银青光禄大夫衢州刺史兰陵公(萧缮)墓志并序》
王烈		约中宗时		《芒洛四编》卷五《大唐故吏部常选王府君(爽)墓志并序》
李祎	陕西长安	景云中	710—711年	《唐刺史考全编》卷一百四十六作先天元年(712年)
李杰	河南相州	开元四年	716年	《资治通鉴》"开元四年"条作李傑
徐知仁		约开元六至七年	约718—719年	《唐刺史考全编》卷一百四十六
李畅		开元八年前后	720年前后	《隋唐五代墓志汇编·洛阳卷》第九册《唐正议大夫使持节相州诸军事守相州刺史上柱国赞皇县开国子李公(畅)墓志铭并序》

续表一

姓 名	籍贯	任 职 时 间		备 注
		年 号	公 元	
徐 坚		约开元十年	约722年	《韩昌黎集》卷二十二《衢州徐偃王庙碑》,《全唐文》卷二百九十一张九龄撰《徐坚墓志》
徐峤之		约开元十四年	约726年	《唐刺史考全编》卷一百四十六
李 祎	陕西长安	开元二十四年	736年	两任衢州刺史
赵颐贞		开元二十六年	738年	《全唐文》卷三百一十九,李华撰《衢州龙兴寺故律师体公碑》
韦 璆		约开元中		《唐刺史考全编》卷一百四十六
郑日敬		开元中		《唐刺史考全编》卷一百四十六
林 洋		约天宝初年		《唐刺史考全编》卷一百四十六
尉迟岩		天宝十年	751年	《文物参考资料》1957年第4期《弥足珍贵的天宝遗物》
张思钦		天宝初		天宝至至德改刺史为太守。见嘉靖《衢州府志》
长孙子哲		天宝初		太守,《唐刺史考全编》失载
贺兰进明		天宝十三至十四年	754—755年	太守,《唐刺史考全编》卷一百四十六
李 奂		天宝十四年	755年	太守,《唐刺史考全编》卷一百四十六
郑 倬		至德中		太守,《唐刺史考全编》卷一百四十六
李 丹		乾元元年	758年	《唐刺史考全编》卷一百四十六
韦黄裳		上元中		《太平广记》卷三百七十七引《广异记》
殷日用	河南陈郡	宝应元年	762年	《唐刺史考全编》卷一百四十六

续表二

姓　名	籍贯	任 职 时 间		备　　注
		年　号	公　元	
徐　向		约广德中		《唐刺史考全编》卷一百四十六
李　岘	陕西长安	永泰元年至二年	765—766年	刺史李祎之子,《旧唐书·代宗纪》
田季羔		约大历初年(五年前)		《唐刺史考全编》卷一百四十六
李　深		大历中		《唐刺史考全编》卷一百四十六,《全唐诗》卷一百三十二有烂柯山诗四首
王承俊		大历中		《唐刺史考全编》卷一百四十六
韦　班		大历末		《唐刺史考全编》卷一百四十六
赵　涓	河北冀州	大历末至建中三年	?—782年	《唐刺史考全编》卷一百四十六
崔　论	河北定州	建中、贞元年间		《旧唐书·崔湜传》
韦光辅		贞元三年	787年	《唐刺史考全编》卷一百四十六
裴　郇		贞元六年	790年	嘉靖《衢州府志》
陈　智		贞元十年	794年	嘉靖《衢州府志》
李若初	河北赵郡	贞元十一年	795年	《旧唐书·德宗纪下》
郑　瓒		贞元十四年	798年	《唐刺史考全编》卷一百四十六
郑式瞻		贞元十五至十七年	799—801年	《旧唐书·德宗纪下》
田　敦		约贞元十七至十八年	约801—802年	《唐刺史考全编》卷一百四十六
齐　总		贞元十八年	802年	《旧唐书·德宗纪下》:未之任
陆　燮		永贞元年	805年	
陆　庶		元和元年	806年	嘉靖《衢州府志》卷七《刺史》

续表三

姓　名	籍贯	任职时间		备　注
		年　号	公　元	
李　素		元和二年	807年	《韩昌黎集》卷二十五《河南少尹李公墓志铭》
李　逊	河北赵州	元和二年	807年	《唐刺史考全编》卷一百四十六
元　锡		元和四年至五年	809—810年	《全唐文》卷六百九十三元锡《衢州刺史谢上表》
薛　戎	河南宝鼎	元和七年至八年	812—813年	嘉泰《吴兴志》
徐　放		元和九年	814年	《韩昌黎集》卷二十七《衢州徐偃王庙碑》
郑　群	河南荥阳	元和十二年至长庆元年	817—821年	《白居易集》卷五十一《衢州刺史郑群可库部郎中齐州刺史张士阶可祠部郎中同制》
张　聿		长庆元年	821年	《白居易集》卷四十八《张聿可衢州刺史制》
庞　严	安徽寿春	长庆四年至宝历年间	824—	《太平广记》卷一百五十六引《前定录》
张　贾		大和四年	830年	《册府元龟》卷一百五十八"大和四年"条
卢　钧	河北范阳	大和中		《唐语林》卷七
豆卢署		大和九年	835年	《太平广记》卷一百五十一引《前定录》
崔　耿		会昌元年	841年	《唐文拾遗》卷三十《东武楼碑记》
李钦彝		会昌中		《唐刺史考全编》卷一百四十六
王众仲		会昌中		康熙《衢州府志》年代无考,《唐刺史考全编》失载

续表四

姓　名	籍贯	任 职 时 间		备　注
		年　号	公　元	
李　顼		会昌六年至大中二年	846—848年	《隋唐五代墓志汇编·洛阳卷》第十四册《唐故大中大夫使持节衢州刺史上柱国赞皇县开国子李公(顼)墓志铭并序》
卢简辞		大中二年	848年	《新唐书·卢简辞传》
崔　寿		大中六年	852年	《唐刺史考全编》卷一百四十六
戴　谮	安徽徽州	大中年间		民国郑永禧《衢县志》载,《唐刺史考全编》失载
赵　璘	河南邓县	大中十三年至咸通三年	859—862年	《全唐文》卷七百九十一《书戒珠寺》
孙玉汝		咸通十一年	870年	《容斋随笔》卷十一《会稽大庆寺碑》
苏　冲		咸通、乾符间		《唐刺史考全编》卷一百四十六
季　毅		乾符五年	878年	嘉靖《衢州府志》
元　泰		光启三年	887年	《吴越备史》卷一《武肃王》
陈　儒	湖北江陵	光启三年至乾宁二年	887—895年	《唐刺史考全编》卷一百四十六
陈　岌		乾宁二年至光化三年	895—900年	《新唐书·昭宗纪》
顾全武		光化三年	900年	《吴越备史》卷一《武肃王》
陈　璋		天复元年至天祐三年	901—906年	《唐刺史考全编》卷一百四十六,又作陈章
鲍君福	浙江余姚	天祐三年	906年	《唐刺史考全编》失载
方永珍		天祐三至四年	906—907年	《吴越备史》卷一《武肃王》
周元善	江苏淮安	无考		又名周美,后居浙江江山,见《江山县志·流寓》

续表五

姓　名	籍贯	任 职 时 间		备　注
		年　号	公　元	
孙　某		无考		罗隐有寄衢州孙员外诗
杜　某		无考		僧贯休有《寄衢州杜使君》诗
李　邱		无考		《名山藏》李遂传
钱　锯	浙江钱塘	无考		民国郑永禧《衢县志》:"武肃从弟,弘偓之祖,为衢州刺史。"见《十国春秋》及《吴越备史》。又作钱琚
钱元球	浙江钱塘	贞明四年	918年	《吴越备史》:"(梁贞明四年六月),王命子元球权衢州刺史。"《衢县志》作"传球"
陆仁璋		约武肃王宝正六年至文穆王二年	约931—933年	民国郑永禧《衢县志》:"龙堂庙碑阴载:后唐明宗长兴二年,即武肃宝正六年(931年)也。"康熙《衢州府志》引《十国春秋》:"仁章以长兴三年(932年)六月,文穆王即位后任。"
陆仁灿		约文穆王二年至四年	约933—935年	康熙《衢州府志》:"常山禹迹洞石刻:在长兴时(930—933年)。"
吴　祐		文穆王四年至十年	935—约941年	康熙《衢州府志》:"江山、常山二县志:后唐清泰二年(935年)。"
鲍修让		约忠献王元年至忠逊王元年	约941—947年	康熙《衢州府志》:"忠逊王元年,(鲍)君福子。《十国春秋》本传。"
钱元瓛	浙江钱塘	忠懿王元年至五年	948—952年	《十国春秋》:"周广顺二年(952年),改衢州刺史。叔元瓛知福州,弟弘偓为衢州刺史。"
钱弘偓	浙江钱塘	忠懿王五年至十年	952—约957年	同上
钱　俨	浙江钱塘	忠懿王五年	957年	《宋史·吴越世家》:"周显德四年(957年),奏署衢州刺史。"

续表六

姓　名	籍贯	任职时间		备　注
		年　号	公　元	
钱弘信	浙江钱塘	忠懿王十年至十三年	957—960年	《十国春秋》:"周显德四年(957年)九月任。宋建隆元年(960年)十一月,入贡。二年十一月复任。"《弘简录》:"是年,周以李谦溥领衢州刺史。"盖遥领也
张元善	浙江浦江	约忠懿王十三年至十四年	约960—961年	宋濂《张怀仁墓志》:"五代周衢州刺史。"亦见《浦江县志》
钱弘信	浙江钱塘	忠懿王十四年至十七年	961—约964年	《十国春秋》:"(宋建隆)二年十一月复任(衢州刺史)。"
刘彦琛		约忠懿王十七年至二十年	约964—967年	民国郑永禧《衢县志》:"吴越时任,刘牧之曾祖,见家传。"
朱仁干		忠懿王二十年至二十三年	967—约970年	民国郑永禧《衢县志》:"乾德五年(967年)任,见净刹寺旧碑阴。"
陆　超	浙江钱塘	约忠懿王二十三年至二十六年	约970—973年	有惠政,见《十国春秋》。历代府县志对其任职时间无考,从前后时间看,可能在朱仁干后,慎知礼前
慎知礼	浙江信安	约忠懿王二十六年至二十七年	约973—974年	民国郑永禧《衢县志》:"开宝中,在董前。"考《宋史本传》,天禧四年(1020年)卒,年七十。则任衢州刺史时年仅二十余岁,应该时间不长
董　询		忠懿王二十七年至二十八年	974—975年	《石桥塔记》:"宋开宝七年(974年),检校司空任。"
吾　渭		忠懿王二十八年至三十年	975—978年	民国郑永禧《衢县志》引吾进《闲居录跋》:"建隆三年,曹彬下江南,辟为参军。"南唐平(时在开宝八年,975年),进都督,授衢守。康熙《衢州府志》引《吾氏谱》作宋建隆三年(962年)有误

表二：衢州宋代郡守考

姓 名	籍贯	任 职 时 间		备 注
		年 号	公 元	
张守则		太平兴国三年至六年	978—981年	康熙《衢州府志》(本表以下简称《府志》)："殿丞，六年满。"
黄子才		太平兴国六年	981年	《府志》："国博，当年罢。"
李希杰		太平兴国六年至雍熙元年	981—984年	《府志》："侍御，雍熙元年满。"
何继昭		雍熙元年至四年	984—987年	
尹季通		雍熙四年至端拱二年	987—989年	《府志》："殿丞。"
边 肃		端拱二年至淳化二年	989—991年	《府志》："太博，淳化二年罢。"
孔贻庆		淳化二年至四年	991—993年	《府志》："司门，四年满。"
李 象		淳化四年至至道元年	993—995年	《府志》："太博，至道元年满。"
康亚之		至道元年至三年	995—997年	《府志》："太博，三年满。"
席羲叟		至道三年至咸平二年	997—999年	《府志》："学士，咸平二年满。"
阮思道		咸平二年至四年	999—1001年	《府志》："学士，四年满。"《古今图书集成·明伦汇编·氏族典》卷四二三："阮思道字思恭，建阳人，南唐进士，后归宋，为史馆检讨，历守韶、衢、永三州，咸有政声。"
柴德芳		咸平五年至景德元年	1002—1004年	《府志》："咸平六年柴德芳，库部，景德元年满。"今从李之亮《宋两浙路郡守年表·衢州》(本表以下简称《年表》)改。
傅 寅	浙江义乌	景德元年至四年	1004—1007年	《府志》："比部，四年满。"

续表一

姓 名	籍贯	任 职 时 间		备 注
		年 号	公 元	
李 敏		景德四年至大中祥符元年	1007—1008年	《府志》："比部，大中祥符元年满。"
黄宗旦		大中祥符二年至五年	1009—1012年	《续资治通鉴长编》(本表以下简称《长编》)卷七十二："(大中祥符二年八月癸未)度支判官、太常博士黄宗旦知衢州。"《府志》作："大中祥符三年黄宗旦，屯田，五年改知虔州。"今从《长编》
宋为善		大中祥符五年至八年	1012—1015年	《府志》："都官，八年满。"
苏 晟		大中祥符八年至天禧元年	1015—1017年	《府志》："屯田，天禧元年满。"
舒 雄		天禧元年至三年	1017—1019年	《府志》："职方，三年满。"
裴 奂		天禧三年至四年	1019—1020年	《府志》："都官，四年丁忧。"
余献卿		天禧四年至乾兴元年	1020—1022年	《府志》："乾兴元年满。"
张昭庆		乾兴元年至天圣元年	1022—1023年	《府志》："比部，天圣元年致仕。"
曹修方		天圣元年	1023年	《府志》："天圣元年曹修方，《宋史》本传：'未行。'"
吴 应		天圣二年至五年	1024—1027年	《府志》："职方，五年满。"
鲍 当		天圣五年至七年	1027—1029年	《府志》："都官，七年满。"
尹 锡		天圣七年至八年	1029—1030年	淳熙《三山志》卷二十二："(天圣三年)三月，尹锡移知衢州。"《府志》："郎中，八年满。"
刘有方		天圣八年至明道二年	1030—1033年	《府志》："比部，明道二年满。"

姓　名	籍贯	任职时间		备　注
		年　号	公　元	
吕士宗		明道二年至景祐二年	1033—1035年	《府志》："比部，景祐二年满。"
胡　晏		景祐二年至四年	1035—1037年	《元宪集》卷二十三："《尚书屯田郎中知衢州胡晏可尚书都官郎中制》，景祐四年制。"《府志》："郎中，四年满。"
牛昭俭		景祐四年至康定元年	1037—1040年	《府志》："金部，康定元年满。"
毕庆长		康定元年至庆历二年	1040—1042年	《府志》："少卿，庆历二年满。"
周德延		庆历二年至五年	1042—1045年	《府志》："驾部，五年满。"
李及之		庆历五年	1045年	《府志》："太博，五年，改知信州。"
高易简		庆历五年	1045年	《长编》卷一百五十六："（庆历五年六月）丙辰，降前福建路转运按察使、金部员外郎高易简知衢州。"《府志》："金部员外郎，以福建运副擅注铁钱，谪守。六年，改除广西运使。"
谢颐素		庆历六年至皇祐元年	1046—1049年	《府志》："都官员外郎，皇祐元年满。"《年表》误作庆历五年
章　岷		皇祐元年至二年	1019—1050年	《府志》："祠部员外郎、集贤校理，二年满。"
陈　商		皇祐二年至三年	1050—1051年	《府志》："太常少卿、直昭文馆，三年，分司南京。"
陈宗言		皇祐三年至六年	1051—1054年	《府志》："屯田郎，六年满。"
吕景初		至和元年	1054年	《长编》卷一百七十六："（至和元年八月丁未），通判江宁府、殿中侍御史吕景初知衢州。"《府志》失载

续表三

姓 名	籍贯	任 职 时 间		备 注
		年 号	公 元	
邢处恭		至和元年至二年	1054—1055年	《府志》:"驾部郎中,至和二年宫祠。"
唐 诏		至和二年至嘉祐三年	1055—1058年	《府志》:"国子博士,(嘉祐)三年改知复州。"《府志》所载任满时间无"嘉祐"二字,今据《年表》改
胡 楷		嘉祐三年至四年	1058—1059年	《府志》:"职方郎中,嘉祐四年满。"
张益之		嘉祐四年	1059年	《府志》:"比部郎中,当年致仕。"
高 赋	广东中山	嘉祐四年至治平元年	1059—1064年	《府志》:"屯田郎中,(《宋史》)有传。"
杜 昉		治平元年至三年	1064—1066年	《府志》:"比部员外郎,三年满。"
张 兑		治平三年至熙宁元年	1066—1068年	《府志》:"驾部员外郎,熙宁元年满。"
张 偶		熙宁元年至四年	1068—1071年	《府志》:"屯田郎中,四年满。"
张 鉴		熙宁四年至六年	1071—1073年	《府志》:"比部郎中,六年满。"
钱 颛	江苏无锡	熙宁六年至七年	1073—1074年	《府志》失载,《宋史》有传。据《年表》补
李冠卿		熙宁七年	1074年	《府志》:"太常少卿,当年赴阙。"
徐师回		熙宁七年至九年	1074—1076年	《府志》:"比部郎中。"
张公纪		熙宁九年至十年	1076—1077年	《府志》失载,据《年表》补。《宋诗纪事》卷十四:"张职方名正,子公纪,亦守衢州。"
孙亚夫		熙宁十年至元丰三年	1077—1080年	《府志》:"都官员外郎。"
王 照		约元丰四年至六年	1081—1083年	《年表》失考。民国郑永禧《衢县志》

续表四

姓　名	籍贯	任职时间		备　注
		年　号	公　元	
祖秀实		元丰七年至元祐元年	1084—1086年	《府志》失载,据《年表》补。嘉靖《建宁府志》卷十八:"祖秀实,字去华。直龙图阁、福建转运使,移广东提刑,后知衢州。召为礼部侍郎,不赴。"
杨　涯		元祐元年至三年	1086—1088年	《府志》:"杨汎,朝请大夫。"《府志》中排在孙亚夫之后,任职时间今据《年表》改;《年表》据《浙江通志》作杨涯,今从之
杨　完		元祐三年至五年	1088—1090年	《府志》:"朝请郎,后赴阙。"《皇朝文鉴》卷三十九:"王震《朝奉郎行宗正司主簿杨完可权知衢州制》,元祐三年制。"《府志》中排在杨汎之后,任职时间今据《年表》补
范　镗		元祐五年至七年	1090—1092年	《府志》:"承议郎充集贤校理。"《府志》中排在杨完之后,任职时间今据《年表》补
张复圭		元祐七年至九年	1092—1094年	《府志》:"右朝散大夫。"《府志》中排在范镗之后,任职时间今据《年表》补
吴安常		元祐九年	1094年	《府志》:"右朝散大夫。"《府志》中排在之张复圭后,任职时间今据《年表》补
孙　贲	齐安	元祐九年至绍圣三年	1094—1096年	《府志》:"朝散大夫。"《府志》作绍圣二年任职,有误;位排在吴安常之后,任职时间今据《年表》改。《夷坚志补》卷九:"衢州厅事下,土势隆起。绍圣元年,齐安孙贲公素为守,问于左右。"

续表五

姓　名	籍贯	任 职 时 间		备　注
		年　号	公　元	
黄　潜		绍圣三年至元符二年	1096—1099年	《府志》："朝请郎。"《府志》中排在孙贲之后，任职时间今据《年表》补
曹　辅		元符二年至建中靖国元年	1099—1101年	《府志》："朝奉郎。"《府志》中排在黄潜之后，任职时间今据《年表》补
文　勋		建中靖国元年至崇宁元年	1101—1102年	《府志》："朝奉郎，后赴阙。"《府志》中排在曹辅之后，任职时间今据《年表》补
陈　沂		崇宁元年至三年	1102—1104年	《府志》："朝散大夫。"《府志》中排在文勋之后，任职时间今据《年表》补
徐介立		崇宁三年至四年	1104—1105年	《府志》："朝奉大夫，后致仕。"《府志》中排在陈沂之后，任职时间今据《年表》补
韦寿隆		崇宁四年至大观元年	1105—1107年	《府志》："承议郎。"《府志》中排在徐介立之后，任职时间今据《年表》补
许巨卿		大观元年至三年	1107—1109年	《府志》："朝奉大夫。"《府志》中排在韦寿隆之后，任职时间今据《年表》补
李景夏		大观三年至政和元年	1109—1111年	《府志》："朝奉郎，后除本路提刑。政和元年，复任。"《府志》中排在许巨卿之后，任职时间今据《年表》补。《会稽续志》卷二提刑题名："李景夏，政和元年四月以朝散郎到任，当年五月罢。"
耿南仲		政和元年至二年	1111—1112年	《府志》中排在李景夏之后，任职时间今据《年表》补。《宋史》卷三百五十二本传："坐事罢知衢州。政和二年，以礼部员外郎为太子右庶子。"

姓　名	籍贯	任职时间		备　注
		年　号	公　元	
陆　远		政和二年至三年	1112—1113年	《府志》:"朝奉郎,后致仕。"《府志》中排在耿南仲之后,任职时间今据《年表》补
李友闻		政和三年至六年	1113—1116年	《府志》:"朝奉大夫。"《府志》中排在陆远之后,任职时间今据《年表》补
刘彦祖		政和六年至八年	1116—1118年	《府志》:"朝奉大夫、直秘阁。"《府志》中排在李友闻之后,任职时间今据《年表》补
叶仲堪	松阳	重和元年至宣和二年	1118—1120年	《府志》:"叶仲谋,朝请郎。"《府志》中排在刘彦祖之后,任职时间今据《年表》补。《浙江通志》卷一百二十四:"叶仲堪,松阳人,元丰八年乙丑焦蹈榜。知衢州。"今从《浙江通志》。
彭汝方		宣和二年至三年	1120—1121年	《府志》:"宣和三年彭汝方,有《传》。"《宋史》卷三十四刘本传:"宣和初,通判衢州,使者疏其治状,擢知州事。"《长编拾补》卷四三:"(宣和三年正月)方腊陷婺州,又陷衢州,守臣彭汝方死之。"任职时间今据《年表》改
高至临		宣和三年至四年	1121—1122年	《府志》中排在彭汝方之后,任职时间今据《年表》补。《宋会要辑稿·选举》三十三之三十五:"(宣和三年四月十四日)宣教郎、监信州铅山铸钱院、权县事高至临直龙图阁、知衢州,以捍贼有劳,故赏之。"
虞　沆		宣和四年至六年	1122—1124年	《府志》:"朝请郎、直秘阁。"《府志》中排在高至临之后,任职时间今据《年表》补

续表七

姓　名	籍贯	任职时间		备　注
		年　号	公　元	
毛　友	江山	宣和六年至七年	1124—1125年	《府志》:"朝请大夫、延康殿学士。"《府志》中排在虞沇之后,任职时间今据《年表》改
吕　勤		宣和七年	1125年	《府志》:"朝散郎,后差知郑州。"《府志》中排在毛友之后
石彦和	新昌	宣和七年	1125年	《浙江通志》:"石彦和,新昌人。崇宁二年癸未霍端友榜。知衢州。"《府志》失载,今据《年表》补
虞　彤		宣和七年至靖康元年	1125—1126年	《府志》:"朝散大夫。"《府志》中排在吕勤之后,任职时间今据《年表》补
郭　困	浮梁	靖康二年	1127年	《府志》失载,今据《年表》补。《古今图书集成·明伦汇编·氏族典》卷五百三十:"郭困字仲明,浮梁人。以太府承知衢州。时当南渡,密迩行都,乃养民练兵。"
姚舜明		建炎元年	1127年	《府志》失载,今据《年表》补。《建炎以来系年要录》(以下简称《要录》)卷四:"(建炎元年四月癸酉)监察御史姚舜明知衢州。"同书卷七:"(建炎元年七月辛丑)朝请大夫、新知衢州姚舜明降二官。"
邹　宝		建炎元年至二年	1127—1128年	《府志》、民国郑永禧《衢县志》:"邹宝,建炎元年。"《邹氏谱》《年表》作邹宾,今从《府志》。任职时间据《年表》补
求元忠	嵊州	建炎二年	1128年	《浙江通志》卷一百二十四:"求元忠,嵊人。崇宁二年癸未霍端友榜。知衢州。"民国郑永禧《衢县志》任职时间不详,作徽宗时期;《府志》失载;今从《年表》

续表八

姓　名	籍贯	任职时间		备　注
		年　号	公　元	
胡唐老		建炎二年至四年	1128—1130年	《要录》卷二十二:"(建炎三年四月庚申)苗傅犯衢州,守臣胡唐老据城拒之。"同书卷三八:"(建炎四年十月庚午)胡唐老守御有功,改京秩。"任职时间据《年表》补
范　冲	常山	建炎四年	1130年	《府志》:"建炎四年,范冲。"《常山县志·侨寓》:"冲,字元长,祖禹长子。南迁,得守衢。"《年表》简化作"范冲"
徐大兴		建炎四年	1130年	《府志》:"赠中奉大夫。"《府志》中排在范冲之后
刘宁止		建炎四年至绍兴元年	1131年	《要录》卷四十:"(建炎四年十二月辛巳)承奉郎、新知常州刘宁止改知衢州。"同书卷四一:"(绍兴元年正月辛丑)承事郎、新知衢州刘宁止为浙西安抚大使。"《府志》失载,今据《要录》补,见《年表》
李处励		绍兴元年至二年	1131—1132年	《府志》:"朝列(议)大夫、直秘阁,后赴召。"《宋史·高宗纪》三:"(绍兴元年)三月戊戌朔,以严、衢二州守臣柳约、李处励有治效,各进职一等。"《北山小集》卷三十九《微李处励再任词头奏状》,绍兴二年撰
席　益		绍兴二年	1132年	《要录》卷五十一:"(绍兴二年正月)己酉,集贤殿修撰、知临安府席益移知衢州。"《姑苏志》卷三:"席益,绍兴二年闰四月自知衢州改除。"

姓　名	籍贯	任职时间		备　　注
		年　号	公　元	
陈康伯		绍兴二年	1132年	《宋史》卷三百八十四本传："通判衢州，摄郡事。除太常博士，改提举江东常平茶盐。"《府志》、民国郑永禧《衢县志》失载，今据《宋史》补，见《年表》
王　岩		绍兴二年至三年	1132—1133年	《府志》排在席益之后，任职时间据《年表》补
汪思温	鄞县	绍兴三年	1133年	《府志》："左朝奉大夫，后罢。"《鸿庆居士集》卷三十七《汪公墓志铭》："公讳思温，字汝直，明州鄞县人。绍兴三年知衢州。罢归。"《要录》卷六十五："（绍兴三年五月己卯）左朝奉大夫、知衢州汪思温罢。"
李大有	新喻	绍兴三年至四年	1133—1134年	《府志》："左中大夫，后赴召。"《要录》卷六十五："（绍兴三年五月己卯）以尚书吏部郎中李大有知衢州。"隆庆《临江府志》卷十："李大有字仲谦，新喻人，绍圣四年进士。宣和末，金人犯京，诏诸道勤王。后守三衢。有宿寇猖獗，下车即平。"
谢克家		绍兴四年	1134年	《府志》："左中大夫，资政殿学士。"《要录》卷七十："（绍兴三年十一月乙亥）资政殿学士、提举万寿观兼侍读谢克家知台州，寻改知衢州。"同书卷七十八："（绍兴四年七月戊午）资政殿学士、知衢州谢克家薨。"
宋伯友		绍兴四年	1134年	《府志》："左中大夫。本年改知扬州。"

姓　名	籍贯	任职时间		备　注
		年　号	公　元	
宋孝先		绍兴四年	1134年	《要录》卷七十九:"(绍兴四年八月壬辰)徽猷阁待制、知衢州宋伯友与降授左朝请大夫、直秘阁、知扬州宋孝先两易。孝先乞解官终丧,许之。"《府志》失载,据《年表》补
常　同	临邛	绍兴四年至五年	1134—1135年	《府志》:"左朝奉郎。"《要录》卷八十:"(绍兴四年九月壬申)中书舍人兼史馆修撰常同充集英殿修撰、知衢州府。"《文定集》卷二十《御史中丞常公墓志铭》:"五年请祠,以徽猷阁待制提举江州太平观。"《要录》卷九十二:"(绍兴五年八月庚申)集英殿修撰、知衢州常同充徽猷阁待制、提举江州太平观。"《府志》排在宋伯友之后,任职时间据《年表》补
曾　纡	南丰	绍兴五年	1135年	《要录》卷九十四:"(绍兴五年十月)戊辰,直宝文阁、新知衢州曾纡卒。"《府志》曾纡排位在徐大兴后,今据《要录》改之,见《年表》
徐　濂		绍兴五年	1135年	《府志》:"奉议大夫。"《府志》中排位在常同之后,任职时间今据《年表》补
章　芡		绍兴五年	1135年	《府志》:"左朝散大夫,后改知信州。"《府志》中排位在徐濂之后,任职时间今据《年表》补
吴　革	全椒	绍兴五年至六年	1135—1136年	《府志》:"右中奉大夫、直徽猷阁。"《要录》卷一百零五:"(绍兴六年九月己丑)直徽猷阁、知衢州吴革进一官。"《府志》中排位在章芡之后,任职时间今据《年表》改

续表十一

姓　名	籍贯	任职时间		备　注
		年　号	公元	
范正已		绍兴六年	1136年	《府志》："右中奉大夫、直徽猷阁。"《府志》中排位在吴革之后,任职时间今据《年表》改
富直柔	河阳	绍兴六年至七年	1136—1137年	《府志》："(富)弼孙,资政殿学士。"《宋史》卷三百七十五本传："(绍兴)六年,丁所生母忧。起复资政殿学士、知镇江府,辞不赴。起知衢州。以失入死罪,落职奉祠。"
董弅		绍兴七年	1137年	《要录》卷一百一十:"(绍兴七年五月甲申)集英殿修撰,知衢州董弅提举江州太平观。"《府志》失载,今据《年表》补
富直柔		绍兴八年至九年	1138—1139年	《要录》卷一百一十八:"(绍兴八年二月庚申)资政殿学士富直柔知衢州。"同书卷一百二十七:"(绍兴九年四月)乙卯,资政殿学士、知衢州富直柔提举临安府洞箫宫。"
晏敦复		绍兴九年至绍兴十年	1139—1140年	《府志》："左朝奉大夫、宝文阁直学士。"《要录》卷一百二十七:"(绍兴九年三月癸丑),权史部尚书晏敦复充宝文阁直学士、知衢州。"《府志》中排位在富直柔之后,任职时间今据《年表》改
祖秀实		绍兴十年	1140年	《府志》："(祖)无择后,左朝请郎。"《府志》中排位在晏敦复之后,任职时间今据《年表》改
沈晦	钱塘	绍兴十年	1140年	《府志》："左朝请大夫,后改知潭州。"《宋史》卷三百七十八本传："进徽猷阁直学士,召赴行在,除知衢州,改潭州。"

续表十二

姓 名	籍贯	任职时间		备 注
		年 号	公 元	
赵思诚		绍兴十年至十二年	1140—1142年	《府志》："左朝奉大夫充宝文阁待制。"《府志》中排位在沈晦之后,任职时间据《年表》补
周 秘		绍兴十二年至十四年	1142—1144年	《府志》："左朝请郎、徽猷阁直学士。"《府志》中排位在赵思诚之后,任职时间据《年表》补
林待聘		绍兴十四年至十七年	1144—1147年	《府志》："左承议郎、敷文阁直学士。"《要录》卷一百五十一："(绍兴十四年四月丙戌)左承议郎林待聘充敷文阁直学士、知衢州。"任职时间今据《年表》改
韩 球		绍兴十七年	1147年	《要录》卷一百五十六："(绍兴十七年四月丙辰)直龙图阁、新知衢州韩球都大提举四川茶马监牧公事。左朝奉郎、知衢州张嵲为敷文阁待制。"《府志》失载,今据《要录》补,见《年表》
张 嵲	襄阳	绍兴十七年至十八年	1147—1148年	《府志》："左朝奉郎充敷文阁待制。"
章 杰		绍兴十八年至二十年	1148—1150年	《府志》："左中奉大夫,后罢。"《要录》卷一百六十一："(绍兴二十年七月)乙酉,左中奉大夫、知衢州章杰罢。"
宋之才		绍兴二十年	1150年	《两浙名贤录》卷三："宋之才字廷佐,登重和第。知衢州。"《府志》失载,据《年表》补
曹 筠		绍兴二十一年	1151年	《府志》："集贤殿修撰,改知成都。"《要录》卷一百六十二："(绍兴二十一年正月甲午)左宣议郎曹筠知衢州。……(七月)壬寅,集贤殿修撰、知衢州曹筠为敷文阁待制、四川安抚制置使

姓 名	籍贯	任 职 时 间		备 注
		年 号	公 元	
				兼知成都府。"任职时间《府志》作绍兴二十年，今据《要录》改，见《年表》
张 楠		绍兴二十一年	1151年	《府志》："左朝请大夫，后丁忧。"
王 曋		绍兴二十一年至二十四年	1152—1154年	《府志》："左朝请大夫，后罢。"《要录》卷一百六十二："(绍兴二十一年八月)丙申，权尚书礼部侍郎王曋罢知衢州。"同书卷一百六十六："(绍兴二十四年六月甲辰)左朝散大夫、知衢州王曋罢。"《府志》对王曋两次任职失载，今据《要录》改，见《年表》。《年表》误作王日严，今从《府志》《要录》
王师心	金华	绍兴二十四年至二十五年	1154—1155年	《府志》："左中大夫，后知泸州。"《要录》卷一百六十六："(绍兴二十四年六月甲辰)左中大夫、提举江州太平兴国宫王师心知衢州。"同书卷一百六十八："(绍兴二十五年六月)乙未，左中大夫、知衢州王师心移知泸州。"
王彦傅	江州	绍兴二十五年	1155年	《府志》："右朝请郎，后除都大提典坑冶。"《要录》卷一百六十八："(绍兴二十五年六月乙未)右朝请郎，添差通判临安府王彦傅知衢州。"同书卷一百六十九："(绍兴二十五年八月)壬寅，右朝请郎、知衢州王彦傅为江淮、荆浙、福建、广南路都大提点坑冶铸钱。"《年表》误作彦传，今从《府志》

姓　名	籍贯	任职时间		备　　注
		年　号	公　元	
钱端礼	临安	绍兴二十五年至二十六年	1155—1156年	《要录》卷一百六十九："(绍兴二十五年八月壬寅)右中奉大夫、直龙图阁钱端礼知衢州。"同书卷一百七十三："(绍兴二十六年七月)丁卯,直龙图阁、知衢州钱端礼罢。"
王　普		绍兴二十六年至二十七年	1156年	《府志》："左朝议大夫。"《府志》排位在钱端礼之后,任职时间据《年表》补
黄仁荣	建安	绍兴二十七年至二十八年	1157—1158年	《要录》卷一百七十七："(绍兴二十七年七月庚午)右朝请大夫、江南西路转运判官黄仁荣知衢州。"《府志》排位在王普之后,任职时间据《年表》补
陈　机		绍兴二十八年至三十九年	1158—1159年	《府志》："左朝议大夫、直秘阁。"《府志》排位在黄仁荣之后,任职时间据《年表》补
汪汝则		绍兴二十九年至三十年	1159—1160年	《府志》："右朝奉大夫。"《浙江通志》卷一百三十三作汪汝则,《年表》以为是,今从之。《府志》排位在陈机之后,任职时间据《年表》补
赵公俦		绍兴三十年	1160年	《府志》："左朝奉郎,后改知镇江。"《要录》卷一百八十五："(绍兴三十年八月庚寅)直秘阁、知衢州赵公俦知镇江。"
孟处义		绍兴三十年	1160年	《府志》："左朝请大夫,后致仕。"《要录》卷一百八十五："(绍兴三十年八月壬申)左朝请大夫、江南东路转运判官孟处义知衢州。"
郑作肃		绍兴三十年至三十一年	1160—1161年	《府志》："左朝议大夫、直秘阁,宫观。"《府志》排位在孟处义之后,任职时间据《年表》补

姓　名	籍贯	任职时间		备　注
		年　号	公　元	
汪应辰	玉山	绍兴三十一年	1161年	《要录》卷一百九十三:"(绍兴三十一年十月戊申)权尚书吏部侍郎汪应辰充集英殿修撰、知衢州。"后注应辰未赴任,故《府志》不载,现据《年表》录之
沈　度		绍兴三十一年至隆兴二年	1161—1164年	《府志》:"右朝奉大夫,后赴召。"《府志》排位在郑作肃之后,任职时间据《年表》补
刘　琪	崇安	隆兴二年至乾道元年	1164—1165年	《府志》:"左朝散郎,有《传》。"《朱文公文集》卷九十四《刘枢密墓记》:"隆兴二年二月,改衢州。乾道元年三月,除敷文阁待制、知潭州。"《府志》排位在沈度之后,任职时间据《年表》补
何　俌	龙泉	乾道元年至二年	1165—1166年	《府志》:"(何)执中孙,左朝奉郎,后改知宁国府。"《会要·选举》卷三十四之十六:"(乾道元年三月三日)诏权尚书工部侍郎何俌除集英殿修撰、知衢州。"《容斋随笔》卷八:"乾道二年冬,蒙恩召还,过三衢,郡守何德辅问奏对用几札。"《府志》排位在刘琪之后,任职时间据《年表》补
周　操		乾道二年至三年	1166—1167年	《府志》:"左朝散郎,后赴召。"《宋史翼》卷十二本传:"以左朝散郎,秘阁修撰知衢州。"《会要·食货》八之九:"(乾道)三年五月十五日,秘阁修撰、前知衢州周操言事。"《府志》排位在何俌之后,任职时间见《年表》

姓 名	籍贯	任 职 时 间		备 注
		年 号	公 元	
李益谦		乾道三年	1167年	《会要·选举》三十四之二十："(乾道三年)八月十三日,诏上书吏部侍郎李益谦除集英殿修撰、知衢州。"《府志》失载,今据《会要》补,见《年表》
张 杓		乾道三年至四年	1167—1168年	《府志》:"(张)浚子,《宋史》本传。"《府志》排位在周操之后,任职时间见《年表》
王 悦		乾道四年	1168年	《宋史·孝宗纪》二:"(乾道四年七月)戊寅,知衢州王悦以盛暑祷雨,蔬食减膳,忧勤致疾而死,赠直龙图阁。"
徐 葳	吴县	乾道四年	1168年	《府志》:"左朝散郎、浙东提举常山茶盐。"《府志》排位在王悦之后,任职时间见《年表》
刘 凤		乾道四年至五年	1168—1169年	《府志》:"左奉议郎,后改知温州府。"《续资治通鉴》卷一百四十:"(乾道四年九月)癸未,权发遣衢州刘凤入对。"《水心文集》卷十六《刘公墓志铭》:"知衢州。在州期年,政平讼简。"《府志》排位在徐葳之后,任职时间见《年表》
王稽中		乾道五年	1169年	《府志》:"左朝奉郎、直徽猷阁,宫观。"《府志》排位在刘凤之后,任职时间见《年表》
章思永		乾道五年至六年	1169—1170年	《府志》排位在王稽中之后,任职时间见《年表》
胡坚常	晋陵	乾道六年	1170年	《宋史·孝宗纪》三:"(乾道六年)八月己酉,新权发遣衢州胡坚常进对。"《定斋集》卷十五

姓 名	籍贯	任 职 时 间		备 注
		年 号	公 元	
				《故朝议大夫直宝文阁学士胡公墓志铭》:"知秀衢二州,不赴,提举浙江常平。"《府志》作胡坚,有误,今从《宋史》
施元之	吴兴	乾道六年至八年	1170—1172年	《府志》:"左宣教郎,后除浙西提刑。"《续资治通鉴》卷一百四十二:"(乾道六年八月)壬寅,新权发遣衢州施元之入对。"《会要·选举》三十四之二十八:"(乾道八年八月)二十六日,诏权发遣衢州施元之除直秘阁、权发遣两浙西路提点刑狱公事。"
张子颜		乾道八年	1172年	《府志》:"右朝散大夫,后改知信州。"《府志》排位在施元之之后,任职时间见《年表》
王察		乾道八年至九年	1172—1173年	《府志》:"右朝奉大夫,后致仕。"《府志》排位在张子颜之后,任职时间见《年表》
朱周卿		乾道九年	1173年	《府志》:"右朝请大夫,后致仕。"《府志》排位在王察之后,任职时间见《年表》。《年表》作周同卿,今从《府志》
陈举善		乾道九年至淳熙元年	1173—1174年	《府志》:"承议郎,改知常州。"《会要·选举》三十四之三十:"(乾道九年十一月)二十六日,殿中侍御史陈举善除直宝文阁、知衢州。"《府志》排位在朱周卿之后,任职时间见《年表》
李杓		淳熙元年	1174年	《会要·职官》七十二之十一:"(淳熙元年)六月十四日,新知衢州李杓放罢。"《府志》失载,据《会要》补,见《年表》

姓 名	籍贯	任 职 时 间		备 注
		年 号	公 元	
程叔达		淳熙元年	1174年	《诚斋集》卷二十五《程公墓志铭》："除直敷文阁、知池州，时四年二月也。引嫌改衢，当路有不乐者，遇官期至，则辄以他人代。凡五年，始获至官。淳熙初元十月，除浙西提点刑狱。"《府志》失载，据《诚斋集》补，见《年表》
曹 总		淳熙元年至二年	1174—1175年	咸淳《毗陵志》卷八："曹总，朝散郎，淳熙元年十月改知衢州。"《府志》排位在陈举善之后，任职时间见《年表》
王公衮	山阴	淳熙二年至三年	1175—1176年	《府志》："朝奉郎，（王）佐之弟。"《府志》排位在曹总之后，任职时间见《年表》
陈从古		淳熙三年	1176年	《会要·职官》卷七十二之十六："（淳熙三年六月）二十一日，新知衢州陈从古放罢。"《府志》失载，据《会要》补，见《年表》
陈良祐		淳熙三年	1176年	《会要·职官》卷七十二之十六："（淳熙三年六月）二十七日，新知衢州陈良祐罢新任。"《府志》失载，据《会要》补，见《年表》
汪 悟		淳熙三年至六年	1176—1178年	《府志》："朝散大夫。"《府志》排位在王公衮之后，任职时间见《年表》
路由中		淳熙六年至八年	1178—1181年	《府志》："（路）允迪子，朝散大夫。"《府志》排位在汪悟之后，任职时间见《年表》

姓　名	籍贯	任职时间		备　注
		年　号	公　元	
李　峄		淳熙八年	1181年	《晦庵集》卷十七《奏衢州守臣李峄不留意荒政状》，淳熙八年十一月撰
沈崇一		淳熙九年至十年	1182—1183年	《府志》："朝奉大夫，后赴召。"《会要·职官》卷七十二之三十三："(淳熙九年七月)十三日，朝奉大夫、知衢州沈崇一降一官。"
赵师垂		淳熙十年至十一年	1183—1184年	《府志》："秀安僖王孙，宣教郎。"《会要·职官》卷七十二之四十一："(淳熙十一年十一月)五日，知衢州赵师垂放罢。"《府志》排位在沈崇一之后，任职时间见《年表》
沈祖德		淳熙十一年至十四年	1184—1187年	《府志》："承议郎，后知平江。"《会要·职官》卷七十二之四十五："(淳熙十三年)闰七月二十二日，知衢州沈祖德罢知平江府新命。"《府志》排位在赵师垂之后，任职时间见《年表》
刘清之		淳熙十四年	1187年	《会要·职官》卷七十二之四十八："(淳熙十四年十二月二十七日)知衢州刘清之主管华州云台观。"《府志》失载，今据《会要》补，见《年表》
沈作砺		淳熙十四年年底至十五年	1188年	《府志》："奉直大夫，后除福建运判。"《府志》排位在沈祖德之后，任职时间见《年表》
王　淮		淳熙十五年	1188年	《攻媿集》卷八十七《太师王公行状》："(淳熙十五年)五月，除观文殿学士、判衢州，以便亲求闲。秋，提举临安府洞霄宫。"《府志》失载，据《攻媿集》补，见《年表》

姓　名	籍贯	任职时间		备　注
		年　号	公　元	
袁说友	台州	淳熙十五年	1188年	《府志》:"朝请大夫,后除浙东提举。"《会稽续志》卷二:"袁说友,淳熙十六年正月十八日以朝请大夫到(浙东提举)任上。"《府志》排位在沈作砺之后
谢源明		淳熙十五年至绍熙元年	1188—1190年	《府志》:"朝散郎,后赴召。"《府志》排位在袁说友之后,任职时间见《年表》
李信甫	南剑州	绍熙元年至二年	1190—1191年	《府志》:"延平先生(李侗)子,朝散郎,宫观。"《府志》排位在谢源明之后,任职时间见《年表》
萧　忱	永嘉	绍熙二年至四年	1191—1193年	《府志》:"朝散郎。"任职时间见《年表》
江乙祖		绍熙四年至五年	1193—1194年	《府志》:"朝奉大夫。"《府志》排位在萧忱之后,任职时间见《年表》
郑若容		绍熙五年至庆元二年	1194—1196年	《府志》:"朝散大夫,后除知平江。"《攻媿集》卷五十五《平江府瞻仪堂画像记》:"庆元二年,知衢州郑若容治行彰闻。某月甲子,有旨除直秘阁,改知平江府。"
叶　簬		庆元二年至四年	1196—1198年	《府志》:"(叶)梦得孙,奉直大夫,后除江西提刑。"《府志》排位在郑若容之后,任职时间见《年表》
张　经		庆元四年至五年	1198—1199年	《府志》:"朝请大夫,后除福建提举。"《会要·职官》卷七十四之七:"(庆元五年九月)二十七日,福建提举张经放罢。"

姓　名	籍贯	任 职 时 间		备　注
		年　号	公　元	
叶　适		庆元五年	1199年	《府志》:"《宋史》本传:'辞,未赴召。'《府志》排位在张经之后,任职时间见《年表》
苏　林	眉山	庆元五年至　年	1199—1200年	《府志》:"(苏)辙孙,朝奉大夫,后除福建提举。"《府志》排位在叶适之后,任职时间见《年表》
陈希点	青田	庆元六年嘉泰二年	1200—1202年	《府志》:"陈希默,朝请郎,后赴召。"《攻媿集》卷九十八《陈公神道碑》:"公讳希点,字子舆,处州青田人。知衢州。除户部右槽郎官。"《府志》误,今从《攻媿集》改,任职时间见《年表》
章　颖	临江军	嘉泰二年至开禧元年	1202—1205年	《府志》:"朝请大夫,宫观。"《会要·职官》卷七十四之十七:(开禧元年正月)二十四日,知衢州章颖与宫观。《宋史》本传作"未赴",有误。《府志》排位在陈希点之后,任职时间见《年表》
孙昭先		开禧元年至二年	1205—1206年	《府志》:"朝奉大夫,后赴召。"《府志》排位在章颖之后,任职时间见《年表》
王　淹		开禧二年	1206年	《会要·职官》卷七十四之二十一:"(开禧二年五月)二十八日,知衢州王淹放罢。"《府志》失载,任职时间见《年表》
高文善		开禧二年至三年	1206—1207年	《府志》:"承议郎,后别与州郡差遣。"《府志》排位在孙昭先之后,任职时间见《年表》
曾　宁		开禧三年至嘉定二年	1207—1209年	《府志》:"(曾)公亮孙,朝奉大夫,宫观。"《府志》排位在高文善之后,任职时间见《年表》

姓 名	籍贯	任 职 时 间		备 注
		年 号	公 元	
孙子直		嘉定二年至五年	1209—1212年	民国郑永禧《衢县志》："朝请郎,(嘉定)三年修城,毛宪为记。"《会要·职官》卷七十四之三十七："(嘉定三年七月)二十四日,知衢州孙子直降一官。"
綦 奎		嘉定五年至六年	1212—1213年	《府志》："承奉郎,后除福建运判。"任职时间见《年表》
王 棐		嘉定六年至八年	1213—1215年	《府志》："奉议郎。"《会要·食货》卷十八之二十五："(嘉定)六年十二月十一日,权发遣衢州王棐言事。"《府志》排位在綦奎之后,任职时间见《年表》
魏豹文		嘉定八年至十年	1215—1217年	《府志》："(魏)杞之孙,奉议郎,后除太常寺丞。"《府志》排位在王棐之后,任职时间见《年表》
郑如冈	括苍	嘉定十年至十二年	1217—1219年	《古今图书集成·明伦汇编·氏族典》卷四百九十五："郑如冈字山甫,括苍人,以父荫为金华令,历守衢、婺二州。"《府志》失载,今据《明伦汇编》补,任职时间见《年表》
刘 垕		嘉定十二年至十四年	1219—1221年	《府志》："朝奉郎,后赴召。"任职时间见《年表》
赵希奇		嘉定十四年至十六年	1221—1223年	《府志》："朝奉郎,后赴召。"《府志》排位在刘垕之后,任职时间见《年表》
沈 燮		嘉定十六年至十七年	1223—1224年	《府志》："朝散郎。"《府志》排位在赵希奇之后,任职时间见《年表》
潘 樾		嘉定十七年至宝庆二年	1224—1226年	《府志》："朝散郎,除仓部郎中。"《府志》排位在沈燮之后,任职时间见《年表》

姓　名	籍贯	任职时间		备　注
		年　号	公　元	
赵希萰		宝庆二年至三年	1226—1227年	《府志》："朝请大夫，后致仕。"《府志》排位在潘橹之后，任职时间见《年表》
袁　甫		宝庆三年至绍定元年	1227—1228年	《府志》："朝奉郎，后除江东提举。"《永乐大典》七千五百一十四《蒙斋集·衢州平寇仓记》："宝庆（三年）丁亥，余尝假守矣。"《府志》排位在赵希萰之后，任职时间见《年表》
林　略		绍定元年至二年	1228—1229年	《府志》："朝散郎，后赴召。"《府志》排位在袁甫之后，任职时间见《年表》
蔡　范		绍定二年至四年	1229—1231年	《府志》："朝散郎。四年，丁母忧。起复朝请郎、知衢州，辞不赴。后再起复朝请郎、直宝谟阁、知衢州，节制出戍军马，改除大理寺丞。"
蔡　节		绍定四年至五年	1231—1232年	《府志》："承议郎、行军器监丞兼权知衢州，节制出戍军马。"《府志》排位在蔡范之后，任职时间见《年表》
林　楷		绍定五年至六年	1232—1233年	《府志》："绍定五年，林楷，开化知县董梦程碑记。"《府志》排位在蔡节之后，任职时间见《年表》
赵汝艐		绍定六年	1233年	《府志》："朝奉郎，两易知常州。"《府志》排位在林楷之后，任职时间见《年表》
章　鉴	昌化	绍定六年至端平元年	1233—1234年	《府志》排位在赵汝艐之后，任职时间见《年表》
陈　埙		端平元年	1234年	《府志》："朝奉郎，除江淮、荆浙、福建、广南路都大提点坑冶铸钱。"《府志》排位在章鉴之后，任职时间见《年表》

续表二十四

姓 名	籍贯	任职时间		备 注
		年 号	公 元	
蔡 节		端平元年至三年	1234—1236年	《续资治通鉴》卷一百六十八："（端平二年正月辛酉）诏知衢州蔡节削二秩。"《府志》失载，今据《续资治通鉴》补，任职时间见《年表》
赵彦呐	彭州	端平三年至嘉熙元年	1236—1237年	《府志》排位在陈埙之后，任职时间见《年表》
程公许		嘉熙元年	1237年	《宋史》本传："未赴。"任职时间见《年表》
沈景渊		嘉熙元年	1237年	《府志》："中散大夫。"《府志》排位在程公许之后，任职时间见《年表》
史弥巩	鄞县	嘉熙元年至二年	1237—1238年	《府志》："朝散大夫，除江东提刑。"《府志》排位在沈景渊之后，任职时间见《年表》
章谦亨		嘉熙二年至四年	1238—1240年	《府志》："朝请大夫，两易知衢州兼浙东提刑，续准省札除直秘阁、浙东提刑兼知衢州。"《会稽续志》卷二提刑题名："以知衢州兼。嘉熙三年六月十一日交割，十二月十三日除直秘阁、浙东提刑兼知衢州。嘉熙四年十一月宫观。"
洪梦炎	淳安	嘉熙四年至淳祐元年	1240—1241年	《府志》："承事郎，权发遣衢州。"《浙江通志》："洪梦炎字季思，淳安人，宝庆元年进士。拜司农卿、知衢州，卒于任。"《府志》排位在章谦亨之后，任职时间见《年表》
朱元龙	义乌	淳祐元年至二年	1241—1242年	《府志》排位在洪梦炎之后，任职时间见《年表》
郑逢辰		淳祐二年至三年	1242—1243年	《府志》："朝散大夫。"《府志》排位在朱元龙之后，任职时间见《年表》

姓　名	籍贯	任　职　时　间		备　　注
		年　号	公　元	
葛宗节		淳祐三年至四年	1243—1244年	《府志》："朝散大夫,后除大理寺丞。"《府志》排位在郑逢辰之后,任职时间见《年表》。天启《衢州府志》、民国郑永禧《衢县志》作"崇节"。今从康熙《衢州府志》《年表》
杨彦瞻		淳祐四年至六年	1244—1246年	《齐东野语》卷十八《省状元同郡》："淳祐(四年)甲辰,省元徐霖、状元留梦炎皆三衢人。时外舅杨彦瞻守衢,遂大书'状元坊'。"任职时间见《年表》
全清夫		淳祐六年至七年	1246—1247年	《府志》排位在杨彦瞻之后,任职时间见《年表》
朱仕麟		淳祐七年至八年	1247—1248年	《府志》排位在全清夫之后,任职时间见《年表》
谢奕秦		淳祐八年至九年	1248—1249年	《府志》排位在朱仕麟之后,任职时间见《年表》
游　钧	南充	淳祐九年至十二年	1249—1252年	《十驾斋养新录》卷十四:"《郡斋读书志》,淳祐(九年)己酉,南充游钧知衢州所刊。"《府志》排位在谢奕秦之后,任职时间见《年表》
孙子秀	余姚	淳祐十二年至宝祐二年	1252—1254年	《续资治通鉴》卷一百七十三:"(淳祐十二年)六月癸酉朔,盗逼衢州境,命孙子秀知衢州。"《府志》失载,任职时间见《年表》
连　元	龙泉	宝祐二年至三年	1254—1255年	《浙江通志》卷一百二十六:"连元,龙泉人,开禧元年乙丑毛自知榜。知衢州。"《府志》失载,任职时间见《年表》
孙子秀	余姚	宝祐三年至五年	1255—1257年	任职时间见《年表》

姓　名	籍贯	任职时间		备　注
		年　号	公　元	
龚自元		宝祐五年至开庆元年	1257—1259年	《府志》排位在孙子秀之后，任职时间见《年表》
陈仁玉	天台	开庆元年至景定元年	1259—1260年	《会稽续志》卷二提刑题名："陈仁玉，开庆元年十一月初四日，以秘书郎兼礼部官兼崇政殿说书除直秘阁、浙东提刑兼知衢州。十一月初十日到任。景定元年五月二十九日，特升直文华阁依旧。八月十一日，升直敷文阁依旧。九月初二日回司。"
马天骥	龙游	景定元年	1260年	《宋史》卷四百二十本传："景定元年，知衢州，以兵部侍郎章鉴论罢。"
吴梦弼	临海	景定元年至二年	1260—1261年	《浙江通志》卷一百二十七："吴梦弼，临海人，嘉熙二年戊戌周坦榜。知衢州。"《府志》失载，任职时间见《年表》
谢弈中		景定二年至四年	1261—1263年	任职时间见《年表》
陈　存	龙泉	景定四年至五年	1263—1264年	《府志》排位在谢弈中之后，任职时间见《年表》
谢　墅		景定五年	1264年	《宋史·理宗纪五》卷四十五："(景定五年)六月甲辰，知衢州谢墅因寇焚掠常山县弃城遁，诏削三秩。"
王　己		景定五年	1264年	《府志》排位在谢墅之后，任职时间见《年表》
赵逢龙	鄞县	景定五年	1264年	《宋史》卷四百二十四本传："历知兴国、信、衢、衡、袁五州。"《府志》排位在王己之后，任职时间见《年表》

续表二十七

姓 名	籍贯	任 职 时 间		备 注
		年 号	公 元	
黄宗仁		景定五年	1264年	《府志》排位在赵逢龙之后，任职时间见《年表》
常 挺	福州人	景定五年至咸淳元年	1264—1265年	《宋史》卷四百二十一本传："出知衢州，拜监察御史兼崇政殿说书。"《府志》排位在黄宗仁之后，任职时间见《年表》。《年表》作"梃"，今从《宋史》改
陈 蒙		咸淳元年至三年	1265—1267年	《府志》："咸淳元年，陈蒙。"任职时间见《年表》
赵孟奎		咸淳三年至四年	1267—1268年	《府志》："咸淳三年，赵孟奎，《莲花赵公祠碑》。"任职时间见《年表》
蔡 塾		咸淳四年至五年	1268—1269年	《府志》排位在赵孟奎之后，任职时间见《年表》
马元演		咸淳五年至七年	1269—1271年	《府志》排位在蔡塾之后，任职时间见《年表》
赵 洪		咸淳七年至八年	1271—1272年	《府志》排位在马元演之后，任职时间见《年表》
龚 集		咸淳八年至九年	1272—1273年	《府志》排位在赵洪之后，任职时间见《年表》
郭 囷		咸淳九年至十年	1273—1274年	《府志》排位在龚集之后，任职时间见《年表》。《年表》简化为"郭渊"
赵与檖		咸淳十年至德祐元年	1274—1275年	《府志》排位在郭渊之后，任职时间见《年表》
萧雷龙	新城	德祐元年至二年	1275—1276年	《府志》："德祐元年，萧雷龙。"
魏福兴		德祐元年	1276年	《宋史·瀛国公纪》："（德祐二年九月壬寅）衢州守将魏福兴出战福星桥，死。"

表三：元代衢州达鲁花赤与总管（据民国郑永禧《衢县志》）

时　间		达 鲁 花 赤		总　管	
年　号	公元	姓　名	备　注	姓名	备　注
世祖至元十四年	1277年	阿的迷失	昭勇大将军	刘克昌	嘉议大夫
		王　俊	怀远大将军	沈世隆	昭勇大将军
至元十五年	1278年				
至元十八年	1281年			李大明	金吾卫上将军
至元十九年	1282年	札　杰	明威将军		
至元二十年	1283年	也　先	怀远大将军		
至元二十三年	1286年	布　伯	少中大夫,见总管府,有碑	彭之才	昭勇大将军
至元二十六年	1289年	马合麻	宣武将军	周　成	定远大将军
至元二十八年	1291年	冻阿木	嘉议大夫		
至元三十年	1293年			赵国器	昭武大将军
成宗元贞元年	1295年	霍脱儿赤	嘉议大夫		
元贞二年	1296年			魏　英	昭武大将军
大德二年	1298年	忻都察	通奉大夫		
大德五年	1301年			朵儿赤	少中大夫
大德八年	1304年	忽撒马丁	嘉议大夫	孙　虎	昭武大将军
大德十年	1306年	脱　因	大中大夫		
大德十一年	1307年			朱　霁	嘉议大夫,修《信安志》
武宗至大二年	1309年	释兰都	都请大夫		
至大三年	1310年			柴　奎	康熙府志引《江山人物志》补此二人,《衢县志》并列于此
				买　住	
仁宗皇庆元年	1312年			申月鲁贴木儿	大中大夫,高丽人

续表一

时间		达鲁花赤		总管	
年号	公元	姓名	备注	姓名	备注
皇庆二年	1313年	易释董阿	中顺大夫		
延祐三年	1316年	塔察儿	正议大夫,卒于任	曹按丹不花	大都人,大中大夫
英宗至治元年	1321年	马合谋	回回人,大中大夫	花忽都	安丰人,大中大夫
泰定帝元年	1324年	赫斯		赵仲礼	
泰定三年	1326年			卢景	字彦远,见《柳贯集》
泰定四年	1327年	铁柱		虞景	疑有误,即卢景
文宗天历二年	1329年	中都海牙			
至顺元年	1330年	察可儿	马木速蛮人,见《浙江通志》		
至顺三年	1332年	薛超吾儿		乞儿	
惠宗元统元年	1333年	燕只吉台	《府志》失载,见《余阙传》		
顺帝至元元年	1335年	那怀			
至元二年	1336年			龙士俊	一作张士俊
至元四年	1338年	寿山			
至元六年	1340年			刘桢	一作刘祯
至正二年	1342年	不鲁迷失帖木儿		王主敬	
至正四年	1344年	速来蛮			
至正六年	1346年			白景亮	南阳人,有《传》
至正九年	1349年			马浩	字昂夫
至正十五年	1355年	伯颜忽都		高存诚	《浙江通志》作存谊

续表二

时　间		达　鲁　花　赤		总　管	
年　号	公元	姓　名	备　注	姓名	备　注
至正十六年	1356年	伯颜不花的斤	《元史》有传	方国璋	《元史·顺帝纪》：遥授
至正十九年	1359年	宋伯颜不花	见《明鉴纪事本末》	马　浩	按旧志，为郡守，大军克城死于官

表四：明代衢州知府

姓　名	籍贯	任　职　时　间		备　注
		年　号	公元	
杨苟儿		太祖龙凤五年	1359年	民国郑永禧《衢县志》：《太祖实录》。(以下未注明的均引自此书)按，当年朱元璋遣大将常遇春攻克衢州。龙凤为元末义军韩林儿年号
章　溢	龙泉	吴元年	1364年	"胡翰《青霞洞天记》：'字三益，龙泉人。'"按，韩林儿龙凤十年朱元璋称吴王，即吴元年
王　珍		洪武二年	1369年	"见宋濂《徐贞妇传》。"
黄　镇		洪武三年	1370年	"见宋濂《杰峰禅师塔碑》。"
黄　奭	黄冈	洪武四年	1371年	"详郑辰《清节祠碑记》。"
吴　泽	江西	洪武九年前后	约1376年	"仁心惠政，祀名宦。"排在黄奭之后
文　辐		洪武十四年前后	约1381年	据《太祖御制集》卷七《命知衢州府事文辐》补。一说排在王珍之前，今从民国郑永禧《衢县志》排位在吴泽之后
毕　贞		洪武十八年前后	约1385年	《明统志》：洪武中，知府。列名宦。"排位在文辐之后

续表一

姓　名	籍贯	任职时间		备　注
		年　号	公元	
郭　敦	山东棠邑	洪武二十三年	1390年	《府佐题名记》：棠邑人。《明统志》：永乐初，知府。"今从民国郑永禧《衢县志》，位在毕贞之后
张士良		洪武二十四年	1391年	"见胡昱《城隍庙记》。"
张　实		永乐元年后	约1403年	《题名碑》在夏昇后。"今从民国郑永禧《衢县志》，位在张士良后
夏　昇	盐城	永乐七年	1408年	《府志》作"(永乐)十九年"，有误。据《建湖县志》：永乐七年(1409年)从开化知县直升为衢州知府
曾田政	盐山	永乐十一年前后	约1413年	一作"田正"。民国郑永禧《衢县志》排位在夏昇之后，一说曾田政为夏昇前任
简　贞		永乐十五年前后	约1417年	排位在曾田政之后
夏　昇		永乐十九年	1421年	"以民谣上闻，复任。"
朱　敬	淮安	宣德二年前后	约1427年	"宣德间，户部郎中升任。祀名宦。《题名碑》列永乐。"今从民国郑永禧《衢县志》
黄　胜	福建建阳	宣德八年前后	约1433年	"宣德间，户部郎中升任。祀名宦。"排位在朱敬之后
刘　贵	山东	正统六年前后	约1441年	"正统间，由兵部郎中升任。为人慈善，以年老去。"排位在黄胜之后
白　琮	河南新野	正统十四年	1449年	"进士。以工科给事中任。祀名宦。"
王　高	江西安福	景泰五年前后	约1455年	"进士。景泰间(任职)。《浙江通志》：字邦彦，正统间任。"今从民国郑永禧《衢县志》，排位在白琮之后

续表二

姓 名	籍 贯	任 职 时 间		备 注
		年 号	公元	
唐 瑜	上海	天顺五年	1461年	"进士。由礼科给事中任。祀名宦。"
阎 铎	陕西兴平	成化二年前后	约1466年	"进士。成化间,顺天府尹左迁。祀名宦。升布政使。"排位在唐瑜之后
涂 观	江西丰城	成化七年前后	约1471年	"成化间(任)。宽厚慈爱,未几以忧去。"排位在阎铎之后
刘必贤	滁州	成化十二年前后	约1476年	"进士。成化间,监察御史升,以疾去。"排位在涂观之后
李汝嘉	福建晋江	成化十七年	1481年	"由户部郎中任。升浙江参政。"
蔡 敞	宛平	成化二十一年前后	约1485年	"性恬静,未几以疾去。"排位在李汝嘉之后
张 俊	直隶博野	弘治三年	1490年	《府志》:"弘治三年。"民国郑永禧《衢县志》:"监生。祀名宦。"
饶 泗	江西进贤	弘治六年	1493年	"进士。刚毅有为,宽洪简易。祀明德祠。"
沈 杰	长洲	弘治十一年	1498年	"进士。善政良多。祀名宦。"
张维新	龙骧卫	正德元年	1506年	"进士。"
刘 鸾	山东章丘	正德五年	1510年	"进士。"
程云鹏	四川南充	正德八年	1513年	"进士。"
宋 毓	德州卫	正德十年	1515年	"进士。由郎中任。以饶寇扰境,综理军务,致疾卒。"
刘澄亮	江西新喻	正德十三年	1518年	"进士。"
李志学	河南大梁	正德十四年	1519年	"进士。"
林有年	福建莆田	嘉靖元年	1522年	"举人。御史左迁丞令,擢守。"

续表三

| 姓 名 | 籍贯 | 任 职 时 间 | | 备 注 |
		年 号	公元	
赵可与	江西安福	嘉靖六年	1527年	"举人。……立仁雨亭。祀名宦。"
王 莘	江阴	嘉靖十一年	1532年	"进士。"
袁 城	江西丰城	嘉靖十二年	1533年	"进士。"
李 遂	江西丰城	嘉靖十七年	1538年	"字克斋,丰城进士。政绩甚多。祀名宦。升兵部尚书。"
王仲锦	江西吉水	嘉靖二十年	1541年	"锦衣卫籍,吉水进士。祀名宦。"
杨子臣	四川南充	嘉靖二十三年	1544年	"进士。"
余 鏓	江西德兴	嘉靖二十六	1547年	"进士。历御史,卒于官。"一作"金"姓
周 臣	吴县	嘉靖二十八年	1549年	"进士。……祀名宦。"
张正和	江西南昌	嘉靖三十三年	1554年	"进士。"
丘 玭	六安州	嘉靖三十四年	1555年	"进士。《浙江通志》:字文玉。周王庙有坊。"
洪 恩	湖广黄梅	嘉靖三十五年	1556年	"进士。"
杨 准	宜兴	嘉靖三十八年	1559年	"进士。开杨公河,倡修《府志》。祀名宦。"
郑伯兴	无锡	嘉靖四十二年	1563年	"进士。字南溟,完成《府志》。"
何东序	猗东	隆庆元年	1567年	"进士。"
汤 仰	四川新都	隆庆二年	1568年	"进士。与何东序齐名,民称二天。"
韩邦宪	高淳	万历元年	1573年	"进士。"一作隆庆六年(1572年)到任
黄 宸	大埔	万历三年	1575年	"进士。"
陈 润	零陵	万历五年	1577年	"进士。"

续表四

姓　名	籍贯	任职时间		备　注
		年　号	公元	
史　翊	江西永新	万历九年	1581年	"进士。《浙江通志》作谞。"
廖希元	湖广蓝山	万历十二年	1584年	"进士。"
易仿之	黄冈	万历十七年	1589年	"进士。"
岳万阶	朝城	万历二十二年	1594年	"进士。"
张尧文	江西新淦	万历二十七年	1599年	"进士。"
朱朝望	武昌	万历三十四年	1606年	"进士。署府。有修学碑。"康熙《衢州府志》作"举人，同知"，今从民国郑永禧《衢县志》
张所望	上海	万历三十五年	1607年	
洪纤若	同安	万历三十八年	1610年	"进士。有善政。"
董元勋	太仓州	万历四十四年	1616年	"进士。"
吴澄时	无锡	万历四十四年	1616年	"举人。"
瞿　溥	达州	万历四十五年	1617年	"柯山日迟亭有碑。"
林应翔	同安	天启二年	1622年	"进士。修《府志》，建浮桥。有祠。"
舒崇功		天启五年	1625年	"重修府学。"据民国郑永禧《衢县志》补
蔡三复		崇祯元年	1628年	"由度支郎出守。见二年修府学碑。"据民国郑永禧《衢县志》补
庞承宠	吴江	崇祯三年	1630年	"进士。"一作卢承宠
丁明登	江浦	崇祯五年	1632年	"进士。"
杨　某		崇祯六年	1633年	"郡庙，崇祯壬申署府杨公修，癸酉秋成。名缺。"据民国郑永禧《衢县志》补

姓　名	籍贯	任职时间		备　注
		年　号	公元	
张文达	保山	崇祯七年	1634年	"进士。"
王　榜	宜兴	崇祯十五年	1642年	"举人。"
金之镳	吴江	崇祯十七年前后	约1644年	"举人"。一作"黄"姓。排位在王榜之后
伍经正	安福	南明隆武二年	1646年	"拔贡。西安知县升。丙戌，殉难"此时明王朝以灭亡，时在顺治三年（1646年）

表五：清代衢州道台与知府（据民国郑永禧《衢县志》）

时　间		道　台		知　府	
年　号	公元	姓名	备　注	姓名	备　注
顺治三年	1646年	钱志骥	金衢巡道。丹徒进士	常攀桂	河南扶沟举人。随征上任
				冷时中	内江人。柯山碑："三年秋至任。"
顺治四年	1647年	王道成	山西安邑进士	秘业捷	山西晋州举人
顺治五年	1648年			韩养醇	山东禹城举人
顺治六年	1649年	李际期	河南孟津进士。提学		
顺治十年	1653年	张元璘	辽阳州进士	袁国梓	字丹叔，华亭进士。修府学及石室堰
顺治十四年	1657年	罗廷玙	新建人		
顺治十六年	1659年	陈韩遴	晋江进士		
顺治十八年	1661年	韩庭苊	山东青城进士	廿日进	丰城官生

续表一

时　间		道　台		知　府	
年　号	公元	姓名	备　注	姓名	备　注
康熙元年	1662年		巡道裁撤,守道移衢。按《东华录》:“顺治间,冯如京、徐来麟、毕振姬、宁之凤,俱金衢道参政。”《浙江通志》均列为守道	雷　经	井研举人。又见九年郡庙碑
康熙九年	1670年	胡养忠	见九年郡庙碑。衔署分守金衢严道		
康熙十年	1671年	梁万禩	“驻衢十五年。有祠。”一作九年任		
康熙十三年	1674年			王弘仁	辽阳恩贡。耿乱时有功,入名宦
康熙十九年	1680年			姜承基	盖州荫生
康熙二十五年	1686年	王乔栋	康熙间名宦,继梁任,年无考,附于此	董弘毅	沈阳荫监生。字士超。郡城隍庙有匾
康熙二十七年	1688年	孙允恭	丹阳进士		
康熙二十九年	1690年	王　默	“顺天宛平人。《先正事略》:大学士王文靖公熙有弟照,以兄荫起家,官金衢道。”疑默为照误		
康熙三十二年	1693年			王文锦	长安荫生
康熙三十三年	1694年	董昭祚	奉天人	张　琳	汉军荫监生
康熙三十五年	1696年			张　濬	沧州岁贡
康熙三十六年	1697年	胡承祖	见康熙《西安县志》修志衔名。三十九年(守道)裁		

时　　间		道　　台		知　　府	
年　号	公元	姓名	备　注	姓名	备　注
康熙四十一年	1702年			李云龙	奉天监生
康熙四十五年	1706年			杨廷望	武进进士。重修《府志》,善政良多
康熙四十八年	1709年			马遴	三韩人
康熙四十九年	1710年	程銮	字坡士,歙县人。是年(守道)复设	金玉衡	字敬庵,镶蓝旗人。由台州同知署。完成《府志》
康熙五十五年	1716年			靳树德	奉天副贡。据育婴堂碑,六十一年尤在任。《海宁志》:乾隆元年,升海防道
康熙五十七年	1718年	田呈瑞	以上并见《浙江通志》。是年,(守道)裁缺		
雍正五年	1727年			朱伦翰	字一三,奉天正红旗进士。一作"纶"
雍正七年	1729年			郭朝端	字稜庵,镶红旗人。见十年府学碑
雍正十年	1732年			杨景震	字继伯,江都荫生。乾隆三年移府署,有碑
雍正十三年	1735年	程光钜	由翰林改授,字尔志,孝感人。是年复设,改分巡道		
乾隆初		李某	见《徐焕新传》,名缺		
		吕某	见《徐常昇传》,名缺		

续表三

时　　间		道　　台		知　　府	
年　号	公元	姓名	备　注	姓名	备　注
乾隆六年	1741年			胡文溥	见十一年周王庙碑
乾隆十三年	1748年	德　福	刊《训饬士子文碑》	同　德	见《训饬士子文碑》
乾隆十九年	1754年	陈树耆	见《胡其惠传》。《海宁志》有海防道陈树菁，湘潭荫生。十三年任，十九年裁缺离任。疑即此人		
乾隆二十一年	1756年			甘士瑞	襄平人。见二十五年争议书院碑
乾隆二十四年	1759年	陈守诚	万安桥碑载是年任		
乾隆二十七年	1762年	程国表	歙县人。道署有碑		
乾隆二十八年	1763年			明　禄	《开浚城河碑》载是年，文存
乾隆三十年	1765年			张士范	见道署碑
乾隆三十一年	1766年	程国玺	有《九华山游记》	林明伦	闽人。天后宫有匾
乾隆三十八年	1773年	孔毓文	字载之，句容进士。调杭嘉湖道	葛尔弼善	
乾隆四十三年	1778年			王士澣	见孔庙牌坊。一作"士翰"
乾隆五十年	1785年			舒庆云	字叆亭，豫章人
乾隆五十二年	1787年			方受畴	
乾隆五十三年	1788年			明　保	镶蓝旗人。五十五年升杭州知府
乾隆五十六年	1791年	玉　德	育婴堂碑	曹玉树	育婴堂碑

续表四

时 间		道 台		知 府	
年 号	公元	姓名	备 注	姓名	备 注
嘉庆元年	1796年			朱 理	丁未传胪。元年秋莅任。见八年正谊书院碑
嘉庆八年	1803年	舒庆云	见嘉庆十七年节孝坊		
嘉庆十四年	1809年	继 昌	重修文庙		
嘉庆十七年	1812年	富忠阿	嘉庆《西安县志·序》	那 英	嘉庆《西安县志·序》
嘉庆二十二年	1817年			刘重麟	朝邑人。二十二年石将军碑,署任。见《杭州府志》
嘉庆二十五年	1820年	程立埥	字莲溪,歙人	那 英	复任
				周 镐	无锡进士。调去潭州
道光元年	1821年			谭瑞东	长洲进士。见家庙碑
道光二年	1822年	苏成额	升河南按察使。见三年修家庙碑		
道光三年	1823年	觉罗承宝	见三年家庙碑		
道光五年	1825年	张元莫	字竹坪,安州翰林。……十五年,尚在任	成世瑄	黔南人,翰林。见五年十月《修赵清献祠序》
				谭瑞东	复任。有浚河碑
道光八年	1828年			江 伸	字藕洲,弋阳人
道光十一年	1831年			李 瀛	辛酉拔贡
道光十四年	1834年			黄锡祚	闽人。玉环厅同知代理
				石同福	郑永禧据旧朱卷查出

续表五

时 间		道 台		知 府	
年 号	公元	姓名	备 注	姓名	备 注
道光十五年	1835年	德 兴	见重修关帝庙碑。廿一年,尚在任	文 柱	旗籍进士
道光十七年	1837年			杨鹤书	
				潘观藻	武昌翰林
道光十八年	1838年			汤 俊	如皋人
道光二十年	1840年			王德宽	武陵翰林。旧朱卷作"德襄",未知孰误
道光二十一年	1841年			珠 �	正黄旗满洲岳庆佐领下人
道光二十二年	1842年			汤 俊	复任。有鼓楼碑
道光二十三年	1843年	布彦博勒格	蒙古正蓝旗人	王邵燕	仙游县翰林。是科调帘,三十年复任
				周 师	云南陆凉州翰林
道光二十四年	1844年	董友筠	字柯亭	朱 淳	云南石屏州人
道光二十五年	1845年			边宝树	镶红旗汉军
道光二十六年	1846年			崇 福	正白旗满洲常山佐领下人
道光二十七年	1847年	周 缙	字竹荪,吴县人	刘仲玚	沧州人,壬辰进士
道光二十九年	1849年	刘仲玚	兼护	方 秉	柯城人。署任
道光三十年	1850年	赵连标		王绍燕	复任
				文 廉	蒙古正蓝旗翻译进士
咸丰元年	1851年			瑞 春	正蓝旗卓陵阿佐领下人

续表六

时　　间		道　　台		知　　府	
年　　号	公元	姓名	备　　注	姓名	备　　注
咸丰二年	1852年	刘成万	泾县翰林	徐　相	汉军正蓝旗人。戊戌翰林
咸丰五年	1855年			吴艾生	吴县人。是年，杀台勇。十一年复任
咸丰六年	1856年	缪　祉	江苏举人。八年，守城有功	讷勒恒额	满洲镶蓝旗人。同治八年，其子海容再任衢州知府
咸丰八年	1858年			马椿龄	云南新兴州人。西安知县升，守城有功。见《平浙纪略》
咸丰九年	1859年			江允康	黟县人
咸丰十一年	1861年	江允康	由知府署任	吴艾生	复任。守城有功。见《平浙纪略》
同治元年	1862年	苏式敬	字周亲。署任	杨昌濬	补缺，未任
同治二年	1863年	王荫棠	字芾南，盱眙人	林聪彝	侯官廪生
同治三年	1864年			魏　良	湖南宁乡人
				朱焕文	休宁县人。代理
				冯誉骢	广东高要人
同治四年	1865年	何　龄	字莲汀，旗籍举人	丰应龄	歙县人。正月，代理
		顾菊生	广丰人。翰林。五年，殁于任	刘汝璆	江西人。五年，升署道
同治五年	1866年	刘汝璆	由知府升任		
同治六年	1867年	如　山	字冠九，满洲镶蓝旗翰林。擅书法。升督粮道		

续表七

时　间		道　台		知　府	
年　号	公元	姓名	备　注	姓名	备　注
同治七年	1868年	梁恭臣	字敬叔,闽人	宗源瀚	字湘文,上元人。署任
同治八年	1869年			海　容	讷勒恒额之子,满洲正黄旗举人
同治九年	1870年	秦缃业	字淡如。署任		
同治十二年	1873年	英　廉	字岳亭,满洲镶红旗生员。曾署藩(布政使)、臬(按察使)		
光绪二年	1876年			汪　勋	江苏宝应人。同知代理
				葛利宾	江西武宁举人
				靳邦庆	广西临桂翰林
光绪五年	1879年	王景澄	字清如,萍乡人。传胪。十九年复任	虞庆澜	阳湖人。代理
				解　煜	字星垣,临榆翰林。是秋莅任,六年调汀州
光绪六年	1880年	桑树勋	字春浓。见家庙碑	刘国光	字宾臣,湖北安陆举人。重刊康熙《衢州府志》
光绪七年	1881年	黄祖经	字子畲。二十一年复任		
光绪八年	1882年	联　绥	满洲正蓝旗荫生。十三年,殁于任		
光绪十年	1884年			李审言	字寀田,永平举人。署任
光绪十一年	1885年			刘国光	觐见后回任,后降佛山同知

续表八

时 间		道 台		知 府	
年 号	公元	姓名	备 注	姓名	备 注
光绪十二年	1886年			朱德澄	广西博白县进士。署任
				荣 堃	满洲镶蓝旗翻译举人。简放
光绪十三年	1887年	蒋国桢			
光绪十五年	1889年	唐树森	湖南人。十五、十七、十九年三次署理按察使,有三区三来之室		
光绪十六年	1890年			毕 棠	字苇亭,深泽进士。署任
				保 顺	字雨亭,汉军,汪姓。简放。十九年,殁于任
光绪十七年	1891年	邹仁溥	字渭清。署任		
光绪十九年	1893年	王景澄	再署	翁曾纯	常熟荫生
				林 启	字迪臣,侯官翰林。廿一年调杭州知府
光绪二十一年	1895年	黄祖经	再署	刘宗标	字海臣,广西贺县翰林。署任
光绪二十二年	1896年	鲍祖龄	字鹤年,四川夔州荫生。袭子爵	志 觐	满洲镶红旗人。由湖州调署
光绪二十三年	1897年			沈文炜	字仲昭,江苏常州人。由厘局代理
				洪思亮	字朗斋,怀宁翰林。上年简放,由湖调回

续表九

时　间		道　台		知　府	
年　号	公元	姓名	备　注	姓名	备　注
光绪二十六年	1900年	徐士霖	字澍生,清江廪贡	赵惟崙	字俞山,南丰人
光绪二十七年	1901年	郭式昌	字毅斋,闽县举人。三十年,升按察使	世善蕭	字伯先,满洲镶黄旗人。荫生。创办中学,升安徽按察使（皖臬）
光绪三十年	1904年	王绰	山东诸城翰林。由给事中简放	龙锡恩	赣县举人。由厘局代理
				惠格	字式堂,满洲镶红旗笔贴式,由嘉兴府调署
光绪三十二年	1906年			萧文昭	湖南善化进士。署任
				姚舒密	山东曹州翰林。简放。当年,丁父忧
光绪三十三年	1907年			吴学庄	安徽泗州举人。署任
				徐承焜	汉军。简放。到任未久
				陈文玑	顺天大兴人
光绪三十四年	1908年			周以翰	江西兴安举人。简放。宣统元年,殁于任
宣统元年	1909年			周志靖	江苏人。署任
宣统二年	1910年	刘学询	字问蒭,广东人。进士。简放,未任	崇兴	字立夫,满洲正白旗人。由监察御史简放
宣统三年	1911年	李元龙	字云卿,云南蒙自举人。署任		

附录二 衢州自然灾害年表（463—1949年）

朝代	时　间	年份	地点	灾害类型	灾　情	备　注
宋	大明七年	463年	衢州	旱灾	"(是年),浙东诸郡旱,遣使开仓赈恤,听受杂物当租。"	《南史》、民国郑永禧《衢县志》
梁	天监二年	503年	信安	水灾	"夏六月,东阳、信安(辖今衢州市属两区及江山、开化)、丰安(今浦江)三县水潦。"	《梁书·武帝纪》。按此时东阳为郡,《通志·灾祥略》改东阳为太末
唐	元和二至三年	808年	衢州	旱灾	连续两年大旱。"是岁江南旱,衢州人食人。"	韩愈《韩愈集》、白居易《白氏长庆集·轻肥》
唐	元和十一年	816年	衢州	水灾	"五月,山水害稼,深三尺,毁州郭,溺死百余人。"	康熙《衢州府志》、《旧唐书》
唐	开成五年	840年	衢州	虫灾	"六月,浙东蟥疫,除其徭。"	《新唐书》、民国郑永禧《衢县志》
吴越	忠懿王十五年	962年	衢州	不详	"东阳(婺州)、信安(衢州)、新定三郡民灾。"	《吴越备史》,时宋建隆三年壬戌夏五月
宋	淳化四年	993年	衢州	饥荒	"二月,江浙饥,遣使巡抚。"	《宋史》、民国郑永禧《衢县志》

续表一

朝代	时　间	年份	地点	灾害类型	灾　情	备　注
宋	咸平二年	999年	衢州	饥荒	"三月，江浙发廪赈饥。"	《宋史》、民国郑永禧《衢县志》
宋	咸平五年	1002年	江山	饥荒	"咸平五年，饥。"	同治《江山县志》
宋	景德二年	1005年	衢州	饥荒	"（是年）两浙饥，遣使分赈。"	《宋史》、民国郑永禧《衢县志》
宋	大中祥符五年	1012年	衢州	旱灾	"五月，两浙旱。给占城稻种，教民种之。"	《宋史》、民国郑永禧《衢县志》
宋	大中祥符七年	1014年	衢州	不详	"八月，除两浙被灾民租。"	《宋史》、民国郑永禧《衢县志》
宋	天禧三年	1019年	衢州	饥荒	"（是年）江浙饥，诏赈之。"	《宋史》、民国郑永禧《衢县志》
宋	皇祐三年	1051年	衢州	饥荒	"八月，遣使安抚两浙饥民。"	《宋史》、民国郑永禧《衢县志》
宋	嘉祐六年	1061年	衢州	水灾	"七月，诏江浙水灾差官体量蠲税。"	《宋史》、民国郑永禧《衢县志》
宋	元祐六年	1091年	衢州	水灾	"七月，赈两浙水灾。"	《宋史》、民国郑永禧《衢县志》
宋	绍圣四年	1097年	衢州	旱灾、饥荒	"（是年）两浙旱饥，诏行荒政，移粟赈贷。"	《宋史》、民国郑永禧《衢县志》
宋	建中靖国元年	1101年	衢州	旱灾	"衢、信等州旱。"灾情波及衢州与玉山等地	《宋史·五行志》
宋	崇宁五年	1106年	衢州	水灾	"四月，停免两浙水灾州郡夏税。"	《宋史》、民国郑永禧《衢县志》
宋	建炎三年	1129年	西安	雹灾	"四月，知衢州，会大雨雹。"	《宋史·胡唐老传》

续表二

朝代	时 间	年份	地点	灾害类型	灾 情	备 注
宋	建炎三年	1129年	龙游	水灾	五月,大水	民国《龙游县志》
宋	绍兴五年	1131年	衢州	饥荒	"(绍兴)六年正月,赈浙东饥民。"	《宋史》、民国郑永禧《衢县志》
宋	绍兴十四年	1144年	衢州	水灾	"严、信、衢、建四州(浙闽赣三省交界之地)水。"	《宋史·高宗纪》
宋	绍兴二十四年	1154年	衢州	饥荒	"二十四年,大饥。"	嘉靖《衢州府志》、康熙《衢州府志》
宋	乾道四年	1168年	衢州	水灾	"七月,大水,败城三百余丈,漂民庐,孳牧,坏禾稼。""五年,饥。"	《宋史·五行志》、康熙《衢州府志》、《宋史·孝宗纪》
宋	淳熙二年	1175年	衢州	水灾、旱灾	"衢州常山、开化水旱最甚,江山次之,西安、龙游又次之,通计其实,不减婺州。"	朱熹《奏巡历婺、衢救荒事状》
宋	淳熙六年	1179年	衢州	水灾	"四月,霖雨。""秋,大水,坏圩田,溺人。"	《宋史·五行志》、《文献通考》
宋	淳熙八年至九年	1181—1182年	衢州	旱灾	七至十一月连续不雨,"婺衢严等州皆旱。九年春,大饥。"	《宋史·五行志》
宋	淳熙十四年	1187年	衢州	旱灾	"五月,旱。严、衢、婺、处皆旱。至于九月乃雨。"	《宋史·五行志》
宋	庆元五年	1199年	衢州	水灾	"六月霖雨至八月。衢州水,漂民庐,多溺死。"	《宋史·五行志》

续表三

朝代	时　间	年份	地点	灾害类型	灾　情	备　注
宋	庆元六年	1200年	衢州	水灾	"（严、衢、婺）大水，积五日，漂庐害稼。冬燠无雪，桃李华，虫不蛰。"	《宋史·五行志》
宋	开禧元年至二年	1205—1206年	衢州	旱灾、饥荒	"夏，浙东不雨百余日，衢州大旱。二年，无麦。""一年，饥。"	《宋史·五行志》、《文献通考》、康熙《衢州府志》
宋	开禧三年	1207年	衢州	水灾	"夏四月，大水，浸民庐，害稼。"	据嘉靖《衢州府志》。然郑永禧以为此条同嘉定三年，暂存
宋	嘉定元年	1208年	龙游	水灾	"嘉定元年，大水。"	民国《龙游县志》
宋	嘉定三年	1210年	衢州	水灾、饥荒	"五月，严、衢、婺、徽大雨水，溺死者众，圮田庐市廓，首种皆腐。""衢州饥，颇聚为剽盗。"	《宋史·五行志》、《文献通考》作四月
宋	嘉定八年	1215年	衢州	旱灾	"浙郡皆旱，衢为甚。""春，旱，首种不入，至于八月乃雨。"	《宋史·五行志》、康熙《衢州府志》
宋	嘉定九年	1216年	衢州	水灾	"五月，衢州大水，漂田庐，害稼。"	《宋史·五行志》
宋	嘉定十年	1217年	西安、龙游、江山	虫灾、饥荒	"十年，（龙游）蟊虫。是年，大饥。""十年，衢州饥，剽盗起。""十年，（江山）饥，多盗，郡赈之。"	康熙《龙游县志》、民国郑永禧《衢县志》、同治《江山县志》
宋	嘉定十四年	1221年	衢州	旱灾、虫灾	"衢旱甚，又蟊贼为灾。"	《宋史·五行志》

朝代	时　间	年份	地点	灾害类型	灾　情	备　注
宋	嘉定十五年	1222年	衢州	水灾	"七月,久雨,暴流与江涛合,圮田庐,害稼。"	《宋史·五行志》
宋	绍定元年	1228年	衢州	旱灾	大旱	《衢州市志》
宋	嘉熙四年	1240年	龙游	水灾	大水,夏秋大旱	《衢州市志》
宋	淳祐十二年	1252年	衢州	水灾	"六月,衢州大水,冒城廓,漂室庐,死者以万数。"	《宋史·五行志》、《宋史·理宗纪》
宋	宝祐元年	1253年	衢州	水灾	大水冒城廓	《衢州市志》
宋	咸淳元年	1265年	常山	水灾	大水	《衢州市志》
宋	咸淳二年	1266年	衢州	饥荒	"六月,衢州饥。"	《续文献通考》、《宋史·度宗纪》
宋	景炎元年	1276年	西安、江山	旱灾	"大饥,斗米钱五贯,民多流移。"	弘治《衢州府志》、同治《江山县志》
元	至元十八年	1281年	衢州	饥荒	"二月,浙东饥,发粟赈之。"	《元史》、民国郑永禧《衢县志》
元	至元二十二年	1285年	江山	饥荒	"二十二年,饥。"	同治《江山县志》
元	至元二十七年	1290年	衢州	饥荒	"二月,浙东诸郡饥,给粮九十日。"	《元史》、民国郑永禧《衢县志》
元	大德元年	1297年	西安、江山	水灾	"(衢州)大水,学宫俱坏。"	嘉靖《衢州府志》、同治《江山县志》
元	大德四年	1300年	衢州	饥荒	"十二月,赈浙东饥民粮。"	《元史》、民国郑永禧《衢县志》
元	大德十一年	1307年	衢州	旱灾	旱数旬,祷雨	《衢州市志》
元	泰定二年	1325年	衢州	饥荒	"冬十月,衢州路饥。"	《元史·泰定帝纪》

续表五

朝代	时　间	年份	地点	灾害类型	灾　情	备　注
元	泰定四年	1327年	衢州	饥荒、水灾	"四月,衢州诸路属县饥。七月,衢州大雨水。"	《元史·泰定帝纪》、嘉靖《衢州府志》
元	至顺元年	1330年	衢州	水灾	"夏六月甲午,大水。"	嘉靖《衢州府志》
元	至元二年	1336年	衢州	旱灾	"衢州旱。"	《元史·五行志》
元	至元三年	1337年	常山	水灾	"三年,常山县大水。"	《元史·五行志》光绪《常山县志》
元	至元六年	1340年	西安、龙游	水灾	"六月,西安、龙游大水。"	《续文献通考》《元史·五行志》
元	至正四年	1344年	西安、龙游	水灾	"六月,(龙游)大水""七月,西安县大水。"	康熙《龙游县志》《续文献通考》《元史·五行志》
元	至正十二年	1352年	西安	水灾	"七月,西安县大水。"	《续文献通考》《元史·五行志》
元	至正十三年	1353年	衢州	旱灾	"自六月不雨至于秋八月,衢州大旱。"	《元史·五行志》
元	至正十八年	1358年	江山	酸雨	"冬,雨黑黍,草木皆花。"	同治《江山县志》
明	洪武四年	1371年	龙游	水灾	"七月甲子,大雨,水溢漂民庐。"	《明实录》、民国《龙游县志》
明	洪武十年	1377年	龙游	水灾	"十年,大水,免其田租。"	《明实录》,参《吾学篇》;民国《龙游县志》
明	洪武三十年	1397年	龙游	虫灾	"三十年,蝗自北来。"	民国《龙游县志》
明	建文三年	1401年	衢州	虫灾	"六月,有飞蝗自北来,食禾穗、竹木,叶皆尽。"	《浙江通志》、康熙《衢州府志》

续表六

朝代	时　间	年份	地点	灾害类型	灾　情	备　注
明	永乐九年	1411年	龙游	饥荒	"六月,饥,赈之。"	《明实录》、民国《龙游县志》
明	永乐十一年	1413年	西安、龙游	饥荒	"严、衢西安、寿昌等县饥。""十一年,饥,给谷贷之。"	《明实录》、民国《龙游县志》
明	永乐十三年	1415年	西安	饥荒	"四月,桐庐、西安二县饥,赈之。"	《明实录》、民国郑永禧《衢县志》
明	永乐十四年	1416年	衢州	水灾	"衢州等七府(金华、福州、建宁、上饶、信州等),俱溪水暴涨,坏城垣房舍,溺死人畜甚众。"	《明史·五行志》
明	永乐十九年	1421年	衢州	饥荒	"六月,赈西安县饥。"	《明实录》、民国郑永禧《衢县志》
明	永乐二十年	1422年	龙游	饥荒	"二十年,饥,赈之。"	《明实录》、民国《龙游县志》
明	正统二年	1437年	西安、龙游	雹灾	"大雹如鸡子,鸟巢屋瓦皆碎,人亦中伤。"	嘉靖《衢州府志》作"正统间",康熙《衢州府志》作"二年"。民国《龙游县志》
明	正统三年	1438年	金华、衢州	旱灾	亢旱无收	《衢州市志》
明	正统四年	1439年	龙游	饥荒	"四年,大饥。"	民国《龙游县志》
明	正统五年	1440年	衢州	水灾	自六月至七月淫雨,连县江河泛滥	《明实录》
明	正统七年	1442年	江山	雹灾、旱灾、饥荒	八月,天雨雹。雹大如鸡卵,鸟巢、屋瓦皆碎,人亦中伤。后复大旱,人多饥死	同治《江山县志》

续表七

朝代	时　间	年份	地点	灾害类型	灾　情	备　注
明	景泰四年	1453年	龙游	饥荒	"四年，饥。"	民国《龙游县志》
明	景泰五年	1454年	西安、龙游、江山	雪灾	"大雪，自正月至二月，凡四十二日，深六七尺，鸟兽俱毙。"	嘉靖《衢州府志》
明	天顺二年	1458年	龙游	饥荒	"天顺二年，饥。"	民国《龙游县志》
明	天顺三年	1459年	衢州	旱灾	金、衢等府四月以来亢旱不雨，禾苗槁死。	《衢州市志》
明	成化元年至二年	1465—1466年	衢州	旱灾、饥荒	"成化初，（西安、江山等地）大旱，饥。""成化元年，（龙游）大旱，饥。二年，饥。"	嘉靖《衢州府志》、同治《江山县志》作"初年"，今据民国《龙游县志》作"元年"
明	成化九年	1473年	衢州	水灾	"大水，舟可入市，坏田民庐。"	康熙《衢州府志》作"九月"，今从民国郑永禧《衢县志》
明	成化二十二年	1486年	龙游	饥荒	"二十二年，饥。"	民国《龙游县志》
明	弘治三年	1490年	衢州	水灾	"五月淫雨，溪水骤涨，环民田庐。"	嘉靖《衢州府志》
明	弘治八年	1495年	龙游	饥荒	"八年，饥。"	民国《龙游县志》
明	弘治十一年	1498年	衢州	旱灾	"十一年，大旱。江山县鹿溪潭尽涸……"	康熙《衢州府志》、同治《江山县志》、光绪《常山县志》
			常山	雹灾	"是年，常山县大雨雹。"	
明	弘治十二年	1499年	西安、江山	水灾	"大水，坏民田庐。"	康熙《衢州府志》、同治《江山县志》

朝代	时　间	年份	地点	灾害类型	灾　情	备　注
明	弘治十八年	1505年	江山、常山	地震	"九月十三日,江山、常山同日地震。"	康熙《衢州府志》、同治《江山县志》、光绪《常山县志》
明	正德元年	1506年	常山	旱灾、地震	"正德元年,常山县地震,大旱。"	康熙《衢州府志》
明	正德三年	1508年	龙游、江山、常山	旱灾、饥荒	"龙游、江山、常山大旱,饥。""(龙游)五月不雨至于七月。""三年,(江山)大饥。饿者载道。"	康熙《衢州府志》、民国《龙游县志》、同治《江山县志》
明	正德四年	1509年	常山	雪灾	"正月,雨雪,凡二十有三日。"	光绪《常山县志》
			衢州	饥荒	"四年,大饥。是年三月,雨黑子。"	康熙《衢州府志》、同治《江山县志》、光绪《常山县志》
明	正德五年	1510年	龙游	水灾	"六月,大水。"	民国《龙游县志》
明	正德八年	1513年	西安	雪灾	"正月大雪,顷刻数尺。"	嘉靖《衢州府志》
			龙游	旱灾、地震	"正月,地震。(是年龙游)大旱。"	民国《龙游县志》
			常山	雪灾	"冬十一月,雨雪三旬,牛畜冻死。"	光绪《常山县志》
			江山	雪灾	"八年冬十一月,大雨雪,牛畜尽死。"	乾隆《江山县志》
明	正德九年	1514年	江山	雪灾	"九年冬,大雪。寒冻极甚,林木俱瘁,有经春不生长者。"	康熙《衢州府志》、乾隆《江山县志》作八年,同治《江山县志》作九年,疑为同一事

续表九

朝代	时　间	年份	地点	灾害类型	灾　情	备　注
明	正德十三年	1518年	常山	风灾	"十三年,常山县大风拔木,东隅火灾。"	康熙《衢州府志》、光绪《常山县志》
明	正德十四年	1519年	常山	地震	"十四年,常山县地震,有声。"	康熙《衢州府志》、光绪《常山县志》
明	正德十五年	1520年	衢州	水灾	"夏六月,大水。江山县宝陀岩、开化县、三清山同日蜃出,楼庑皆漂荡。"(常山)大水,观风桥圮。"	嘉靖《衢州府志》、光绪《常山县志》
明	嘉靖三年	1524年	西安、龙游、江山	旱灾	"三年,旱,大饥。"	嘉靖《衢州府志》、民国《龙游县志》
明	嘉靖五年	1526年	西安、江山、常山	旱灾、虫灾	"五年,大旱,蝗飞蔽天。"五年,(常山)大旱。"	《浙江通志》、同治《江山县志》、光绪《常山县志》
明	嘉靖八年	1529年	西安、龙游、江山	水灾、雪灾	"夏五月,大水,坏民田庐。秋八月十一日,雨雪。"	嘉靖《衢州府志》、民国郑永禧《衢县志》、民国《龙游县志》、同治《江山县志》
明	嘉靖九年	1530年	西安、龙游、江山	雹灾、旱灾、饥荒	"四月初五日,大雨雹,如鸡子,木林皆摧折,牛马伤死。秋,旱,岁大饥。"	嘉靖《衢州府志》、民国郑永禧《衢县志》、民国《龙游县志》、同治《江山县志》
明	嘉靖十三年	1534年	西安	旱灾	"十三年,旱。"	康熙《衢州府志》
明	嘉靖十五年	1536年	西安	水灾	"十五年,淫雨。"	康熙《衢州府志》
			常山	地质灾害	"常山县十九都地陷为渊。"淫雨,十九都程氏厅陷为渊。"	康熙《衢州府志》、光绪《常山县志》

续表十

朝代	时　间	年份	地点	灾害类型	灾　情	备　注
明	嘉靖十八年	1539年	衢州	水灾、旱灾、瘟疫	"自夏四月雨至六月初五日，大水，坏田庐，漂溺人畜甚众。又夏六月至秋八月，大旱，竹木皆枯，岁无粒收。民疫。"	嘉靖《衢州府志》、民国郑永禧《衢县志》、民国《龙游县志》、同治《江山县志》、光绪《常山县志》
明	嘉靖十九年	1540年	西安、龙游、江山	虫灾	"秋八月，多蝗。"	嘉靖《衢州府志》、民国《龙游县志》、同治《江山县志》
明	嘉靖二十一年	1542年	西安、龙游、江山	虫灾	"夏六月，多蝗。""（江山）六月二十四日，有蝗自北来，……飞盖天日。……至七月初四日方散。"	嘉靖《衢州府志》、民国《龙游县志》、同治《江山县志》
明	嘉靖二十三年	1544年	西安、龙游、江山	旱灾、饥荒	"夏四月至秋七月，不雨，民饥甚。"	嘉靖《衢州府志》、民国郑永禧《衢县志》、民国《龙游县志》、同治《江山县志》
明	嘉靖二十四年	1545年	常山	饥荒	"二十四年，常山县饥。"	康熙《衢州府志》、光绪《常山县志》
明	嘉靖三十三年	1554年	常山	风灾	"六月，常山县大风拔木。""大风拔县庭巨木，公座皆倾。"	康熙《衢州府志》、光绪《常山县志》
明	嘉靖三十六年	1557年	常山	雹灾	"六月，常山县雨雹。"	康熙《衢州府志》、光绪《常山县志》
明	嘉靖三十八年	1559年	常山	旱灾	"夏五月至秋九月，不雨，民饥。""禾尽槁，民采蕨为食。"	康熙《衢州府志》、光绪《常山县志》

续表十一

朝代	时　间	年份	地点	灾害类型	灾　情	备　注
明	嘉靖三十九年	1560年	西安、龙游、江山	旱灾	"夏五月，不雨。六月，不雨。秋七月，雨。""（龙游）自六月不雨至于八月。""（江山）五月、六月，不雨。"	嘉靖《衢州府志》、民国郑永禧《衢县志》。一作"二十九年"，今从《衢州府志》。民国《龙游县志》、同治《江山县志》
明	嘉靖三十九年至四十年	1560—1561年	开化	雪灾、饥荒	"十二月，雨雪，木冻折。次年春，雪甚，民多饥死。"	光绪《开化县志》
明	嘉靖四十年	1561年	衢州	水灾、饥荒	"闰五月十六日，大水。合郡饥溺。"	嘉靖《衢州府志》、民国郑永禧《衢县志》
明	嘉靖四十一年	1562年	开化、江山	水灾、饥荒	"夏五月，江山、开化大水。"（开化）又饥。"	康熙《衢州府志》、同治《江山县志》、光绪《开化县志》
明	嘉靖四十二年	1563年	衢州	水灾、旱灾	"夏五月，不雨。六月，不雨。秋七月，雨，苗稼复苏。""（是年春，江山）淫雨，雨止即旱。"	嘉靖《衢州府志》、民国郑永禧《衢县志》、同治《江山县志》
明	嘉靖四十五年	1566年	龙游	地震	"二月，龙游县无云而雷。"	康熙《衢州府志》
明	隆庆元年	1567年	常山	水灾	"大雨水。"	光绪《常山县志》
明	隆庆二年	1568年	衢州	旱灾	"六月，（龙游）旱。""十月，以金衢严处四府旱，停免税粮有差。"	民国《龙游县志》、《明实录》、民国郑永禧《衢县志》
明	隆庆六年	1572年	常山	水灾	"元旦，骤雨，常山县市可行舟。""骤雨，街市成渠。"	康熙《衢州府志》、光绪《常山县志》

续表十二

朝代	时　间	年份	地点	灾害类型	灾　情	备　注
明	万历元年	1573年	龙游	旱灾	"七月,(龙游)旱。"	民国《龙游县志》
			西安、江山、常山	雷灾	"霜降日,雨,(西安、江山、常山)雷电大作。"	康熙《西安县志》、同治《江山县志》、光绪《常山县志》
明	万历三年	1575年	西安、龙游、江山、常山	旱灾、水灾	"(西安)五月不雨至七月,晚禾无收。""(龙游)自五月至七月,凡四十日不雨。""(江山)五月至七月,不雨。米价涌贵。""夏,(常山)大旱。冬,复大水。米价腾贵。"	康熙《西安县志》、天启《衢州府志》、民国《龙游县志》、同治《江山县志》、光绪《常山县志》
明	万历五年	1577年	常山	旱灾、水灾、雪灾	"五月,(常山)旱。秋,大雨水。九月十一日,雨雪。"	光绪《常山县志》
			西安	雪灾	"(西安)九月十一日,雨雪。"	康熙《西安县志》
明	万历六年	1578年	开化	酸雨	"正月,开化县雨黑水,着物皆黑。""元宵日卯初,黑雨骤注,着物及土如墨。辰时,雨复常。"	天启《衢州府志》、光绪《开化县志》
			常山	雷灾	"九月十四日,大雷。"	光绪《常山县志》
明	万历七年	1579年	西安、江山、常山	虫灾、饥荒	"虫食禾。是岁,饥。""(江山)虫食禾苗。东南乡尤甚。""六月,(常山)虫卷叶结寨,农民梳爬,手足尽肿。是岁,大饥。"	康熙《西安县志》、天启《衢州府志》、同治《江山县志》、光绪《常山县志》

续表十三

朝代	时　间	年份	地点	灾害类型	灾　情	备　注
明	万历八年	1580年	西安、常山	虫灾、饥荒	"螟，岁饥。""秋，（常山）虫，饥。"	天启《衢州府志》、光绪《常山县志》
			常山	雷灾	"冬至夜，常山县大雷电。"	康熙《衢州府志》、光绪《常山县志》
明	万历九年	1581年	常山	旱灾	"夏秋，旱。冬，无雪。"	康熙《衢州府志》、光绪《常山县志》
明	万历十年	1582年	西安、江山、开化、常山	水灾	"五月初八日，大水，坏民田庐。七月二十五日，大水尤甚，禾苗漂尽。"	康熙《西安县志》民国郑永禧《衢县志》、同治《江山县志》、光绪《开化县志》、光绪《常山县志》
明	万历十一年	1583年	常山	旱灾	"十一年，大旱。"	康熙《衢州府志》、光绪《常山县志》
明	万历十三年	1585年	西安、常山	风灾、雹灾	"六月初九日，大风雹，拔损巨木无数。""六月，（常山）大风雨雹。"	天启《衢州府志》、康熙《西安县志》、光绪《常山县志》
明	万历十五年至十六年	1587—1588年	开化	水灾、风灾、虫灾、饥荒	"夏，大水。秋，大风。多蝗。民饥。""夏，阴雨月余。五月廿六日，洪水坏田屋。秋，烈风伤稼，蝗食晚禾几尽。次年春，雪连宵，淫雨数月，黄豆无种，二麦淹没，……五六月，饥甚。"	康熙《衢州府志》、光绪《开化县志》
明	万历十六年	1588年	西安	雪灾、水灾	"春，雪连宵。淫雨数月，二麦淹没，民饥流离，米价每石一两八钱。"	康熙《西安县志》

朝代	时　间	年份	地点	灾害类型	灾　情	备　注
明	万历十六年	1588年	龙游、江山	旱灾、瘟疫、饥荒	"夏,龙游、江山大旱。秋,疫,民饥。"	康熙《衢州府志》
明	万历十七年	1589年	江山、常山	旱灾	"十七年,(江山)大旱,饥民载道。"(是年常山)大旱。"	同治《江山县志》、光绪《常山县志》。
			龙游	饥荒	"十七年,(龙游)饥。"	民国《龙游县志》
明	万历二十二年	1594年	江山	风灾、水灾	"二十二年,大风拔木。夏,大水。"	康熙《衢州府志》、同治《江山县志》
明	万历二十三年	1595年	江山、常山	雪灾、水灾、旱灾	"春,(江山)大雪。惊蛰尤甚,风聚处,积深盈丈。夏,大水。　五月,旱。" "春,(常山)大雪。夏四月,大水。五月,旱。"	同治《江山县志》、光绪《常山县志》
明	万历二十六年	1598年	衢州	旱灾、饥荒	"五月,大旱,至七月方得雨,五邑大饥。"	天启《衢州府志》、康熙《西安县志》、同治《江山县志》、光绪《开化县志》
明	万历二十七年	1599年	衢州	旱灾、饥荒	"二十七年夏,旱。" "二十七年,(龙游)饥。"	天启《衢州府志》、民国《龙游县志》、同治《江山县志》
明	万历二十九年	1601年	江山	山林火灾	"八月,江郎山灾。是月二十七日,……雨后闻雷击声,火势烛天,光映数十里,七昼夜不绝。"	同治《江山县志》

续表十五

朝代	时　间	年份	地点	灾害类型	灾　情	备　注
明	万历三十二年	1604年	江山	瘟疫	"三十二年秋,日中飞絮,(江山)疫作。俗名羊毛瘟,市乡死者甚众。"	同治《江山县志》
			龙游、常山	地震	"十一月,龙游县地震。""三十二年,(常山)地震。"	民国《龙游县志》、光绪《常山县志》
明	万历三十三年至三十四年	1605—1606年	衢州	地震、瘟疫	"十一月初九夜戌时,地震,环铃有声。次年,民疫。"是年,(江山)"大疫"。	康熙《西安县志》、天启《衢州府志》、同治《江山县志》、光绪《开化县志》
明	万历三十五年	1607年	江山	虫灾	"虫食松叶,几尽。"	同治《江山县志》
明	万历三十六年至三十七年	1608—1609年	衢州	旱灾	"三十六七年(连续两年),旱。""三十六年,(龙游)大旱。""三十六年,(江山)旱。三十七年,复旱。"	天启《衢州府志》、民国《龙游县志》、同治《江山县志》
明	万历四十二年	1614年	江山	地质灾害	"夏,九都出青山裂。压田数百亩。时有樵采者,忽移至隔陇前山。"	同治《江山县志》
明	万历四十三年	1615年	西安、江山、常山	旱灾	四十三年,旱	康熙《西安县志》、同治《江山县志》、光绪《常山县志》
明	万历四十五年	1617年	江山、常山	雪灾	"春,大雪。"	同治《江山县志》、光绪《常山县志》
明	昌泰元年	1620年	江山	冻灾	"冬,木冰,乳枝俱折。"	同治《江山县志》

朝代	时　间	年份	地点	灾害类型	灾　情	备　注
明	天启元年	1621年	西安、江山	旱灾	"六月,(西安)大旱。""秋,(江山)旱,民饥。"	康熙《西安县志》、同治《江山县志》
			江山	地质灾害	"江山县十九都地陷为渊。"	同治《江山县志》
明	天启二年	1622年	西安	水灾	"四月,雨久,麦烂,米价涌贵,每石一两二钱。"	康熙《西安县志》
明	天启三年	1623年	江山	地质灾害、水灾	"春,江山县城东地陷,广丈余。""夏四月,大水。九清桥坏。"	康熙《衢州府志》、同治《江山县志》
明	天启四年	1624年	开化	水灾	"天启四年,邑大水。……被灾田地共二百七十顷有奇。"	光绪《开化县志》
明	崇祯元年	1628年	常山	风灾、雹灾	"六月十三日,大风,雨雹,昼晦。"	光绪《常山县志》
明	崇祯七年	1634年	常山	雷灾	"七年二月十一日,大雷雨,昼晦。"	光绪《常山县志》
明	崇祯八年	1635年	西安、江山、常山	水灾	"(西安)大水,与城门限平,坏田庐无数。""(江山)大水。……漂没田庐。""八年,(常山)大水。"	康熙《西安县志》、同治《江山县志》、光绪《常山县志》
			开化	旱灾、饥荒	"八年,五月至十月不雨,秋收无成。次年,大饥。"	光绪《开化县志》

续表十七

朝代	时　间	年份	地点	灾害类型	灾　情	备　注
明	崇祯九年	1636年	龙游	旱灾	"九年，大旱。"	民国《龙游县志》
明	崇祯十二年	1639年	西安	旱灾	"大旱，无麦禾。"	康熙《西安县志》
明	崇祯十三年	1640年	西安、江山、常山	旱灾、饥荒	"大旱，民大饥流离，皆掘堇土为食，谓之观音土。或采蕨根淘粉，杂糠曲（麴）食之。"（江山、常山）大饥。"	康熙《西安县志》、同治《江山县志》、光绪《常山县志》
明	崇祯十五年	1642年	江山	地质灾害	"江山县步鳌山石崩，声如雷。"	同治《江山县志》
			龙游	水灾	"十五年，大水"，毁文昌桥	民国《龙游县志》
明	崇祯十六年	1643年	江山、常山	旱灾	"十六年，旱。"	同治《江山县志》、光绪《常山县志》
明	十七年	1644年	龙游	旱灾		《衢州市志》
清	顺治三年	1646年	西安、龙游、江山、常山	旱灾	"顺治三年，大旱。""（江山）斗米八钱，人采木皮、土粉充饥。""五月不雨至九月，（常山）岁大旱。"	康熙《衢州府志》、民国《龙游县志》、同治《江山县志》、光绪《常山县志》
清	顺治四年	1647年	衢州	旱灾、饥荒	"四年，大旱，饥。""（开化）斗米六钱，中产尽食糠秕。""岁饥，（常山）斗米七钱，饿殍载道。"	康熙《衢州府志》、光绪《开化县志》、光绪《常山县志》
清	顺治五年	1648年	常山	水灾	"七月（十九日），常山县大水，禾苗皆死。"	康熙《衢州府志》、光绪《常山县志》

朝代	时　　间	年份	地点	灾害类型	灾　情	备　注
清	顺治六年	1649年	西安	风灾	"是年三月,夜半暴风猝起,(西安县)西门锁枭吹断,门洞开,制府大旗杆折。"	康熙《西安县志》
			西安、龙游、开化	旱灾	"六年,(西安、龙游)大旱。""(开化)大旱。斗米四钱。"	康熙《西安县志》、民国《龙游县志》、光绪《开化县志》
清	顺治七年	1650年	常山	水灾		《衢州市志》
清	顺治八年	1651年	衢州	旱灾	"八年,旱,饥。""(江山)斗米五钱,民多饥死。"	康熙《衢州府志》、同治《江山县志》
清	顺治十一年	1654年	衢州	旱灾	"十一年,旱。""(江山)斗米三钱,复遭寇乱,饥窘为甚。"	康熙《衢州府志》、同治《江山县志》
清	顺治十一年至十二年	1654—1655年	西安	雪灾	"自上年十二月至正月,大雪一月余,深三尺许,寒甚,橘树冻死垂尽。"	康熙《西安县志》
清	顺治十二年	1655年	衢州	水灾、旱灾	"夏,(西安、江山)大水;秋,大旱。""十二年,(龙游)大旱。""(开化)大旱。"	康熙《衢州府志》、民国《龙游县志》、同治《江山县志》、光绪《开化县志》
清	顺治十三年	1656年	龙游	饥荒	"十三年,(龙游)饥。"	民国《龙游县志》
			常山	水灾、旱灾、饥荒	"夏五月,大雨水。秋,旱,大饥。"	光绪《常山县志》
清	顺治十六年	1659年	衢州	水灾	"十六年,大水。"	康熙《衢州府志》、同治《江山县志》、光绪《常山县志》

朝代	时　间	年份	地点	灾害类型	灾　情	备　注
清	顺治十八年	1661年	龙游	饥荒	"十八年,（龙游）岁饥。"	民国《龙游县志》
清	康熙二年	1663年	衢州	水灾	"康熙二年,大水。"	康熙《衢州府志》、同治《江山县志》、光绪《常山县志》
清	康熙四年	1665年	衢州	风灾、雹灾	"四年六月,大风,雨雹。"	康熙《衢州府志》、同治《江山县志》、光绪《开化县志》
清	康熙五年	1666年	衢州	旱灾	"五年,旱。"	康熙《衢州府志》、同治《江山县志》
清	康熙七年	1668年	西安、江山	风灾	"七月,大风移木毁屋。""（初四日）……毁（西安）城中石牌坊三座,拔巨木数十株。村中楼屋,有随风卷掣不知坠落何处者。"	康熙《衢州府志》、同治《江山县志》、康熙《西安县志》
清	康熙七年	1668年	常山	地震	"八月,常山县地震,有星陨于西南。"	康熙《衢州府志》、光绪《常山县志》
清	康熙八年	1669年	常山	地震	"三月,地震。"	光绪《常山县志》
清	康熙十年	1671年	衢州	旱灾、虫灾、饥荒	"十年,大旱,饥。""（龙游）自五月至九月不雨,溪水尽涸。""（江山、常山）大旱,蝗。""（开化）虫灾,大旱。"	康熙《衢州府志》、民国《龙游县志》、同治《江山县志》、光绪《常山县志》、光绪《开化县志》
清	康熙十六年	1677年	龙游	瘟疫	"夏秋之交,大疫。传染村落,死者日以百计。"	民国《龙游县志》

续表二十

朝代	时　间	年份	地点	灾害类型	灾　情	备　注
清	康熙十七年	1678年	衢州	旱灾	"十七年,大旱。"	康熙《衢州府志》、同治《江山县志》、光绪《常山县志》
清	康熙十八年	1679年	龙游	旱灾	"六月,大旱。"	民国《龙游县志》
清	康熙十九年	1680年	龙游	虫灾	"秋七月,有虫灾。"	民国《龙游县志》
清	康熙二十年	1681年	衢州	水灾、风灾、旱灾、饥荒	"夏,大水。秋,大旱。""是年,(常山)大水,饥。""二十年,(江山)大旱。三月,暴风发。……压倒房屋甚众。……(四月)大风雨。……满城房屋撼动,倒坏无数,压死人民。"	康熙《衢州府志》、光绪《常山县志》、同治《江山县志》
清	康熙二十一年	1682年	开化	风灾、雹灾、旱灾	"三月,开化县大风拔木,雨雹。秋,大旱。""(三月)怪风挟雨雹,……如潮涌,……瞬间房颓垣塌,合围大木连根土拔起,……民皆雨立露处,瓦砾塞途。……是年秋,大旱。"	康熙《衢州府志》、光绪《开化县志》
清	康熙二十二年	1683年	衢州	水灾	"正月至四月,雨,亡麦。"	康熙《衢州府志》、同治《江山县志》、光绪《常山县志》
清	康熙二十五年	1686年	西安、江山、龙游、常山	水灾	"(五月)西安、江山大水,田庐漂没,民溺死者甚众。""二十五年,(龙游、常山)大水。"	康熙《衢州府志》、同治《江山县志》、民国《龙游县志》、光绪《常山县志》

朝代	时　间	年份	地点	灾害类型	灾　情	备　注
清	康熙二十八年	1689年	西安	雹灾、雪灾	"二月初六夜，……雹雨骤作，大如鹅卵，……民间屋瓦皆碎，枝栖鸟雀悉被捶击，府学大银杏树下雀死者以千百数。冬，大寒。陈《志》：'雨雪，橘树冻死如前。'"	康熙《西安县志》、康熙《衢州府志》
清	康熙二十九年	1690年	衢州	冻灾	"大寒，草木皆殒。""（江山）大冻。溪水合。"	康熙《衢州府志》、同治《江山县志》
清	康熙三十三年	1694年	西安、江山	虫灾	"七月，螟螣大发，晚稻无收。""秋，（江山）螟灾。"	康熙《西安县志》、同治《江山县志》
清	康熙三十五年	1696年	衢州	旱灾	"三十五年夏，旱。""四月至五月，（江山、常山）不雨。禾苗不得插。"	康熙《衢州府志》、同治《江山县志》、光绪《常山县志》
清	康熙三十六年	1697年	西安、江山、常山	旱灾、冻灾、饥荒	"夏秋，大旱。八月，雨雪，民饥。陈《志》：'自五月不雨至七月大旱，早稻焦枯。秋八月，又早霜，晚稻不实。'""（江山）菽麦尽死，民采蕨以充饥。"	康熙《衢州府志》、康熙《西安县志》、同治《江山县志》、光绪《常山县志》
清	康熙三十八年	1699年	西安、江山、常山、龙游	水灾	"三十八年，西安、江山、常山大水。""三十八年，大水，有旨蠲免被灾田亩钱粮。""（江山）大水冲没田地。"	康熙《衢州府志》，民国《龙游县志》、同治《江山县志》、光绪《常山县志》

续表二十二

朝代	时　间	年份	地点	灾害类型	灾　情	备　注
清	康熙三十九年	1700年	西安、江山、常山、开化	旱灾、饥荒	"秋，西安、江山、常山、开化旱。大饥。"	康熙《衢州府志》、同治《江山县志》、光绪《常山县志》
清	康熙四十二年	1703年	衢州	旱灾	"四十二年，旱。"	康熙《衢州府志》、同治《江山县志》、光绪《常山县志》
			龙游	水灾	"四十二年，大水，有旨蠲免被灾田亩钱粮。"	民国《龙游县志》引《浙江通志》
清	康熙四十三年	1704年	衢州	旱灾	"四十三年，旱。"	康熙《衢州府志》、同治《江山县志》、光绪《常山县志》
清	康熙四十六年	1707年	衢州	旱灾	"四十六年，旱。"	康熙《衢州府志》、同治《江山县志》
清	康熙四十七年	1708年	西安、江山、常山	水灾	"西安县水。""七月十一日夜，(江山)大水坏庐墓。""四十七年，(常山)大水。"	康熙《衢州府志》、同治《江山县志》、光绪《常山县志》
			江山	雷灾	"四月初七日，雷震，不鳌山石笋折。"	同治《江山县志》
清	康熙五十一年	1712年	江山	虫灾	"秋，虫食柏子尽。"	同治《江山县志》
清	康熙五十二年	1713年	龙游、江山、常山	旱灾	"五十二年，有旨蠲免钱粮。""六月，(江山、常山)大旱，至十月乃雨。"	民国《龙游县志》引《浙江通志》，同治《江山县志》、光绪《常山县志》
清	康熙五十三年	1714年	龙游	旱灾	"五十三年秋，旱，有旨蠲免被灾田亩钱粮。"	民国《龙游县志》引《浙江通志》

续表二十三

朝代	时　间	年份	地点	灾害类型	灾　情	备　注
清	康熙五十五年	1716年	西安、龙游	水灾	"五十五年，大水，有旨散赈平粜，并蠲免被灾田亩钱粮。"	民国《龙游县志》引《浙江通志》
			常山	水灾、旱灾	"五十五年，大水。夏、秋，大旱。"	光绪《常山县志》
清	康熙五十八年	1719年	龙游、常山、西安	旱灾	"五十八年七月，大旱，有旨散赈并蠲免被灾田亩钱粮。""六月，（常山）大旱。"	民国《龙游县志》引《浙江通志》、光绪《常山县志》
清	康熙六十年	1721年	龙游、常山	旱灾	"六十年，（龙游）旱。""（常山）大旱。五月不雨，历闰六月至七月。"	民国《龙游县志》、光绪《常山县志》
清	雍正二年	1724年	常山	旱灾	"雍正二年，旱。"	光绪《常山县志》
清	雍正十一年	1733年	常山	旱灾	"十一年，旱。"	光绪《常山县志》
清	乾隆九年	1744年	开化、常山	水灾	"（开化）大水，田庐漂坏。""七月，（常山）水暴涨，伤人无算。"	光绪《开化县志》、光绪《常山县志》
清	乾隆十六年	1751年	西安、龙游、常山	旱灾、饥荒	"大旱，民饥，掘土中石可磨粉者，名观音粉，食之。""十六年，（龙游）大旱，饥。""（常山）大旱，米价腾贵。"	嘉庆《西安县志》、民国《龙游县志》、光绪《常山县志》
清	乾隆十七年	1752年	常山	雹灾	"大雨雹。招贤一带民房多被损坏。"	光绪《常山县志》
清	乾隆十八年	1753年	龙游	饥荒	"十八年，饥。"	民国《龙游县志》

朝代	时　间	年份	地点	灾害类型	灾　情	备　注
清	乾隆二十一年	1756年	西安、龙游	饥荒	"乾隆二十一年丙子，饥。"	嘉庆《西安县志》、民国《龙游县志》
			常山	地震	"十月，地震。"	光绪《常山县志》
清	乾隆二十三年	1758年	开化	地震	"地震，环铃有声。"	光绪《开化县志》
清	乾隆三十三年	1768年	龙游	水灾	"三十三年，大水。"	民国《龙游县志》
清	乾隆三十五年	1770年	常山	旱灾	"三十五年，旱。"	光绪《常山县志》
清	乾隆三十八年	1773年	龙游	水灾	"三十八年，大水。"	民国《龙游县志》
			常山	风灾	"七月，大风，伤禾。"	光绪《常山县志》
清	乾隆三十九年	1774年	西安	雹灾、饥荒	二月初六夜，大雨雹，林木尽拔，杀麦，民饥。	嘉庆《西安县志》
清	乾隆四十三年	1778年	龙游	旱灾	"四十三年，大旱。"	民国《龙游县志》
清	乾隆四十五年	1780年	西安、龙游、常山	水灾	"四十五年庚子，(西安、龙游)水。""六月，(常山)大雨，西郭外涧水暴涨。"	嘉庆《西安县志》、民国《龙游县志》、光绪《常山县志》
清	乾隆五十三年	1788年	西安、龙游、开化、常山	水灾、饥荒	"(西安、开化)大水，漂民田庐。""五月，自廿一日至六月一日，水进(龙游)城凡五次。廿九日最大，差与城齐尺许。……六月二十二日，又大水。是岁饥。五十四年，饥。""五月初三日，(常山)大水。"	嘉庆《西安县志》、民国《龙游县志》、光绪《开化县志》、光绪《常山县志》
清	乾隆五十四年	1789年	开化	旱灾	"五十四年，旱。"	光绪《开化县志》

朝代	时　间	年份	地点	灾害类型	灾　情	备　注
清	乾隆五十五年	1790年	西安	雹灾	二月二十六日，大雨雹，如碗，小者如泉，积二尺许。	嘉庆《西安县志》
清	乾隆五十五年	1790年	江山	冻灾	"十二月，大雪，木冰。枝断树折，坏屋伤人。"	同治《江山县志》
清	乾隆五十六年	1791年	西安	雪灾	十二月，大寒。屋瓦冰结，皆成花朵，三日始消。	嘉庆《西安县志》
清	乾隆五十七年	1792年	开化	水灾	"六月，大水。"	光绪《开化县志》
清	乾隆五十九年	1794年	江山	雹灾等	"夏，无麦。十二月，大雷电，雨雹。"	同治《江山县志》
清	乾隆六十年	1795年	江山	水灾	"夏，大水。……狂风经昼夜，山水暴涨，……淹毙人畜。"	同治《江山县志》
清	嘉庆四年	1799年	江山	旱灾	"夏，无麦，大旱。"	同治《江山县志》
清	嘉庆五年	1800年	西安、江山	水灾	"夏，蛟水暴发，砂碛间遗骸委积。水没田地，蠲豁缓征。""夏，（江山）无麦，大水。"	嘉庆《西安县志·同仁堂碑记》、同治《江山县志》
清	嘉庆七年	1802年	衢州	旱灾、饥荒	"（西安）大旱。""（龙游）旱，饥。""夏，（江山）大旱，饥。""五月，（开化）旱，大饥。""（常山）旱，民大饥。"	嘉庆《西安县志》、民国《龙游县志》、同治《江山县志》、光绪《开化县志》、光绪《常山县志》
清	嘉庆八年	1803年	江山	饥荒	"春，饥，穷民食草根、树皮。"	同治《江山县志》

朝代	时 间	年份	地点	灾害类型	灾 情	备 注
清	嘉庆九年	1804年	西安	水灾	五月,久雨,溪水骤涨。有江猪大如牛,浮水面,至定阳(溪)获之	嘉庆《西安县志》
清	嘉庆十三年	1808年	江山	水灾、风灾	"六月,大雷雨,暴风。"	同治《江山县志》
清	嘉庆十四年	1809年	江山、开化	雪灾	"十四年己巳四月,(西安)米贵,斗米银八钱。""立夏前三日,(江山、开化)雨雪。禾苗尽萎。"	嘉庆《西安县志》、同治《江山县志》、光绪《开化县志》
清	嘉庆十七年	1812年	龙游	水灾	"七月二日,南乡大水。溺死者甚多,田庐漂没无算。"	民国《龙游县志》
			常山	雪灾	"十二月二十七日,大风雪。至二十九日,平地厚三尺。"	光绪《常山县志》
清	嘉庆十九年	1814年	龙游	旱灾	"十九年,旱。"	民国《龙游县志》
清	嘉庆二十年	1815年	龙游	疫灾	"二十年,大疫。"	民国《龙游县志》
清	嘉庆二十一年至二十二年	1816—1817年	龙游	荒旱、饥荒	"二十一年,荒旱。二十二年饥"	民国《龙游县志》
清	嘉庆二十四年	1819年	龙游	水灾	"四月,内港大水。"	民国《龙游县志》
清	嘉庆二十五年	1820年	西安、龙游、常山	旱灾	"庚申,(西安)大旱。""(龙游)荒旱。""(常山)旱。"	民国郑永禧《衢县志》、民国《龙游县志》光绪《常山县志》
清	道光三年	1823年	西安、江山	水灾	"五月,(西安)大水。""夏,(江山)大水。"	民国郑永禧《衢县志》、同治《江山县志》

续表二十七

朝代	时　间	年份	地点	灾害类型	灾　情	备　注
清	道光四年	1824年	龙游	水灾	"六月,大水。"	民国《龙游县志》
清	道光九年	1829年	江山	山林火灾	"秋,江郎山火。……延烧两昼夜,十里外昏夜如白昼。"	同治《江山县志》
清	道光十年	1830年	龙游	水灾	"九月,大水。"	民国《龙游县志》
清	道光十三年	1833年	龙游、江山	水灾	"夏,(龙游)大水。凡涨大水九次。" "(江山)大水,饥。"	民国《龙游县志》、同治《江山县志》
清	道光十三年至十四年	1833—1834年	龙游	虫灾	"十三年……蝗。十四年,又蝗。"	民国《龙游县志》
清	道光十四年	1834年	西安	水灾	"夏,(西安)大水,饥。"	民国郑永禧《衢县志》
			江山	饥荒	"十四年,大饥。"	同治《江山县志》
清	道光十五年	1835年	衢州	旱灾	"夏,(西安、开化)大旱,自四月不雨至于八月,岁大饥。""(龙游)自四月初至于九月尽,凡一百八十日不雨,溪井俱涸,人民相率逃荒。""夏,(江山)大旱。……田禾尽槁。""夏,(常山)大旱,民食蕨。"	民国郑永禧《衢县志》、民国《龙游县志》、同治《江山县志》、光绪《开化县志》、光绪《常山县志》
清	道光十七年	1837年	龙游	饥荒	"十七年,大饥。"	民国《龙游县志》
清	道光十八年	1838年	西安、常山	旱灾	"夏,大旱。"	民国郑永禧《衢县志》光绪《常山县志》
清	道光十九年	1839年	西安	水灾	"夏,大水。"	民国郑永禧《衢县志》

朝代	时　间	年份	地点	灾害类型	灾　情	备　注
清	道光二十一年	1841年	江山	冻灾	"十一月，茅木成冰。"	同治《江山县志》
清	道光二十三年	1843年	常山	瘟疫	"二十三年，大疫。"	光绪《常山县志》
清	道光二十六年	1846年	龙游	旱灾	"二十六年，大旱，有旨蠲缓钱粮。"	民国《龙游县志》
清	道光二十七年	1847年	开化	风灾	"五月，烈风雷雨，大木尽拔。"	光绪《开化县志》
清	道光二十八年	1848年	西安	雹灾	"四月，(西安)雨雹。"	民国郑永禧《衢县志》
			开化	冻灾、水灾	"六月，天雨雪。七月十一日，西乡大水。"	光绪《开化县志》
清	咸丰二年	1852年	西安、常山	旱灾	"五月初旬至六月下旬，(西安)五十日不雨，大旱。" "(常山)旱。"	民国郑永禧《衢县志》、光绪《常山县志》
			开化	水灾	"七月，大水。"	光绪《开化县志》
清	咸丰三年	1853年	江山	水灾	"夏，大水，饥。"	同治《江山县志》
			龙游	地震	"十月，(龙游)地震。"	民国《龙游县志》
			常山	饥荒	"三年，岁饥。"	光绪《常山县志》
清	咸丰四年至五年	1854—1855年	龙游	水灾	"四年四月，南乡大水。灵山附近山崩数处，滨溪田庐淹没殆尽。……七月，南乡又大水……溺死者甚多。……(五年四月)，南乡大水，有旨蠲免应征钱米二年。"	民国《龙游县志》

朝代	时　间	年份	地点	灾害类型	灾　情	备　注
清	咸丰五年	1855年	西安	风灾	"四月，(西安)大风震林屋。"	民国郑永禧《衢县志》
清	咸丰十一年	1861年	西安、江山、开化常山	雪灾、冻灾	"十二月，(西安)大雪，数昼夜不止，积五六尺。又大冻二旬余，不解。有台湾兵千人驻衢，冻毙殆尽。""(江山)冰。河水尽合。""十二月，(开化)大雪平地三尺。""冬，(常山)大雪，平地深数尺，树木折损。"	民国郑永禧《衢县志》、同治《江山县志》、光绪《开化县志》、光绪《常山县志》
清	同治元年	1862年	西安、龙游、常山	水灾、瘟疫、冻灾	"夏，(西安)大水。秋，大疫。冬，大寒，橘树冻折，宿鸟多毙。""自四月至于八月，(龙游)大疫。日死数百人，十家九绝。""(开化、常山)疫作，民饥。"	民国郑永禧《衢县志》、民国《龙游县志》、光绪《开化县志》、光绪《常山县志》
清	同治二年	1863年	西安	饥荒、瘟疫	"二年癸亥，大饥，斗米千钱，饿莩遍野。"	民国郑永禧《衢县志》
			常山	风灾、雹灾	"秋七月，暴风，大雨雹。东淤屋压。"	光绪《常山县志》
			江山、开化	瘟疫、饥荒	"(江山)大疫，饥。""(开化)大疫。二月初十日，陨霜杀菜麦，米价每石七千二百文，民多饿毙。"	同治《江山县志》、光绪《开化县志》

朝代	时　间	年份	地点	灾害类型	灾　情	备　注
清	同治三年	1864年	西安、龙游、常山	水灾、旱灾	"夏五月,(西安)大水。六月,旱。""五月,(龙游)大水。六月、七月,大旱。""夏,(常山)大旱。"	民国郑永禧《衢县志》、民国《龙游县志》、光绪《常山县志》
			江山	瘟疫	"三年,(江山)大疫。"	同治《江山县志》
清	同治五年	1866年	江山、开化、常山	旱灾	"夏,(江山、开化、常山)大旱。"	同治《江山县志》、光绪《开化县志》、光绪《常山县志》
清	同治六年	1867年	龙游	水灾	"五月,大水。黄豆未获,漂失甚多,禾苗亦间被冲伤。"	民国《龙游县志》
清	同治七年	1868年	龙游	水灾	"五月,大水。"被淹粮田占十分之三强,农作物歉收。	民国《龙游县志》
清	同治八年	1869年	龙游	水灾、风灾	"夏,大水,继以风。……田禾多遭霉损。"其后补种,又因风灾"大受折损"。	民国《龙游县志》
清	同治九年	1870年	龙游	水灾	"五月,大水。……洪水陡涨,沿江一带田庐多遭淹没。"	民国《龙游县志》
清	同治十年	1871年	西安、龙游	旱灾	"(西安)五月至六月,四十日不雨,旱。""十年十一月,(龙游)又诏分别蠲缓钱粮。"	民国郑永禧《衢县志》、民国《龙游县志》
清	同治十二年	1873年	常山	旱灾	"夏,大旱。"	光绪《常山县志》

朝代	时　间	年份	地点	灾害类型	灾　情	备　注
清	同治十三年	1874年	龙游	旱灾	"夏，大旱。西、北两乡为最，东乡次之"，歉收十分之二强	民国《龙游县志》
清	光绪元年	1875年	开化、常山	旱灾	"（开化、常山）大旱。"	光绪《开化县志》、光绪《常山县志》
清	光绪四年	1878年	西安	雹灾	"三月……雹大至。"五月西安、常山大水	民国郑永禧《衢县志》
清	光绪四年	1878年	开化、常山	水灾	"五月二十五，（开化）水涨入城。""（同日，常山）大水入东城门观风桥下，……东乡沿河田庐俱被淹。"	光绪《开化县志》、光绪《常山县志》
清	光绪八年	1882年	西安、龙游、开化、常山	水灾	"五月初四日，大水入城，沿河田庐漂没无算，朝京埠、德坪坝圮，重修复之。""五月，大水。……（东西两乡）田庐淹没、人畜溺毙者，不可胜计。盖自咸丰四年水灾之后，以是年为最矣。""（开化）四月十三雨，至五月初四大雨。""夏五月，（常山）大水，田禾漂没，四乡近河民屋多被冲塌。"	民国郑永禧《衢县志》、民国《龙游县志》、光绪《开化县志》、光绪《常山县志》

朝代	时 间	年份	地点	灾害类型	灾 情	备 注
清	光绪十二年	1886年	西安、龙游、开化	水灾	"秋七月十三至十五,三日大雨倾盆。十六日,大雨入城,溺死人畜无数。""七月,(龙游)大水,被灾田亩钱粮缓征一年。""七月十八日,(开化)大水。"	民国郑永禧《衢县志》、民国《龙游县志》、光绪《开化县志》
清	光绪十五年	1889年	西安	雹灾	"三月四日晚,大雨雹,巨者如拳,细者如指,林木为摧。"	民国郑永禧《衢县志》
			龙游	旱灾	"十五年,旱。"	民国《龙游县志》
清	光绪十七年	1891年	龙游	水灾	"九月,大水。东乡沿溪一带被灾颇甚。"	民国《龙游县志》
清	光绪十八年	1892年	常山	雹灾	城外蒲塘冰雹如拳	《衢州市志》
清	光绪十九年	1893年	龙游	旱灾	"十九年,旱。"	民国《龙游县志》
清	光绪二十一年	1895年	西安、开化	雹灾、雪灾	"二月,雨雹。九月十四日夜,北山雨雪。""二月二十日,(开化)雷雹,积雪五六寸。次日,大霜,油菜尽萎。"	民国郑永禧《衢县志》、光绪《开化县志》
清	光绪二十四年	1898年	西安	饥荒	二十四年戊戌,饥,米价腾贵	民国郑永禧《衢县志》
清	光绪二十七年	1901年	西安、龙游	水灾	"五月,大水。凡涨三次,东西两乡被灾最甚。"田庐漂没,江岸倾坍	民国《龙游县志》

朝代	时　间	年份	地点	灾害类型	灾　情	备　注
清	光绪二十八年	1902年	龙游	雹灾	"三月朔，北乡塔石区大雨雹。雹大如鸡卵，毁民居，麦蔬无收。"	民国《龙游县志》
清	光绪三十年	1904年	龙游、常山	水灾	"六月三日，回源山洪暴发，……沿溪人畜漂没颇多。"	民国《龙游县志》
清	宣统三年	1911年	衢州	旱灾	五至七月不雨，开化、常山七月大水成灾	《衢州市志》
民国	元年	1912年	西安	水灾	夏正五月十七日（以下未注明者均为农历），大雨。西乡蛟洪暴发，山崩数十处	民国郑永禧《衢县志》
民国	三年	1914年	衢州	旱灾、冻灾	夏正五月不雨至于七月，岁大旱。是冬，大冻。航埠上下橘树枯折殆尽	民国郑永禧《衢县志》
民国	四年	1915年	西安	水灾	夏正五月，大水灾，毁西门德坪坝，四郊桥梁多圮。六月常山水灾为百年一遇	民国郑永禧《衢县志》
民国	七年	1918年	衢州	地震	夏正元旦志次日，地震，环铃有声，越五分钟始定。二月朔（3月13日）又震	民国郑永禧《衢县志》
民国	八年	1919年	西安	牛疫	夏，牛大疫，甚其有全村不留一犊者。乡民或弃诸河，食之者多被传染，因严令禁之	民国郑永禧《衢县志》

续表三十四

朝代	时　间	年份	地点	灾害类型	灾　情	备　注
民国	九年	1920年	西安	饥荒	夏,饥,米价骤贵	民国郑永禧《衢县志》
民国	十年	1921年	西安、江山、常山	旱灾	十年夏,无麦。六月不雨至于八月,近江(山)、常(山)境亢旱尤甚	民国郑永禧《衢县志》
民国	十一年	1922年	西安	雹灾	夏五月,南乡近江山一代雨雹。六月,大水,南乡周公源、西乡大俱源尤甚,损坏田庐及桥梁无数	民国郑永禧《衢县志》
民国	十二年	1923年	龙游	水灾	六月,山洪暴发,江水入城	《衢州市志》
民国	十三年	1924年	龙游	水灾	六月,龙游大旱	《衢州市志》
民国	十四年	1925年	常山	水灾		《衢州市志》
民国	十五年	1926年	开化	旱灾		《衢州市志》
民国	十八年	1929年	衢州	水灾	六月,衢县德坪坝被毁。水灾后,境内旱、风、虫灾相踵	《衢州市志》
民国	十九年	1930年	龙游	旱灾	五月,旱灾	《衢州市志》
民国	二十一年	1932年	衢州	旱灾	五月,旱灾	《衢州市志》
民国	二十二年	1933年	龙游	水灾	六月,水灾,淹没田地甚多,田禾大半枯死	《衢州市志》

续表三十五

朝代	时 间	年份	地点	灾害类型	灾 情	备 注
民国	二十三年	1934年	衢州、常山	水灾、旱灾	4四月,水灾。6月下旬,旱甚	《衢州市志》
民国	二十四年	1935年	江山、衢州、龙游	水灾	六月,衢江水位超过危急水位2.08米	《衢州市志》
民国	二十六年	1937年	常山	水灾	六月,常山水灾	《衢州市志》
民国	二十七年	1938年	衢州	旱灾		《衢州市志》
民国	二十九年	1940年	衢县、龙游	旱灾	衢县连旱59天	《衢州市志》
民国	三十一年	1942年	江山、常山、龙游	水灾、旱灾	六月,水灾,堰坝堤防冲毁十之八九,水毁粮田。夏,常山大旱	《衢州市志》
民国	三十二年	1943年	衢县、常山	水灾	衢州淹田15万余亩,常山6.7万亩	《衢州市志》
民国	三十三年	1944年	衢州	旱灾、虫灾	夏秋,大旱。冬衢县、江山虫灾	《衢州市志》
民国	三十四年	1945年	常山	地震	五月,常山地震	《衢州市志》
民国	三十六年	1947年	衢县、龙游、开化	旱灾、虫灾	六月,衢县、龙游入夏旱,田禾枯萎,益以虫害孳生	《衢州市志》
民国	三十七年	1948年	衢州	水灾	七月,山洪暴发,江河泛滥	《衢州市志》
民国	三十八年	1949年	衢州	水灾	六月,衢江超过危急水位1.34米,受灾农田0.5万余亩	《衢州市志》

参考文献

黄韬:《巍巍千年: 衢州城墙》,商务印书馆,2016年。

李吉安:《瀫水吟波: 衢州水文化》,商务印书馆,2016年。

刘国庆:《楮墨芸香: 衢州纸韵》,商务印书馆,2017年。

陈才:《朴野清风: 衢州民俗风情》,商务印书馆,2016年。

衢州市文化广电新闻出版局编:《三衢道中: 衢州历代诗文选》,商务印书馆,
　　2016年。

余涌主编:《生态衢州》,社会科学文献出版社,2014年。

衢州博物馆编:《衢州汉墓研究》,文物出版社,2015年。

魏俊杰:《衢州文献集成·提要》,国家图书馆出版社,2015年。

张水禄编:《衢州故城史话》,海南出版社,2015年。

衢州市住房和城乡建设局主编:《围棋仙地: 衢州烂柯山》,商务印书馆,2017年。

傅振、赵世飞:《大匠无名: 衢州全国重点文物保护单位》,商务印书馆,2017年。

汪筱联、叶裕龙编:《衢州古城记系列: 远逝的古邑》,中国文史出版社,2013年。

汪筱联、叶裕龙编著:《衢州古城记3: 记忆与解读》,中国文史出版社,2014年。

李吉安:《峥嵘鼓角: 衢州战事》,商务印书馆,2016年。

魏俊杰:《衢州古代著述考》,国家图书馆出版社,2016年。

占剑:《百年风云; 衢州近代史》,商务印书馆,2016年。

占剑:《千古风华: 衢州古代史》,商务印书馆,2016年。

金兴盛总主编；崔铭先、庄月江、徐寿昌编：《浙江省非物质文化遗产代表作丛书·衢州南孔祭典》，浙江摄影出版社，2015年。

崔铭先：《铁面御史：赵抃》，商务印书馆，2016年。

柴福有：《浴火重生：衢州古陶瓷》，商务印书馆，2016年。

刘国庆、张涛编著：《鹿鸣弦歌：衢州古琴文化》，商务印书馆，2016年。

余子安：《亭亭寒柯：余绍宋》，商务印书馆，2016年。

郑伟勇：《非常营救：衢州与杜立特突袭行动》，商务印书馆，2016年。

吴渭明：《古迹寻踪：衢州古树古道古村》，商务印书馆，2016年。

衢州市文化广电新闻出版局编：《东南阙里：衢州孔氏南宗家庙》，商务印书馆，2016年。

翁燕君、陈丽萍主编：《走进衢州》，上海交通大学出版社，2015年。

陈才：《祈春大典：衢州梧桐祖殿立春祭祀》，商务印书馆，2016年。

陈锡祥：《衢州街巷拾遗》，光明日报出版社，2015年。

祝云土主编：《衢州抗战：1945—2015》，中国文史出版社，2015年。

黄灵庚主编：《衢州文献集成（全200册）》，国家图书馆出版社，2015年。

郑妙坤主编；中共衢州市委党史研究室编：《衢州市抗战时期人口伤亡和财产损失资料汇编》，中共党史出版社，2010年。

陈恒、王刘纯主编：《城市史与城市文化（第14辑）》，大象出版社，2015年。

何一民：《中国城市史》，武汉大学出版社，2012年。

林正秋：《杭州古代城市史》，浙江人民出版社，2011年。

王瑞成、孔伟《宁波城市史》，宁波出版社，2010年。

任桂全：《绍兴城市史·先秦至北宋卷》，中国社会科学出版社，2017年。

吴承忠：《北京城市史》，文津出版社，2014年。

何一民主编：《川大史学·专门史卷2：城市史》，四川大学出版社，2006年。

侯仁之：《北平历史地理》，外语教学与研究出版社，2013年。

石泉:《中国历史地理专题》,湖北人民出版社,2013年。

周云芳:《中国古代名城历史地理研究》,中国社会出版社,2015年。

吴宏岐:《西安历史地理研究》,西安地图出版社,2006年。

车越乔、陈桥驿:《绍兴历史地理》,上海书店出版社,2001年。

侯仁之:《历史地理研究 侯仁之自选集》,首都师范大学出版社,2010年。

谢湜:《"历史·田野"丛书·高乡与低乡:11—16世纪江南区域历史地理研究》,生活·读书·新知三联书店,2015年。

后　记

　　1994年，衢州被国务院公布列为国家级历史文化名城。1996年我大学毕业后，先后在衢州市博物馆、衢州市图书馆、衢州市南孔中心等单位供职，对历史文化名城的保护和开发利用多有涉及。二十余年来，我一直有个想法，写一部反映衢州这座城市发展的专门史。但是由于城市考古的缺位，以及相关史料的缺乏，加上自身学识不足等因素，这个想法一直难以成形。本书到如今虽说是草草而就，但只能算是我二十多年来对衢州古城、衢州地方历史研究的一个小结。

　　对衢州这座城市，最近某微信群有个简短总结挺有趣味。作者提出的"衢州为什么这么不浙江"的命题值得我们深入思考。诚然，同属吴越文化圈的衢州，因为地处四省边际的区位，也因为地方文化的地域特色，这里有太多与浙江其他地方的不同之处，特别值得一提的譬如吃辣的习惯。本书主标题之所以命名为"儒城军镇"，体现的是我对衢州这座有着1 800多年建城史的城市特质的总结。虽然谈不上十分精当，但却可以深入探析衢州"这么不浙江"的根源之所在。

　　南宋初年，孔氏第四十八世孙、衍圣公孔端友扈跸南渡，开创了孔氏南宗的历史。南孔族众对儒学南渐和浙学的产生贡献颇多，也深深地影响了衢州乃至周边地区；衢州作为儒城，作为南孔圣地，对中华文化重心的南移影响深远。同时地处交通要道的衢州，伴随着全国经济重心南移并最终形成，军事地位日益显现，并在清代平三藩、太平天国运动，国民革命军北伐，以及抗日战争等多次重大战事中得到体现。儒城的风雅和军镇的特异，在衢州这座古城身上和谐地共生，也培养了衢州人崇学尚礼、义利并举、经世致用、创新力行的品格。2018年以后，衢州市委市政府在总结梳理城市特质的基础上，提出"南孔圣地·衢州有礼"的城市品牌，提出打造一座"最有礼"的城市。随着古城复建和生态修复工程的不断推进，随着首创全国文明城市成功，衢州以崭新的姿态呈现在世人面前。我相信我的家乡衢州会越来越好。

从学术角度而言，随着2018年以来衢江区庙山尖西周土墩墓，以及2019年以来孟姜1—3号西周土墩墓的发掘，向我们展示了在衢江流域，据今约3 000年，西周早中期的一个古越族王侯级墓葬群。有学者甚至将其文化归属直指姑蔑国的记载。通过众多精美的玉器、原始青瓷器和青铜车马器，考古学家正逐步向我们揭示一个实力雄厚的早期越文化国度。学者们高度怀疑周边地区早期城址存在的可能。从这个意义上来说，衢州文明史已经被改写了。期待进一步的考古发现，能够进一步充实我们对衢州古城历史演进的研究。

本书从2011年开始写作以来，断断续续坚持了六七年，到今天基本算告一段落。本书对衢州人、衢州城市发展的总结，跨越了远古直至1949年前，虽不能称其完备，但也算是有一定开创性的小结，特别是一些表格与附录，用心颇多。在编撰过程中，本书得到了衢州市博物馆程勤、衢州市地名文化研究会刘国庆、衢州学院魏俊杰博士，以及潘玉光、崔铭先等老先生的大力支持，商务印书馆编辑王化文先生的辛勤的工作，在此一并感谢。

2020 年 11 月 2 日

记于衢州寓所